Foundations French

2

Second Edition

Kate Beeching
Reader in Linguistics and French
at the University of the West of England

Annie Fontaine Lewis
Senior Lecturer in French
at the University of the West of England

Series Editor
Tom Carty
Formerly Languages Programme Leader at Staffordshire University
and the University of Wolverhampton

Review Panel for the Second Edition

Janette Bradley, Subject Leader Languages,
School of Humanities, University of Hertfordshire

Penny Hand, Senior Lecturer, School of Languages and Area Studies,
University of Portsmouth

Delia Jackson, Senior Lecturer, Languages and International
Studies, University of Central Lancashire

Anny Marklew, Lecturer, Modern Languages, Nottingham Trent University

Joan Colette Philp, Senior Lecturer, Languages and International Studies, UCLAN

palgrave
macmillan

First edition 2002
Reprinted five times
Second edition 2008
Published by
PALGRAVE MACMILLAN
Houndmills, Basingstoke, Hampshire RG21 6XS and
175 Fifth Avenue, New York, N.Y. 10010
Companies and representatives throughout the world

PALGRAVE MACMILLAN is the global academic imprint of the Palgrave
Macmillan division of St. Martin's Press, LLC and of Palgrave Macmillan Ltd.
Macmillan® is a registered trademark in the United States, United Kingdom
and other countries. Palgrave is a registered trademark in the European
Union and other countries.

ISBN-13: 978–0–230–57407–6
ISBN-10: 0–230–57407–6

This book is printed on paper suitable for recycling and made from fully
managed and sustained forest sources. Logging, pulping and manufacturing
processes are expected to conform to the environmental regulations of the
country of origin.

Audio production: University of Brighton Media Centre
Produced by Brian Hill

Voices: Hubert Liagre, Marie-Stéphanie Labattu, Guillaume Fabre,
Christine Diamond, Chantal Lonsdale, Alix Huchet, Thérèse Rosenfeld,
Fabrice Bourgelle-Pyres, Annie Fontaine Lewis

A catalogue record for this book is available from the British Library.

10 9 8 7 6 5 4 3 2 1
17 16 15 14 13 12 11 10 09 08

Printed and bound in China

CONTENTS

OVERVIEW

Topics/functions and grammar points covered in each unit

Unit	Topics/functions	Grammar
1 Ah! Les vacances	Information about self and others; asking questions and interviewing; giving and understanding information about holidays, travel, vacation jobs	• The present tense – recap • The perfect tense – recap • Questions and question words
2 Tu es sortie hier?	Recounting a series of events; following a spoken or written account of an incident	• Further work on the perfect tense – questions and negation • Reflexive verbs
3 Temps libre	Interacting in a social context; informal and formal usage	• Direct and indirect object pronouns • Position of pronouns • **y** and **en**
4 Dans le passé	Talking about situations in the past; expressing opinions; expressing agreement and disagreement	• The imperfect tense
5 Qui et où?	Talking about age, weight, height, appearance; understanding descriptions of people and places; making comparisons, stating preferences and interests	• Adjectives – recap • Adverbs • Comparison of adjectives and adverbs • Modal verbs – **devoir, pouvoir, savoir** and **vouloir**

Unit	Topics/functions	Grammar
6 Poser sa candidature	Applying for a temporary job abroad; understanding written information, small ads; giving information about oneself	● Expressing wishes and wants – recap ● Relative clauses – recap ● Demonstratives
7 J'arrive mardi	Making and understanding arrangements, describing plans, using timetables and travel information; booking a hotel room	● Future tense ● Imperative – recap ● Times and dates – recap
8 L'entretien d'embauche	Talking about hypothetical situations; taking part in an interview; negotiation	● 'If' sentences ● The conditional
9 Je cherche un logement	Finding accommodation; making enquiries; negotiation; understanding written and spoken information	● The passive and its avoidance
10 Pêle-mêle	Revision material: focus on oral presentation skills; extended reading	● The subjunctive ● Revision of all structures covered in the course

CD TRACK LIST

Two CDs are supplied with this book. They contain all the audio material to accompany the exercises in this book.

- Where there is an audio element for an exercise it is marked with a 🎧 icon.
- Every exercise has its own track which will help you locate the material very easily.
- CD1 covers Units 1–10, CD2 the **Exercices Supplémentaires**.
- Tutors who require digital licences for this audio material should visit http://www.palgrave.com/modernlanguages/license.asp#Digital.

Track

Unité 1 Ah! Les vacances
- 01 Exercice 1
- 02 Exercice 3
- 03 Exercice 7
- 04 Extra! Exercice 10

Unité 2 – Tu es sortie hier?
- 05 Exercice 1
- 06 Exercice 3b
- 07 Exercice 7
- 08 Extra! Exercice 10

Unité 3 – Temps libre
- 09 Exercice 1
- 10 Exercice 4
- 11 Exercice 6
- 12 Exercice 11
- 13 Extra! Exercice 12

Unité 4 – Dans le passé
- 14 Exercice 1
- 15 Exercice 3
- 16 Exercice 5
- 17 Extra! Exercice 10 a
- 18 Extra! Exercice 10 b

Unité 5 – Qui et où?
- 19 Exercice 1
- 20 Exercice 5
- 21 Exercice 8
- 22 Extra! Exercice 11 – 1
- 23 Extra! Exercice 11 – 2
- 24 Extra! Exercice 11 – 3
- 25 Extra! Exercice 11 – 4

Unité 6 – Poser sa candidature
- 26 Exercice 1
- 27 Exercice 4
- 28 Exercice 7
- 29 Extra! Exercice 10

Unité 7 – J'arrive mardi
- 30 Exercice 1
- 31 Exercice 4
- 32 Exercice 6
- 33 Exercice 7 Petit rappel
- 34 Extra! Exercice 11 – Baird
- 35 Extra! Exercice 11 – Drakapoulou
- 36 Extra! Exercice 11 – Roussel
- 37 Extra! Exercice 11 – Dufain

Acknowledgements

The following illustration sources are acknowledged:

Kate Beeching pp. 6, 82, 95; Helen Bugler pp. 77, 78, 101, 102; Annie Fontaine Lewis pp. 9, 19, 44, 76, 88, 103, 121; iStock International Inc pp. 1, 2, 3, 9, 11, 12, 16, 21, 26, 28, 33, 34, 35, 47, 53, 54, 60, 68, 94, 100, 105, 107, 110, 111, 113, 120, 126; Helen Phillips 39, 40, 48, 139; Esther Thackeray p. 109.

The author and publishers would like to thank the following for permission to use copyright material:

Editions Gallimard for Jacques Prévert, 'Déjeuner du matin' in Paroles, © Editions Gallimard, p. 20; EURO RSCG Corporation for use of the article 'Vous avez le droit de savoir ce que vous mangez', p. 61 © EURO RSCG BETC; Claude Noel of Camping Les Lavandes for use of the 'Camp de Tourisme Les Lavandes' advert p. 85; Prisme Presse for reproduction of the article 'Mobilité', p. 141 © Ça m'intéresse.

Every effort has been made to trace all copyright holders, but if any have inadvertently been overlooked the publishers will be pleased to make the necessary arrangements at the first opportunity.

INTRODUCTION

Mainly for the tutor

See also the *Mainly for the student* section which follows ...

Foundations French 2 is a post-beginners'/intermediate course, principally aimed at students taking a language module on an Institution-Wide Languages Programme (IWLP) or as an option on their degree. It forms part of the *Foundations Languages Series*, which is specifically designed for IWLPs and similar provision.

The structure and content of *Foundations French 2* are informed by research and consultation within the HE sector, where the authors are experienced tutors. We keep closely in touch with departments using *Foundations Languages* courses and are particularly grateful to the members of the *Foundations French 2* Review Panel for their feedback and ideas, which contribute to this second edition. To find out more about the series, visit the dedicated website at **www.palgrave.com/modernlanguages**.

Structure of the course

The course is designed to fit the typical university teaching year and assumes two or three hours of class contact per week. Intensive courses with more contact hours will take commensurately less time. There are ten units, structured in the same way except for Unit 10, which contains some revision. Extension work, pairwork pages and a private study strand provide flexibility. Grammar and vocabulary are fully supported within each unit as well as in the reference pages. The format is as follows:

Element	Pages	Function	Skills*
Core	6/8	Introduces, practises new material	LSRW
Extra!	1	Extension work (e.g. longer dialogues, more demanding reading)	LR
Grammaire	2	One page exposition, one page exercises	
Vocabulaire	1	French–English, listed by exercise	
Avec un partenaire	2	Consolidation	S
Exercices supplémentaires	2	Consolidation, private study	LSRW

*Skills – L = Listening, S = Speaking, R = Reading, W = Writing

Introduction

Methodology

The introduction of new material is carefully prepared and dosed. Typically, inputs are based on listening items. Once the input is introduced, follow-up exercises apply and develop it.

To facilitate the use of French in the classroom, the exercises in the unit cores are marked with an icon indicating the linguistic activity or activities involved. They are listed and explained on page xvi.

Recorded material

Two audio CDs accompany the course. Digital licences are also available. Visit **www.palgrave.com/modernlanguages/license.asp#Digital** for more information.

Mainly for the student

What follows is a guide to the textbook. Take time to read it so you get maximum benefit from your course.

Structure of the course

There are ten units. These have the same clear, consistent structure (except for Unit 10, which includes some revision) that you will soon get used to. Each unit is focused on one or more topics or situations in which the language is used. The short **summary/heading** tells you what the topics are and describes what you will be able to *do* with the language once you have completed the unit.

Core

The half a dozen pages that follow are **the core** of the unit. The core contains the *input* (new language) for the unit and various tasks designed to help you master it and make it your own. Icons indicate the language skill or skills you will be using (listening, reading, speaking, writing). These are explained on page xvi. There are boxes highlighting and explaining grammatical points in context as they occur, with a summary and exercises on the unit **Grammaire** pages. Answers to the various tasks and exercises set can be found at the end of the book.

Extra!

The unit core is followed by a page headed **Extra!** As the heading implies, this material is a bit more challenging. It gives you the opportunity to develop further your understanding of French, taking listening and reading skills beyond the confines of the core input material while staying on related topics.

Grammaire & Vocabulaire

Two pages are then devoted to the **grammatical structures** you have encountered in the unit. The first gives you a clear overview of the grammar, the second provides a set of short exercises so you can test yourself (answers at the back of the book). Don't skip these pages: they simply clarify and check off grammatical structures you have met with and used in the course of the unit. This is how you become aware of the French language as a system. The **Vocabulaire** page gives the new words occurring in the unit core, exercise by exercise. Learn and revise them.

Avec un partenaire

Each unit also has two **pairwork pages** giving prompts for each partner in a structured dialogue. This material can be used in or out of the classroom to develop communication skills. The scenarios are always based on the material in the unit core, so you are securely in a known context. The challenge is to use the language you have learnt to communicate information your partner needs and to respond to what he or she says.

Exercices supplémentaires

The **Exercices supplémentaires** beginning on page 133 give further practice on a unit-by-unit basis and are designed to be used in private study. Answers are given at the back of the book. Work outside the classroom, both that set by the tutor and that done on your own initiative, is an essential part of a taught language course.

For reference, as well as the **answers to exercises**, there is an overall **grammar summary**, supported by a **guide to grammatical terms**. There is also an **alphabetical vocabulary list** or **glossary**.

Getting the most out of the course

The key inputs (usually dialogues) are carefully designed to introduce new vocabulary and/or structures. It is absolutely vital to spend time and effort on this material. Be guided by your tutor. He or she will introduce it in class or ask you to prepare it in advance. If there's a word or phrase you're unsure of, turn to the **Vocabulaire** page for the unit or the **vocabulary** at the end of the book. Use the recorded dialogues for listening *and* pronunciation practice.

Developing listening skills

When we listen to a complicated train announcement we put a different stress on detail compared with when a radio DJ is babbling away in the background as we drive the car. Similarly in listening to French you will need to develop different skills for different types of listening.

The core inputs in this book are mostly via listening items. When working your way into new audio material:

- It is a good idea to begin by covering up the script and listening to the whole piece a couple of times.
- Above all, don't try to work through it word by word. Remember you're not an interpreter: relax and focus on what you do understand, instead of fretting about what you don't.
- Once you've got an overall idea of what's going on, the next step will usually be to listen to shorter sections of the piece, which will enable you to do some more concentrated listening.
- There might be a section you need to listen to a few times, but remind yourself again that you're not interpreting or translating.

You will now be ready to do more detailed work on the material. After listening without reference to the script, this next phase will involve turning to the book. By this stage you will probably be clear as to the content of the piece but there may be the odd word or phrase you're unsure of. Turn to the Vocabulaire page and check. Similarly, if a grammatical point really puzzles you, refer to the unit Grammaire pages.

Developing reading skills

Just as for listening, there are many ways to go about reading, depending on your purpose – quickly scanning a magazine article in search of specific information is quite different from trying to read a news story from beginning to end. You will need to develop different kinds of reading skills for understanding written French. For any passage you should read through it a couple of times to get the sense of it, before you spend time working on the detail.

Practice

The material introduced in an input exercise flows into exercises in the section(s) immediately following, enabling you to practise and master this language. After you have done the exercises in class (or gone over them there, having prepared them in advance), make sure you *revise* the input material and key structures in your private study time.

Speaking and writing in French

When you have practised and mastered material on a given topic, you will want to produce your own French (especially in speech but also, where appropriate, in writing). There are exercises to enable you to do this, through work involving role-plays, discussion with a partner or in larger groups, for example.

Now you have a clear idea of how the book is designed to be used, read the section on *Learning a language* which follows. It gives detailed practical advice which will help you to get maximum benefit from your course.

LEARNING A LANGUAGE

A language-learning programme is essentially workshop-based rather than lecture-based. It involves active classroom sessions and a variety of social interactions, including working with a partner, small-group activity and role-play, as well as answering questions and working through exercises. Feeding into the classroom sessions and flowing from them is what is called directed study, set by your tutor but allowing you a lot of flexibility in organising your work in ways that suit you. Beyond that there is private study, where you determine the priorities.

Increasing attention is now paid to **transferable skills**, that is skills which are acquired in one context but which can be used in others. Apart from competence in the language itself, successful language learning is also recognised to be rich in skills particularly valued by employers, such as communication skills and self-management.

How can you make sure you get maximum benefit from your language course?

1. A practical point first. Check the course or module guide and/or **syllabus** to see exactly what is required of you by your university or college. In particular, find out how the course or module is assessed. The course guide and assessment information will probably be expressed in terms of the four language skills of listening, speaking, reading and writing. The relative importance of these skills can vary between institutions.

2. Remember this is a taught course – you're not on your own. **Your tutor** is there to guide you. Using the material in the book, he or she will introduce new structures, ensure you practise them in class and then enable you to produce similar language until you develop the capacity to work autonomously. The first rule of a taught language course, then, is to follow your guide.

3. Of course a guide can't go there for you. While your tutor will show you the way, **only you can do the learning**. This means hard work both in the classroom and outside the timetabled hours.

4. **Regular attendance** at the language class is vital. This isn't like a lecture-based course, where you can miss one session and then catch up from a friend's notes or even live with the fact that there is going to be a gap in your knowledge. A language class is a workshop. You do things. Or to put it more formally, you take part in structured activities designed to develop your linguistic competence.

5. But mere attendance isn't enough. Being there isn't the same thing as learning. You have to **participate**. This means being an active member of the class, listening carefully, working through the exercises, answering questions, taking part in dialogues, contributing to group work, taking the risk of speaking without the certainty of being right. It also means preparing before classes and following up afterwards …

6. … because what you do **outside the classroom** is vital, too. While new topics will normally be introduced in class, your tutor will also set tasks which feed in to what you will be doing in the next session. If you don't do the preparation, you can't benefit from the classroom activity or the tutor will have to spend valuable time going over the preparation in class for the benefit of those who haven't done it in advance. Classroom contact time is precious, normally no more than two or three hours a week, and it's essential to use that time to the best effect. Similarly, the tutor will sometimes ask you to follow up work done in class with tasks designed to consolidate or develop what you have done.

7. You should also take time to **review** and reflect on what you have been doing, regularly going over what you have done in class, checking your learning. This will also enable you to decide your priorities for private study, working on areas you find difficult or which are particular priorities for you (see point 9 below).

8. This assumes that you are **organised**: keep a file or notebook, in which you jot down what you have done and what you plan to do. It's a good idea to work for several shortish bursts a week rather than for a long time once a week.

9. While a lot of out-of-class work will be done at home, your university or college will probably have a Learning Centre, **Language Centre** or similar facility in the library. Check this out and use whatever you can to reinforce and supplement what you are doing in class and from this textbook. Make sure any material you use is suitable for your level: it will probably be classified or labelled using categories such as *Beginners*, *Intermediate* and *Advanced*.

Possible resources: CDs and DVDs, videos, satellite TV, computer-based material, the internet, books (language courses, grammar guides, dictionaries, simple readers), magazines and newspapers, worksheets. Possible activities: listening comprehension, pronunciation practice, reading comprehension, grammar exercises, vocabulary exercises. Computer-based materials and worksheets will usually have keys with answers.

It is possible your tutor will set specific work to be done in the Language Centre or that you will be expected to spend a certain amount of time there, otherwise you should find times during your week when you can drop in. The course assessment schedule may include a **portfolio** for which you choose coursework items according to guidelines set by the tutor/course.

10. Don't be afraid of **grammar**. This is simply the term for how we describe the way a language works. Learn it and revise it as you go along. There are boxes with grammar points throughout each of the units in this book, a grammar summary for each unit and a grammar overview for the whole book. You probably feel hesitant about grammatical terms such as *direct object* or *definite article* but they are useful labels and easily learned. There is a guide to such terms towards the end of the book.

11. In addition to listening-based work in class, you should regularly work in your own time on the accompanying audio material. Try to reproduce the **pronunciation and intonation** of the native speakers on the recording. It's easier if you work at this from the start and establish good habits than if you approximate to the sounds of the language and have to correct them later. It's important that you repeat and speak out loud rather than in your head. Why not work with a friend?

12. Always bear in mind that, in learning a foreign language, you can normally understand (listening and reading) more than you can express (speaking and writing). Above all, relax when listening or reading, remember **you don't have to be sure of every word** to get the message and you don't need to translate into your native language.

13. Regular **practice** is the key. Remember *fluency* comes from the Latin for 'to flow': it means speaking 'flowingly', not necessarily getting everything perfectly right. It is also a good idea to dip back into earlier units in the book to test yourself.

14. Universities and colleges are increasingly international and you will almost certainly be able to make contact with **native speakers** of French. Try out your language, get them to correct your pronunciation, find out about their country and culture.

15. And finally, **enjoy** your language learning!

Tom Carty, *Series Editor*

En classe

These symbols appear next to the rubric of most exercises and indicate the type of skill or activity required.

Ecoutez — Listen

Parlez — Speak

Lisez — Read

Ecrivez — Write

Travail à deux — Pair work

En groupe — Group work

Trouvez le mot — Vocabulary matching

En français, s'il vous plaît!

Comment dit-on/Qu'est-ce que c'est "Pleased to meet you" en français?

"A house-warming party" comment ça se dit en français?

Quel est l'équivalent en français de "Business Studies"?

Excusez-moi, est-ce qu'on peut dire "windsurf" en français?

Est-ce que le verbe "monter" se conjugue avec "être"?

"Tu" ou "vous"?

Tu est généralement utilisé entre les membres d'une famille et entre les jeunes. Quand vous parlez pour la première fois à un(e) jeune Français(e), il est préférable d'utiliser **vous** et d'attendre qu'il/elle vous dise "on se dit **tu**".

Vous est utilisé quand on parle à des personnes d'un certain âge ou à des personnes à qui on doit le respect (votre patron, votre responsable de stage, votre professeur).

Vous est aussi utilisé quand vous vous adressez à une personne que vous ne connaissez pas, par exemple quand vous arrêtez quelqu'un dans la rue pour demander un renseignement ou si vous parlez à un serveur ou une serveuse dans un restaurant.

Enfin **vous** est utilisé quand vous vous adressez à plusieurs personnes.

Si vous faites une erreur, ne vous inquiétez pas, les Français vous pardonneront car vous êtes étranger !

1 Ah! Les vacances

In this unit you will revise ways of introducing yourself and others and practise asking questions, interviewing people, and giving and understanding information about holidays, travel and part-time jobs.

You will also revise question words, the present tense and the perfect tense.

1 Je me présente ...

Bonjour. Permettez-moi de me présenter. Je m'appelle Paul Turner. Je suis étudiant à l'université de Bristol. Je fais des études de commerce. Ce qui m'intéresse, c'est surtout le marketing. Je viens de Taunton dans le Somerset. J'ai un frère de 22 ans et une sœur de 16 ans. Je suis allé plusieurs fois en France. J'adore Paris et la région des Alpes où je suis allé l'année dernière pour faire du ski. Pendant le week-end, j'ai un petit boulot dans un supermarché. Je travaille à la caisse et je remplis les rayons. J'aime la télévision et le football mais je ne suis pas très sportif. Je fais du vélo et du jogging quand j'ai le temps. Voilà. C'est à peu près tout.

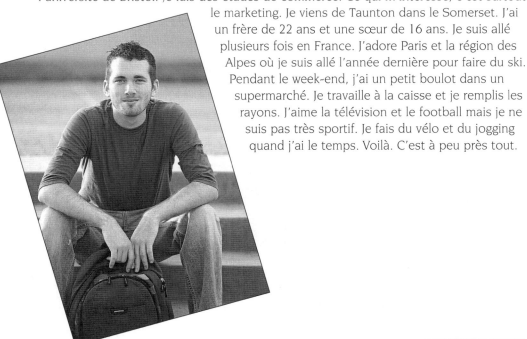

vocabulaire

Je suis étudiant à l'université de ...	I am a student at the University of ...
Je fais des études de commerce.	I'm doing business studies.
Je viens de Taunton.	I am from Taunton.
J'ai un petit boulot dans un supermarché.	I have a job in a supermarket.
Je suis allé ...	I went ...
Je fais du vélo.	I go cycling.

2 Présentations

a Présentez-vous à la personne qui est assise à côté de vous.
Ecoutez bien la présentation de votre partenaire – vous allez le/la présenter aux autres.

b Présentez votre partenaire à la classe entière.

vocabulaire

- Comment dire "I'm studying law/history/politics/medicine"?
  <u>J'étudie</u> le droit/l'histoire/la politique/la médecine.
- **ou** <u>Je fais des études</u> de droit/d'histoire/de politique/de médecine.
- **ou** <u>Je suis étudiant(e)</u> en droit/en histoire/en politique/en médecine.

Vous trouverez aussi les expressions suivantes:
Je fais des études d'ingénieur/de vétérinaire/d'informaticien.
(I'm studying engineering/veterinary medicine/computer science.)

- <u>J'ai un petit boulot.</u> = J'ai un petit job.
  <u>Je suis</u> serveur (m), serveuse (f) (a waiter, waitress).
  <u>Je travaille comme</u> vendeur (m), vendeuse (f) (as a sales assistant).
  <u>Je travaille dans</u> un centre d'appels (in a call centre).

Je vous <u>présente</u> Caroline/Bob (la personne qui est à côté de vous).
Il/Elle <u>fait</u> des études de …
Ce qui l'<u>intéresse</u>, c'est …la littérature/le cinéma/le sport.
Il/Elle <u>vient</u> de (= Il/Elle <u>est</u> de …) Bristol dans le sud-ouest de l'Angleterre, de Cardiff au pays de Galles, de Dundee en Ecosse …
Il/Elle <u>a</u> … frères et … sœurs.
Il <u>est</u> fils unique./Elle <u>est</u> fille unique.
Il/Elle <u>travaille</u> dans un bureau/dans un magasin/dans un hôpital.
Il/Elle <u>aime</u> la musique/le tennis/la planche à voile/la natation.

3 Questions

M. Chebli:	Excusez-moi, j'ai oublié votre nom. Comment vous vous appelez?
Sarah:	Sarah.
M. Chebli:	Et qu'est-ce que vous faites comme études?
Sarah:	Je fais des études d'ingénieur.
M. Chebli:	Ça vous plaît?
Sarah:	Oui, assez, mais il y a beaucoup de travail!
M. Chebli:	Bien sûr. Vous êtes d'où exactement?
Sarah:	De Cardiff au pays de Galles.
M. Chebli:	C'est joli, le pays de Galles. Combien de frères et de sœurs avez-vous?
Sarah:	Je n'ai pas de frères mais j'ai une sœur.
M. Chebli:	Vous habitez le campus de l'université?
Sarah:	Non, j'ai un petit studio en ville.
M. Chebli:	Vous avez un petit job le week-end?
Sarah:	Oui, je travaille dans un bar comme serveuse le samedi soir.
M. Chebli:	Qu'est-ce que vous faites de votre temps libre?
Sarah:	J'adore le cinéma!

vocabulaire

Comment vous appelez-vous? = **Quel** est votre nom?	What's your name?
Combien de frères ou de sœurs avez-vous?	How many brothers and sisters have you got?
Qu'est-ce que vous faites comme études? = **Qu'est-ce que** vous étudiez?	What are you studying?
Vous êtes d'où? = De **quelle** région venez-vous?	Where do you come from?
Vous habitez (sur) le campus de l'université? = Vous vivez sur le campus?	Do you live on the university campus?
Vous avez un petit job/boulot le week-end?	Do you have a part-time job …?
Qu'est-ce que vous faites de votre temps de libre? = **Quels** sont vos loisirs?	What do you do in your spare time?

4 Mini-sondage

Posez les questions ci-dessus à 5 personnes autour de vous. Notez leurs réponses et, à la fin du sondage, faites le total pour chaque question.

	Nombre de personnes		Nombre de personnes
Qui s'appelle Dave?		Qui vient de la région?	
Qui s'appelle Claire?		Qui habite sur le campus?	
Qui est fils unique?		Qui a un petit boulot le week-end?	
Qui est fille unique?		Qui aime le cinéma?	
Qui fait des études de commerce?		Qui aime les jeux vidéo?	

5 Evasion

LES GORGES DU VERDON

Haute Provence

Ce "Grand Canyon" français est un terrain d'aventures incroyables !
Si vous êtes passionné d'escalade, de canoë et de randonnées, vous trouverez le stage qui vous convient dans les Gorges du Verdon.

Le centre

Le centre de stage se trouve dans la plus vieille maison d'un petit village provençal, près de Castellane.

Les sports

Rafting

Tous niveaux.
Si vous savez nager, si vous aimez les sensations fortes, alors vous êtes prêt pour la descente des gorges !

Escalade

Niveau avancé.
Si vous n'avez pas peur de descendre la célèbre falaise de l'Escalès, à la verticale sur 200 mètres, il faut être un assez bon grimpeur pour suivre ce stage.

Multisports

Pour les débutants.
De l'escalade, du rafting et de la randonnée ... un cocktail pour les vrais aventuriers.

Randonnée sauvage

Pour les débutants.
La route passe du sommet du Canyon, au fond des Gorges, le long de la rivière, et remonte sur les massifs environnants. Prenez des sacs légers et des appareils photo !

Vrai ou faux?

Lisez le texte sur les Gorges du Verdon, et dites si les phrases suivantes sont vraies (V) ou fausses (F):

a Pour faire de la randonnée sauvage, il faut savoir nager.

b Le stage "Escalade" convient aux bons grimpeurs.

c Il faut avoir un niveau avancé pour faire le stage "Multisports".

d Vous aimez marcher? Le stage "Randonnée sauvage" est idéal.

e Le centre se trouve dans la ville de Castellane.

f Il faut un appareil photo quand vous faites du rafting.

g Si vous n'êtes pas très sportif, il vaut mieux choisir les stages "Multisports" ou "Randonnée sauvage".

h Pour le rafting, il faut savoir nager et être plutôt aventurier!

i Pour les gens qui ont le vertige, il faut choisir le stage "Escalade".

j Les Gorges du Verdon: destination idéale pour les amateurs de sports extrêmes.

6 Camping dans le Lot

Je m'appelle Louise. Je suis étudiante en géographie à l'Université de Cardiff. L'année dernière, je suis allée à St. Cirq Lapopie dans le département du Lot en France. Je suis partie avec trois amis. On a fait du camping près de la rivière. Il a fait très beau temps. On a pu nager dans la rivière et on a fait la descente du Lot en canoë. La ville de St. Cirq Lapopie est très intéressante. C'est une ville médiévale. De petites ruelles descendent du haut en bas de la ville et vous avez une vue panoramique sur la rivière. Il y a beaucoup de petites boutiques et de restaurants où on peut manger ou prendre un pot le soir – c'est très agréable. Au camping aussi il y a des soirées spéciales, avec un bal et un feu d'artifice, c'est super sympa! Je vous recommande d'y aller un de ces jours!

Répondez aux questions:

a Comment s'appelle-t-elle?
b Où fait-elle ses études?
c Qu'est-ce qu'elle étudie?
d Est-ce qu'elle est déjà allée en France?
e Est-elle partie toute seule?
f Comment est la ville de St. Cirq Lapopie?
g Où ont-ils logé?
h Qu'est-ce qu'ils ont fait?
i Qu'est-ce qu'on peut faire le soir?
j Est-ce qu'il a fait mauvais temps?

grammaire

Le passé composé

Le passé composé est formé de deux parties:
un auxiliaire (**avoir** ou **être**)+ un participe passé (**-é, -i, -u**)

- **Avoir** est employé pour la plupart des verbes:
  ex: j'<u>ai</u> visit<u>é</u>, tu <u>as</u> fin<u>i</u>, il/elle <u>a</u> entend<u>u</u>,
  nous <u>avons</u> travaill<u>é</u>, vous <u>avez</u> chois<u>i</u>, ils/elles <u>ont</u> vend<u>u</u>.

- **Etre** est employé avec:
  – les verbes **aller, arriver, descendre, entrer, monter, mourir, naître, partir, passer, rentrer, rester, retourner, tomber, sortir, venir**.
  – les verbes pronominaux, ex: **s'habiller, se lever**, etc.

Le participe passé s'accorde avec le sujet après **être**
ex: je <u>suis</u> parti<u>(e)</u>, tu <u>es</u> venu<u>(e)</u>, il/on <u>est</u> tomb<u>é</u>, elle <u>est</u> mont<u>ée</u>,
nous nous <u>sommes</u> amus<u>é(e)s</u>, vous <u>êtes</u> descendu<u>(e)</u>,
vous vous <u>êtes</u> habill<u>é(e)s</u>, ils <u>sont</u> arriv<u>és</u>, elles <u>sont</u> arriv<u>ées</u>.

Notez que certains verbes ont un participe passé irrégulier.
ex: **faire** → <u>**fait**</u>   **prendre** → <u>**pris**</u>   **avoir** → <u>**eu**</u>
    j'ai fait   tu as pris   il/elle a eu

7 Vous êtes déjà allé en Angleterre?

– Etes-vous déjà allé en Angleterre?

– Oui, j'ai visité Londres et j'ai passé deux semaines à Oxford.

– Qu'est-ce que vous avez fait à Oxford?

– J'ai suivi un stage linguistique.

– Qu'avez-vous fait?

– On a beaucoup travaillé le matin et puis l'après-midi il y avait des sorties culturelles.
  Samedi soir on est sorti au cinéma et en discothèque.

– Où avez-vous logé?

– J'ai logé dans une famille anglaise tout près de l'école. Ils étaient très gentils.

– Et la nourriture anglaise vous a plu?

– Oui, beaucoup. En Angleterre on mange énormément de pâtes et de pizzas et j'adore ça!

> On first meeting someone, it is safer to use the **vous** form rather than **tu** to address them.

 8 La France, j'adore

Ecrivez la question qui correspond à chacune des réponses suivantes (voir Grammaire page 8).

Exemple: **a** *Vous êtes déjà allé en France?*

a Oui, j'ai visité Paris et je suis allé aussi à Avignon dans le sud de la France.

b J'ai vu la Tour Eiffel, les Champs-Elysées, et le Musée d'Orsay.

c Non, je n'ai pas visité le Louvre.

d Nous avons fait du camping.

e Oui, la nourriture française est excellente – mais pour les végétariens, c'est difficile.

f Oui, le soir je suis allé au cinéma.

 9 Corinne, qu'a-t-elle fait hier?

Redites ce que Corinne a fait, utilisant "elle" comme dans l'exemple.

Exemple: **a** *Hier, elle a pris le train pour Caen.*

a Hier, j'ai pris le train pour Caen.

b Je suis arrivée à la gare vers 8h30.

c J'ai déjeuné dans le train.

d J'ai passé l'après-midi à lire un magazine.

e J'ai dormi un peu.

f J'ai raté la gare de Caen!

g J'ai téléphoné à mes amis et ils ont beaucoup rigolé!

Extra!

 10 ## Où sont-ils allés?

Quatre étudiants vous parlent de leurs grandes vacances. Où sont-ils allés? Qu'ont-ils fait? Remplissez la grille:

	Nom	Destination	Avec qui?	Principales activités
a	Aziz			
b	Marie-Claire			
c	David			
d	Caterina			

 11 ## Cela fait déjà 50 ans!

> Biarritz, ancien village de pêcheurs devenu à la mode au 19e siècle pour les bains de mer, fête aujourd'hui l'anniversaire de l'apparition du surf sur la célèbre plage de la Côte des Basques. Depuis 1957 des générations de surfeurs, amateurs ou professionnels, viennent pratiquer leur sport favori sur cette plage aux vagues exceptionnelles. Grâce au climat doux de cette station balnéaire, ils peuvent surfer tout le long de l'année.
>
> Il ne faut pas oublier de parler des autres plages comme Anglet, Hossegor ou Lacanau qui accueillent régulièrement des épreuves du championnat du monde de surf professionnel. De grands surfeurs, notamment Kelly Slater, huit fois champion du monde, s'affrontent sur les vagues puissantes de la côte atlantique, devenue le paradis des surfeurs.

Lisez le texte sur Biarritz, et dites si les phrases suivantes sont vraies ou fausses:

a Biarritz est devenu célèbre grâce à la pêche.
b Le surf fait son apparition au 19e siècle.
c Biarritz fête le quarantième anniversaire du surf.
d Il ne fait pas froid à Biarritz.
e On peut surfer sur d'autres plages de la côte.
f Kelly Slater n'est jamais venu sur la côte atlantique.

Grammaire

~ Questions

There are three ways to ask a question.

a Use rising intonation: **Vous êtes étudiant?**
b Use inversion: **Etes-vous étudiant?**
c Use **Est-ce que ...?** **Est-ce que vous êtes étudiant?**

~ Question words

Here are the question words you need to revise:

Quand?	When?	**Qui?**	Who?
A quelle heure?	At what time?	**Qu'est-ce que/Que ...?**	What?
Où?	Where?	**Pourquoi?**	Why?
Comment?	How? (or What?)	**Quel(s)/Quelle(s)?**	Which?
Combien?	How much/many?	**Lequel/Laquelle?**	Which one?

Qu'est-ce que vous voulez?/Quel train prend-il?

~ Making it negative

The **ne ... pas** goes round the verb:

Je n'achète pas la voiture. I'm not buying the car.
Je ne sors pas ce soir. I'm not going out this evening.

~ Perfect tense

Most verbs are conjugated with **avoir**:

j'ai travaillé	I worked	**nous avons choisi**	we chose
tu as fini	you finished	**vous avez mangé**	you ate
il/elle/on a perdu	he/she/we lost	**ils/elles ont oublié**	they forgot

Two main groups are conjugated with **être**:

1 Verbs of coming and going
aller, venir, arriver, partir, sortir, entrer, rentrer, retourner, rester, tomber, monter, descendre, passer, naître, mourir

je suis né(e)	I was born	**nous sommes parti(e)s**	we left
tu es allé(e)	you went	**vous êtes entré(e)(s)**	you came in
il/elle est sorti(e)	he/she went out	**ils/elles sont mort(e)s**	they died
on est sorti	we went out		

2 Reflexive verbs (see Unit 2)
se lever, se coucher, s'habiller, se laver, se raser, se dépêcher, s'amuser, etc.

Note that for verbs conjugated with **être**, the past participle changes its ending to agree with the subject:

elle est sortie; ils sont partis;

Corinne s'est levée; elles se sont lavées; nous nous sommes bien amusé(e)s

Exercices de grammaire

1 Turn the following sentences into questions. Practise the three different ways of doing so: (a) using rising intonation; (b) inversion* and (c) **Est-ce que…?**

a Vous êtes étudiant.
b Il travaille dans un supermarché.
c Ils parlent français.
d Vous aimez la musique.
e Il a déjà visité la France.
f Vous êtes déjà allé(e) en Bretagne.

*Note that when you invert, you must insert a **-t-** when two vowels come together: **A-t-elle visité…?**

2 Make the questions in exercise **1** negative.
Example: **Vous êtes étudiant?** – *Vous n'êtes pas étudiant?*

3 Match the questions with the answers.

   i Comment vous appelez-vous?
   ii Combien de frères avez-vous?
   iii Qui est-ce qui vous accompagne?
   iv Qu'est-ce que vous avez fait?
   v Pourquoi êtes-vous allés à Paris?
   vi Elle est comment, ta copine?
   vii Quel est ton numéro de téléphone?
   viii Lequel préférez-vous?

   a Je suis fils unique.
   b Elle est blonde et très amusante.
   c Cherchez-le dans l'annuaire!
   d Martin.
   e Le rouge.
   f Jean-Pierre et Monique.
   g Pour visiter les monuments.
   h Du ski.

4 Turn these sentences in the present into the past using the perfect tense.

● **avoir** verbs

a Je mange beaucoup de chocolat.
b Nous travaillons tous les jours de 9h à 5h du soir.
c Ils choisissent le steak-frites.

d Vous finissez maintenant?
e Tu vends ta voiture?
f Elle perd sa clé.

● **être** verbs

a On va en Espagne cette année.
b Ils arrivent très tôt le matin.
c J'entre dans le restaurant.
d Nous sortons tous les soirs.

e Elle meurt de faim.
f Je m'habille en vitesse.
g Tu te rases mal.

Vocabulaire

The numbers refer to the exercises in this Unit.

1

permettez-moi	allow me
se présenter	to introduce oneself
intéresser	to interest
un petit boulot	a (temporary) job
la caisse	till
remplir les rayons	to stack shelves
faire du vélo	to go cycling

2

comment dire …?	how do you say …?
fils/fille unique	only child
un magasin	shop
la planche à voile	windsurfing
la natation	swimming

3

oublier	to forget
ça vous plaît?	do you like it?
un studio	a bed-sit
le serveur/la serveuse	waiter/waitress
le temps libre	free time

4

les jeux vidéo (mpl)	video games

5

l'évasion (f)	escape
les Gorges (pl) du Verdon	the Verdon Gorge
un terrain	land
incroyable	incredible
passionné de	very keen on
l'escalade (f)	rock-climbing
la randonnée	long walk
vous trouverez	you will find
le stage	training course
convient	suits
le rafting	white-water canoeing

le niveau	level
nager	to swim
prêt	ready
avoir peur	to be afraid
la falaise	cliff
un grimpeur	climber
les débutants (mpl)	beginners
léger	light

6

du haut en bas de la ville	from the top to the bottom of the town
prendre un pot	to have a drink
un feu d'artifice	fireworks
seul(e)	alone

7

j'ai suivi	I followed/took
un stage linguistique	a language course
gentil	nice/kind
la nourriture	food
cela vous a plu?	did you like it?
les pâtes (fpl)	pasta

9

rater	to miss

11

les pêcheurs (mpl)	fishermen
devenu à la mode	which became fashionable
les vagues (fpl)	waves
grâce à	thanks to
une station balnéaire	seaside resort
accueillir	to welcome
des épreuves (fpl)	contests
s'affronter	to compete

Avec un partenaire

Have you ever …? – **As-tu déjà …?**   **Es-tu déjà …?**

1 Ask your partner whether they have ever done the following things:

– faire du canoë

– faire de l'équitation

– faire de l'escalade

– monter en montgolfière

– faire du parapente

– aller à la pêche

– faire de la planche à voile

– faire de la plongée sous-marine

– faire un saut à l'élastique

– faire du ski nautique

– faire du VTT (vélo tout terrain)

2 Be prepared to tell your partner …
  – if you have ever been to Spain.
  – if you have ever visited Disneyland Paris.
  – if you have ever missed a plane.
  – if you have ever lost your mobile phone.
  – if you have ever been camping.
  – if you have ever seen a film in French.

petit rappel

jamais
souvent
une fois
plusieurs fois
l'année dernière

Avec un partenaire

1 Be ready to tell your partner whether you have done any of these things:

– faire du canoë

– faire de l'équitation

– faire de l'escalade

– monter en montgolfière

– faire du parapente

– aller à la pêche

– faire de la planche à voile

– faire de la plongée sous-marine

– faire un saut à l'élastique

– faire du ski nautique

petit rappel

jamais
souvent
une fois
plusieurs fois
l'année dernière

– faire du VTT (vélo tout terrain)

2 Now ask your partner if he or she has ever …

– been to Spain	**[aller en Espagne]**
– visited Disneyland Paris	**[visiter Disneyland à Paris]**
– missed a plane	**[rater un avion]**
– lost his/her mobile phone	**[perdre votre portable]**
– been camping	**[faire du camping]**
– seen a film in French	**[voir un film en français]**

2 Tu es sortie hier?

In this unit you will learn how to recount a sequence of events and tell and understand narratives and anecdotes.

You will also revise and extend your knowledge of the perfect tense in French, paying particular attention to reflexive verbs.

 1 Je l'ai cherché partout!

CAMILLE:	Dis Thomas, as-tu vu mon portable?
THOMAS:	Euh, ton portable? Non, pourquoi? Tu l'as perdu?
CAMILLE:	Oui, je crois. Je le perds tout le temps, mais normalement je le retrouve.
THOMAS:	Tu as l'habitude de perdre tes affaires?
CAMILLE:	Ah oui, ça m'arrive constamment. Je perds mes clés, mon parapluie, mon porte-monnaie, enfin tout!
THOMAS:	Ah oui, c'est grave. Est-ce que tu as retrouvé ton porte-monnaie?
CAMILLE:	Oui, oui. Mais l'année dernière quand je suis allée en Espagne, j'ai perdu mon billet de train.
THOMAS:	Tu en as racheté un autre?
CAMILLE:	Ah non, je n'avais plus d'argent donc je n'ai pas pu.
THOMAS:	Alors qu'est-ce que tu as fait?
CAMILLE:	Eh ben, quand le contrôleur a commencé à s'approcher, je l'ai cherché partout. Dans mes poches, dans mon sac, je ne l'ai pas trouvé. Et j'ai commencé à paniquer.
THOMAS:	Et le contrôleur, il a été sympa avec toi?
CAMILLE:	Attends, je n'ai pas fini. J'ai pris mon livre et j'ai fait semblant de le lire.
THOMAS:	Tu espérais que le contrôleur t'oublie, c'est ça?
CAMILLE:	Exactement, et devine, quand j'ai ouvert mon livre, qu'est-ce que j'ai vu? Mon billet! Quel soulagement!

 Répondez aux questions:

a Quels sont les objets que Camille a l'habitude de perdre?
b Qu'a-t-elle perdu un jour dans le train?
c Où l'a-t-elle cherché?
d Et où l'a-t-elle finalement retrouvé?

vocabulaire

Tu as l'habitude de perdre tes affaires?	Do you usually lose your things?
Tu en as racheté un autre?	Did you buy another one?
Je n'avais plus d'argent donc je n'ai pas pu.	I had no more money so I couldn't.
Qu'est-ce que tu as fait?	What did you do?
J'ai fait semblant de lire.	I pretended to be reading.

2 Mini-sondage

Demandez à 5 personnes autour de vous si elles ont déjà perdu ou oublié un objet.
Notez leurs réponses et, à la fin du sondage, faites le total pour chaque question.
Ex: **Est-ce que vous avez déjà perdu votre montre?** Peter/Lucy/etc....

	Nom des personnes (initiales)
Qui a déjà perdu son appareil photo numérique?	
Qui a déjà perdu son baladeur MP3?	
Qui a déjà perdu un billet de cinéma/théâtre/autre spectacle?	
Qui a déjà oublié de renouveler son passeport?	
Qui a déjà oublié de renouveler son assurance automobile?	
Qui a déjà oublié sa clé USB dans une salle d'ordinateurs?	

3 Pour une fois je suis à l'heure

a Attribuez une des légendes ci-dessous à chaque image.

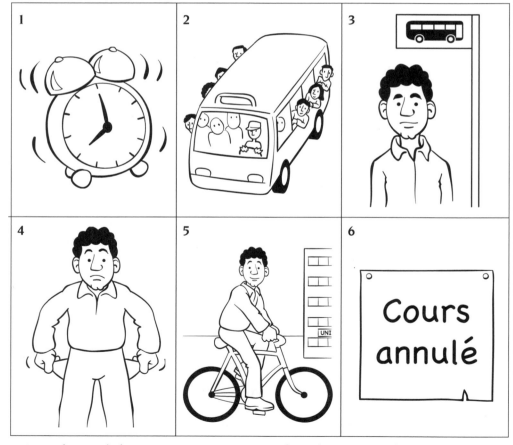

a Le prof est malade.

b J'ai cherché les clés de l'antivol.

c L'arrêt d'autobus.

d Les bus risquent d'être bondés.

e Je suis arrivé à la fac à vélo.

f Le réveil a sonné à huit heures.

b Ecoutez l'histoire drôle et résumez l'essentiel en français (50 mots).

Quelque chose de bizarre m'est arrivé hier. Je me suis levé tôt comme d'habitude pour me rendre à l'université. J'avais cours à neuf heures trente. Le réveil a sonné à huit heures, j'ai sauté du lit, je me suis lavé et habillé en vitesse. J'ai avalé une tasse de thé et des céréales et je me suis dépêché parce que les bus sont souvent bondés aux heures d'affluence.

Je suis arrivé à l'arrêt d'autobus à huit heures quarante-cinq. Je me suis dit: "Tiens, pour une fois je suis à l'heure!" Pourtant, j'ai dû attendre un quart d'heure. A neuf heures, toujours pas de bus. Je commençais à désespérer. J'ai décidé de prendre mon vélo. En rentrant à la maison, j'ai cherché les clés de l'antivol dans la poche gauche de mon pantalon. Rien. Je les ai donc cherchées dans la poche droite. Non plus. Dans les poches de mon gilet? Ah non, je les ai oubliées dans ma chambre. J'ai monté l'escalier en courant, j'ai retrouvé les clés et je suis ressorti de la maison. Et là qu'est-ce que j'ai vu? Le bus, bien entendu, qui partait sans moi. J'étais furieux!

Enfin, je suis arrivé à l'université à vélo avec dix minutes de retard. Je suis entré en classe à dix heures moins le quart. Mon amie Corinne m'attend et me dit: "Pas besoin de courir, le prof est malade, le cours est annulé!"

vocabulaire

Quelque chose de bizarre m'est arrivé.	Something funny happened to me.
sauter du lit	to jump out of bed
avaler	to swallow/gulp down
se dépêcher	to hurry
bondé	packed
les heures d'affluence	rush hour
à l'heure	on time
pourtant	however, yet
en rentrant	on going back to/while going back to
l'antivol	anti-theft device/crook-lock
avec 10 minutes de retard	10 minutes late
annulé	cancelled

grammaire

Le passé composé: conjugaison avec "avoir" ou "être"

Monter, descendre, sortir se conjuguent avec **être** au passé composé mais quand ils sont suivis d'un objet direct, l'auxiliaire **avoir** est employé.

Je <u>suis</u> monté(e).	I went up.	**J'ai monté l'escalier.**	I went up the stairs.
Je <u>suis</u> descendu(e).	I went down.	**J'ai descendu ma valise.**	I brought down my suitcase.
Je <u>suis</u> sorti(e).	I went out.	**J'ai sorti mon livre.**	I got out my book.

4 Il m'est arrivé quelque chose de drôle l'autre jour …

Racontez l'histoire du jour où vous avez partout cherché vos clés. Que s'est-il passé?

> Je me suis levé(e)/Je ne me suis pas levé(e).
> J'ai fait la grasse matinée.
> Je suis sorti(e) à huit heures./J'ai sorti un stylo de ma poche.
> Je suis monté(e) la voir./J'ai monté l'escalier.
> Je me suis dit …
> J'ai dû les oublier à la bibliothèque.
> Il a dû rentrer de bonne heure/sortir …
> Un jour/Hier/La semaine dernière/Jeudi dernier, je …
> Après/Mais/Finalement/Bref, je …

5 J'ai failli rater mon avion

Racontez, en 150 mots, l'histoire du jour où vous avez failli rater votre avion.

> Ce jour-là …
> se lever, prendre une douche, s'habiller
> avaler le petit déjeuner, prendre un bol de café
> appeler un taxi/prendre le bus/prendre le métro
> arriver à l'aéroport, faire enregistrer les bagages/un sac à dos
> passer au contrôle des passeports/à l'inspection des bagages à main
> prendre un verre au bar
> traîner dans les boutiques (hors taxes)
> se perdre/s'égarer
> ne pas entendre les annonces/le dernier appel
> ne pas regarder les écrans d'annonces
> se diriger vers la porte
> monter dans l'avion, s'excuser
> s'installer dans son siège, attacher sa ceinture
> L'avion décolle …

vocabulaire

J'ai failli m'évanouir.	I almost/(very) nearly fainted.
Il a failli se noyer.	He almost/(very) nearly drowned.
Elles ont failli mourir.	They almost/(very) nearly died.

6 Une Cendrillon d'aujourd'hui

Marie-Claude Meursault répond ...

Marie-Claude Meursault, véritable "Cendrillon" d'aujourd'hui, répond à nos questions sur sa rencontre avec son Prince Charmant ...

Toi et moi : **Alors, vous vivez heureux maintenant, Marie-Claude, vous et votre Prince Charmant ?**

Marie-Claude : Ah oui, ma vie s'est totalement transformée. Je suis heureuse comme tout. Mon Prince Charmant s'appelle Serge et il est adorable.

Pourquoi vos amies vous ont-elles donné le nom de Cendrillon ?

C'est-à-dire que j'étais étudiante et j'avais très peu d'argent. Alors, pour boucler les fins de mois, je nettoyais les bureaux. Je devais me lever très tôt vers cinq heures du matin pour terminer avant huit heures et je faisais aussi la session du soir. Je terminais vers neuf heures du soir. Vous voyez un peu ...

Ah oui, je vois très bien. Et c'est pour ça que vos amies vous appellent Cendrillon ?

Oui, un soir, je suis arrivée chez moi, fatiguée, sale et découragée. Mes amies m'ont dit : "Tu es une vraie Cendrillon. Va prendre une douche, Marie, on va te sortir !"

Et vous êtes allées à un bal ?

Pas exactement mais elles m'ont prêté une tenue formidable, je me souviens très bien, en soie, avec une paire de chaussures bleues qui étaient un peu trop grandes. Notre carrosse, c'était un taxi. On est allé en boîte.

Comment vous vous êtes rencontrés, Serge et vous ?

On a dansé ensemble pour une grande partie de la soirée. J'avais enlevé mes chaussures et au moment de partir, impossible de les retrouver !

Et qui a retrouvé vos chaussures? Votre Prince Charmant?

C'est ça. Je suis rentrée pieds nus ! Heureusement, c'était le mois de juillet et il faisait chaud. Mais le lendemain, Serge est venu à l'appartement pour chercher sa Cendrillon !

C'est un vrai conte de fées. Vous vous êtes mariés tout de suite ?

Pas tout de suite mais assez rapidement quand même. On s'est fiancé au mois d'octobre et le mariage a eu lieu il y a deux semaines.

Vous ne faites plus de nettoyage ?

Non, grâce à la compréhension de Serge, j'ai pu terminer mes études et j'ai un très bon emploi où je gagne beaucoup d'argent. Voilà !

a Lisez l'extrait ci-dessus d'un entretien dans le magazine *Toi et Moi*. Ensuite, lisez les phrases suivantes. C'est vrai ou faux?

  1 Marie-Claude travaillait comme secrétaire dans un bureau.

  2 Elle se levait à huit heures pour aller travailler.

  3 Sa tenue de soirée était en soie.

  4 Serge savait où elle habitait.

  5 Ils se sont mariés au mois d'octobre.

  6 Elle fait toujours des ménages dans un bureau.

b 1 Soulignez ou écrivez tous les verbes conjugués au passé composé (perfect).

  2 Pourquoi certains participes passés (past participles) se terminent avec **e** ou **s/es**? (Vous pouvez vérifier les règles pages 8 et 22.)

7 "Ni oui, ni non!"

a "Ni oui, ni non!" est un jeu dans lequel il faut répondre aux questions sans dire "oui" ("si" après la négation) ou "non". Voici un exemple:

– Tu t'es levée tôt ce matin?
– Absolument, je me suis levée à 7h30.

– Vous vous êtes bien amusés hier soir, toi et tes copains?
– Nous nous sommes bien amusés, merci.

– Tu t'es dépêchée pour arriver à l'heure?
– Pas vraiment. J'ai pris mon temps.
not really.

– Est-ce que tu es déjà sortie avec un garçon?
– Tu plaisantes! Bien entendu que je suis déjà sortie avec un garçon.

– Dis-moi! Est-ce que tu t'es brossé les dents ce matin?
– Bien sûr que je me suis brossé les dents!

– Mais tu ne t'es pas brossé les cheveux ...
– Mais si! Je t'assure, je me suis brossé les cheveux... Ah! c'est toi qui gagnes!
– A toi de poser des questions maintenant.

grammaire

Les verbes pronominaux à la forme interrogative et négative

Tu t'es levé(e) ...?	**Je ne me suis pas levé(e) ...**
Vous vous êtes amusé(e)(s)?	**Nous ne nous sommes pas amusé(e)s.**
	On ne s'est pas amusé.
Est-ce que tu t'es dépêché(e)?	**Je ne me suis pas dépêché(e).**
Est-ce que vous vous êtes dépêché(e)(s)?	**Nous ne nous sommes pas dépêché(e)s.**
	On ne s'est pas dépêché.
T'es-tu couché(e) ...?	**Je ne me suis pas couché(e) ...**
Vous êtes-vous couché(e)(s) ...?	**Nous ne nous sommes pas couché(e)s ...**
	On ne s'est pas couché ...

b Il faut utiliser "Si" au lieu de "Oui" après la négation. Répondez avec "Non!" ou "Si!" aux questions et phrases suivantes:

Exemple: – **Tu ne t'es pas levé(e) très tôt ce matin!**
– **Non, je me suis levé(e) à onze heures!/Si, je me suis levé(e) à huit heures!**

a Tu n'es pas sorti(e) hier soir?
b Mais tu ne t'es pas couché(e) très tard.
c J'ai l'impression que tu ne t'es pas amusé(e).
d Tu n'es pas fatigué(e) aujourd'hui?
e Tu n'as pas assisté au cours de neuf heures ce matin.
f Tu n'as pas l'air en pleine forme aujourd'hui.

c Jouez à "Ni oui, ni non" avec votre voisin ou voisine de classe. Avant de poser les questions avec les verbes ci-dessous, écrivez-les. Exemple:

Question: *Est-ce que tu es allé(e) faire des courses hier?*
Réponse possible: **Pas hier**.

1 sortir en boîte/au cinéma/au pub/au restaurant …
2 arriver à pied/à vélo/en bus/en voiture …
3 partir en retard/de bonne heure/à l'heure
4 naître en Angleterre/à l'étranger/en France/au Portugal/en Afrique …
5 tomber amoureux/amoureuse souvent/déjà …
6 se lever du pied gauche
7 se brosser les dents/les cheveux une fois/deux fois aujourd'hui
8 se coucher de bonne heure/avant minuit/tard …
9 se dépêcher pour venir en cours
10 s'amuser avec tes copains/tes copines
11 s'entraîner au foot/au tennis/au netball …
12 se moquer de ta/ton prof

Quand vous avez terminé de poser les questions à votre voisin(e), ce sera à son tour de vous poser les questions. Qui est le gagnant/la gagnante?

vocabulaire

Expressions utiles pour éviter d'utiliser "oui" ou "non":

pas hier	not yesterday	**quelquefois/parfois**	sometimes
jamais	never	**bien entendu/bien sûr**	of course
souvent	often	**je ne sais pas**	I don't know
peut-être	maybe	**je ne me souviens/rappelle plus**	I can't remember
Et toi?	And you?		

Montpellier

8 Connaissez-vous Jacques Prévert?

> Jacques Prévert est né en 1900 et mort en 1977. C'est un grand poète populaire qui devient célèbre avec la publication de son recueil de poèmes *Paroles* en 1946. Mais il est aussi connu grâce aux nombreuses chansons qu'il a composées comme *Les feuilles mortes*, chanson qu'Yves Montand et Frank Sinatra ont interprétée. Enfin, il a écrit le scénario de beaucoup de grands films du cinéma français. Aujourd'hui plusieurs collèges et lycées portent son nom.

Ecrivez la biographie d'un auteur, d'un chanteur ou autre personnage que vous aimez. Environ 100 mots.

9 Déjeuner du matin

par Jacques Prévert, *Paroles*, © Editions Gallimard

Il a _____ le café	Dans le cendrier
Dans la tasse	Sans me parler
Il a _____ le lait	Sans me regarder
Dans la tasse de café	Il s'est _____
Il a _____ le sucre	Il a _____
Dans le café au lait	Son chapeau sur sa tête
Avec la petite cuiller	Il a _____
Il a _____	Son manteau de pluie
Il a _____ le café au lait	Parce qu'il pleuvait
Et il a _____ la tasse	Et il est _____
Sans me parler	Sous la pluie
Il a _____	Sans une parole
Une cigarette	Sans me regarder
Il a _____ des ronds	Et moi j'ai _____
Avec la fumée	Ma tête dans ma main
Il a _____ les cendres	Et j'ai _____ .

Remplissez les blancs dans le poème de Prévert avec les mots ci-dessous.

tourné	**mis**	**allumé**	**pleuré**	**bu**
pris	**levé**	**mis**	**parti**	**mis**
mis	**fait**	**mis**	**reposé**	**mis**

Extra!

 10 "Cri du cœur"

Les étudiants suivants ont des problèmes personnels et demandent des conseils à une conseillère. Quels sont les problèmes soulevés et les solutions proposées? Remplissez la grille.

Nom	Problème	Solution proposée
Alistair		
Dimitra		
Tim		
Fouzia		

 11 La crise d'adolescence

Une psychologue répond à une mère inquiète.

> Mon fils ne dit plus un mot à la maison. Il ne m'adresse plus la parole sauf pour me demander «qu'est-ce qu'on mange ce soir?» Il refuse tout dialogue avec moi ou son père. Je ne sais plus rien de sa vie, de ses copains ou de ses études. Il devient de plus en plus secret et je m'inquiète de son silence. Que dois-je faire? Annie

Il n'y a rien d'inquiétant. Comme tous les ados, votre fils connaît une période difficile de sa vie puisqu'il passe du stade de l'enfance à l'âge adulte. En même temps, il prend ses distances par rapport à son milieu familial. Il a besoin de découvrir le monde extérieur par lui-même et se forger ses propres opinions. Il vous en dit le moins possible car il a besoin de se détacher de l'autorité parentale.

C'est à vous de lui poser des questions pour lui montrer que vous vous intéressez à sa vie, à ses activités, à ses copains. Même s'il reste muet, n'abandonnez pas, votre présence et votre amour l'aideront à passer sa crise. Restez disponible quand vous sentez qu'il a envie de parler. Et souvent, un adolescent peut rester sans parler pendant des mois et, tout à coup, il devient impossible de l'arrêter de parler!

Après avoir lu le texte, répondez aux questions suivantes:

a Pourquoi la mère est-elle inquiète?

b Selon la psychologue, pourquoi les adolescents prennent-ils leurs distances par rapport à leurs parents? Donnez trois raisons.

c Est-ce que la mère devrait arrêter de poser des questions à son fils? Que devrait-elle faire?

d Selon la psychologue, que se passe-t-il souvent après quelques mois?

Grammaire

~ More about the perfect tense

1 How to ask a question

   a Use rising intonation: **Tu as déjà mangé?**   **Tu es sorti(e) hier soir?**

      OR

   b Use inversion: **As-tu déjà mangé?**   **Es-tu sorti(e) hier soir?**

      OR

   c Use **Est-ce que …?**   **Est-ce que tu as déjà mangé?**   **Est-ce que tu es sorti(e) hier soir?**

2 How to ask a question using a reflexive verb (Don't forget the reflexive pronoun.)

   a Use rising intonation: **Tu t'es levé(e) tôt?**

      OR

   b Use inversion: **T'es-tu levé(e) tôt?**

      OR

   c Use **Est-ce que …?**   **Est-ce que tu t'es levé(e) tôt?**

3 Making it negative

Put **ne … pas** round the part of **avoir** or **être**. Do the same with other negative expressions such as **ne … jamais**, **ne … rien**, **ne … plus**, etc.

   a avoir verbs

      Je n'ai pas rencontré tes amis.   I did not meet your friends.

      Il n'a rien mangé aujourd'hui.   He has not eaten anything today.

   b être verbs:

      Nous ne sommes pas sorti(e)s.   We did not leave.

      Vous n'êtes pas arrivé(e)(s).   You did not arrive.

      Elle n'est jamais allée à Paris.   She has never been to Paris.

   c Reflexive verbs:

      Keep the pronoun (**me, te, se** etc.) <u>inside</u> the sandwich. (Think of the pronoun as the mustard with the **ne** and **pas** the slices of bread round your verb sandwich.)

      Je ne me suis pas levé(e).   I did not get up.

      Tu ne t'es pas couché(e).   You did not go to bed.

      Il ne s'est pas lavé.   He did not wash.

      Elle ne s'est pas habillée.   She did not get dressed.

      On ne s'est pas amusé.   We (One) did not enjoy ourselves.

      Nous ne nous sommes pas dépêché(e)s.   We did not hurry.

      Vous ne vous êtes pas approché(e)(s).   You did not come nearer.

      Ils ne se sont pas rasés.   They did not shave.

      Elles ne se sont pas assises.   They did not sit down.

Exercices de grammaire

1 Make the following sentences negative.

Example: **Je me suis dépêchée.** → *Je ne me suis pas dépêchée.*

a Nous avons perdu nos clés.
b Le contrôleur est passé vérifier les billets.
c Elle a fait semblant de lire.
d L'année dernière on est allé en France.
e Vous vous êtes levés tôt.
f Il s'est couché de bonne heure.
g Ils se sont approchés de nous.
h Tu t'es brossé les dents.
g Elle s'est habillée en vitesse.
h Nous nous sommes trompés d'adresse.

2 Make the following sentences into questions (using inversion verb/subject).

Example: **Il est tombé.** → *Est-il tombé?*

a Elle est née en 1976.
b Vous êtes parti à huit heures.
c Ils ont regardé la télé très tard.
d Tu t'es amusée hier soir.

3 Fill in the correct endings for the past participles: **e**, **s**, or **es**. Watch out: some do not need an ending. Then translate the story into English.

Je m'appelle Diane. Il y a deux ans je suis tombé____ **(a)** amoureuse d'un jeune homme qui s'appelle Laurent. Je suis son aînée de quinze ans mais qu'importe! On s'aime et on a beaucoup d'intérêts en commun. Ma famille et mes meilleurs amis pourtant ne comprennent pas la situation. Récemment, nous nous sommes marié____ **(b)**. Le jour même du mariage, ma mère s'est penché____ **(c)** vers moi et a chuchoté____ **(d)** « Quel dommage, ma chérie! » Mais enfin elle s'est décidé____ **(e)** à accepter la situation. Nos amis se sont tous très bien amusé____ **(f)** et nous ont offert____ **(g)** beaucoup de cadeaux. Après notre mariage nous nous sommes installé____ **(h)** dans un très bel appartement. Bref, on s'aime et il est impossible de nous séparer.

4 Translate the following sentences. Use the perfect tense (**passé composé**).

a He has found his ticket in his pocket.
b She arrived early.
c He has decided to go for a walk every day.
d They did not hurry.
e Did you go to France last year?
f I did not quarrel with my brother.

Vocabulaire

1

chercher	to look for
les clés (fpl)	keys
le parapluie	umbrella
le porte-monnaie	purse
l'année dernière (f)	last year
un billet de train	train ticket
le contrôleur	ticket inspector
s'approcher de	to come near
faire semblant de	to pretend
deviner	to guess
quel soulagement!	what a relief!

2

un appareil photo numérique	digital camera
un baladeur MP3	MP3 player
renouveler	to renew
une clé USB	memory stick
la salle d'ordinateurs	computer room

3

malade	unwell
le réveil	alarm clock
se lever	to get up
tôt	early
comme d'habitude	as usual
se rendre	to go/get to
avoir cours	to have classes
se laver	to get washed
se dépêcher	to hurry
s'habiller	to get dressed
en vitesse	quickly

4

raconter une histoire	to tell a story
que s'est-il passé?	what happened?
faire la grasse matinée	to have a lie-in
je me suis dit	I said to myself
j'ai dû	I must have …
la bibliothèque	library
hier	yesterday
la semaine dernière	last week
jeudi dernier	last Thursday
après	afterwards
bref	to cut a long story short

5

rater	to miss
prendre une douche	to take a shower
avaler le petit déjeuner	to have a quick breakfast
enregistrer	to check in

un sac à dos	rucksack
traîner	to hang around
une boutique hors taxes	duty-free shop
se perdre/s'égarer	to lose your way
une annonce	announcement
le dernier appel	last call
un écran	screen
se diriger vers	to walk towards
un siège	seat
attacher sa ceinture	to fasten one's seatbelt
décoller	to take off

6

boucler les fins de mois	to make ends meet
nettoyer	to clean
sale	dirty
découragé	discouraged, 'low'
prêter	to lend
une tenue	outfit, set of clothes
le carrosse	carriage
se rencontrer	to meet
pieds nus	bare-foot
un conte de fées	fairy story
quand même	all the same
avoir lieu	to take place
il y a (deux semaines)	(two weeks) ago
la compréhension	understanding (nature)

7

s'amuser	to have fun, have a good time
tu plaisantes!	you're kidding!
bien entendu/sûr	of course
c'est toi qui gagnes!	you win!
à toi de …	your turn to …
se coucher	to go to bed
avoir l'air	to look
en pleine forme	in great shape
à l'étranger	abroad
se lever du pied gauche	to get out of bed on the wrong side
se moquer de	to make fun of

9

la cuiller	spoon
sans me parler	without speaking to me
la fumée	smoke
les cendres (fpl)	ash
le cendrier	ashtray
sans une parole	without a word

11 See Appendix, p. 204.

Avec un partenaire

Personal habits!

1 Ask your partner about what he or she has been doing:

 sortir hier soir

 se coucher hier soir

 se lever ce matin

prendre une douche

 se raser

se brosser les dents

 perdre ses clés

 arriver en retard

se disputer avec son copain/sa copine

*On ne ₹ se dispute
jamais
– we never argue.*

2 Be prepared to tell your partner if you've ever …

- lost your passport
- eaten too much chocolate
- quarrelled with your parents
- gone to bed after four in the morning
- drunk too much wine or beer
- failed your exams
- failed to hear your alarm clock

petit rappel

rarement
très peu souvent
quelquefois
parfois
de temps en temps

Avec un partenaire

Personal habits!

1 What have you been doing? Be prepared to tell your partner:

- whether you went out last night
- what time you got to bed
- what time you got up this morning
- whether you had a shower
- whether you shaved
- whether you brushed your teeth
- whether you lost your keys
- whether you were late
- whether you've had a quarrel with your boyfriend/girlfriend

2 Now ask your partner about his or her personal habits.

Tu as l'habitude de:

- perdre ton passeport?
- manger trop de chocolat?
- te disputer avec tes parents?
- te coucher après quatre heures du matin?
- boire trop de vin ou de bière?
- échouer à tes examens?
- ne pas entendre le réveil le matin?

petit rappel

rarement
très peu souvent
quelquefois
parfois
de temps en temps

3 Temps Libre

In this unit you will practise talking about leisure interests and pursuits, and discover what to say if you are invited out or want to invite someone out yourself.

You will also learn about direct and indirect object pronouns and practise using the pronouns *y* and *en*.

1 C'est mon anniversaire

Aurélie téléphone à Freddie pour l'inviter à son anniversaire. Ecoutez-la.

Allô, oui, Freddie? Bonjour, Freddie. Comment ça va? Oui, ça va bien, merci. Toute la famille va bien, oui. Ecoute, samedi, c'est mon anniversaire et on va fêter ça. Mes parents nous laissent la maison et ils sortent. C'est gentil, hein? Non, ils sont très raisonnables, mes parents. Ben naturellement, tu es invité. Ça te dit? Tu n'es pas pris ce jour-là? Super. Je suis très contente. Combien de personnes? Oh, je sais pas, moi. Tous les copains de la fac et puis les amis du club de sport. Oui, oui, ça va se passer le soir. On va commencer vers … disons, huit heures? On va manger, on va danser un peu … Ah non! Tu n'es pas obligé d'apporter ni à manger ni à boire! Mais écoute, tu sais ton nouveau CD … comment s'appelle-t-il déjà? Tu l'as acheté quand tu étais en Angleterre la dernière fois … Voilà! C'est ça. Ça te dérange de l'apporter? Ça ne te dérange pas? Tu es formidable. Un vrai ami. Tu veux être DJ ce soir-là? Oui, super! C'est sympa! J'accepte avec plaisir. Oui, bien sûr, tu peux venir un peu plus tôt pour installer l'équipement. D'accord. Oui. OK.

A samedi, donc. Mais écoute, est-ce que tu as mon adresse? C'est appartement 3 bis, immeuble Beaulieu, 75 rue des Iles. … Voilà, c'est ça. Et mon numéro de téléphone, au cas où, c'est le 67-56-28-92. Oui, c'est ça. Bien. On se voit bientôt. Merci, Freddie. Je t'embrasse.

Répondez aux questions.

La petite fête d'Aurélie
a Qui est invité?
b C'est quand?
c Chez qui?
d A quelle adresse?
e Quel est le numéro de téléphone d'Aurélie?

vocabulaire

c'est mon anniversaire	it's my birthday
on va fêter ça	we're going to celebrate that/ have a party
ça te dit?	do you fancy it?
tu n'es pas pris?	you're not busy/otherwise engaged?
disons …	shall we say …
tu n'es pas obligé de …	you don't have to …
ça te dérange de l'apporter?	would you mind bringing it?
ça ne te dérange pas?	you don't mind?
au cas où	just in case
je t'embrasse	all the best/lots of love (*lit.* I kiss you)

2 Invitations

Reconstruisez la conversation entre Lucie et Romain. Retrouvez dans la colonne de droite (Romain) les questions ou réponses qui correspondent à ce que dit Lucie (ex: **1g**). Ensuite, pratiquez cette conversation avec votre partenaire.

Lucie (questions et réponses dans l'ordre)

1 Salut Romain, ça va?
2 Je t'invite à mes fiançailles.
3 Vendredi prochain, tu es pris ce jour-là?
4 Disons, vers 19 heures.
5 Si tu veux, mais tu n'es pas obligé.
6 D'accord, c'est sympa.
7 Au 1ᵉʳ étage, 54 rue Pernety, près de la station de métro.
8 Oui, c'est le 06 97 04 25 93. Tu veux que je répète?
9 OK. A bientôt. Bon allez, je t'embrasse.

Romain (dans le désordre)

a Moi aussi, à plus.
b Je peux apporter des CD.
c Non, ça va, j'ai noté.
d Tu peux me redonner ton numéro de portable, je l'ai perdu?
e Tu habites où exactement?
f C'est quel jour?
g Ah, Lucie, quelle surprise, oui, ça va?
h D'accord, je peux apporter quelque chose?
i Non, je suis libre, j'accepte avec plaisir. Vers quelle heure?

3 J'espère que tu peux venir?

Envoyez un mail/courriel à un(e) ami(e) français(e) pour l'inviter à une petite fête que vous organisez et où les invités vont se déguiser.

D'abord dites:
● A quelle occasion vous invitez vos amis:
anniversaire, fiançailles, crémaillère, fin des examens …
● La date, l'heure et le lieu:
samedi prochain, dans deux semaines, le 5 juin à … heures/vers … heures …
dans une discothèque, chez …, dans la salle des fêtes de votre village …
● Comment vous allez vous déguiser:
en infirmière, en gorille, en Zorro, en Cléopâtre, …
Si vous allez louer ou faire vous-même votre costume …

Demandez-lui:
● S'il/si elle peut apporter quelque chose:
une bouteille de vin, du fromage, un dessert, des amuse-gueules, …
● S'il/si elle peut répondre vite

4 Désolé, je suis pris …

DAMIA: Salut Jean-Louis, comment ça va? Ça fait un petit moment qu'on ne s'est pas vu!

JEAN-LOUIS: Oui, c'est vrai. Bof, ça ne va pas très fort en ce moment.

DAMIA: Ah! Pourquoi? Qu'est-ce qui t'arrive?

JEAN-LOUIS: J'ai bientôt mes examens et je passe tout mon temps à réviser.

DAMIA: Ne t'inquiète pas! Tu vas voir, ça va bien se passer!

JEAN-LOUIS: Oh, j'en sais rien. Enfin, je vais faire de mon mieux. Et toi, quoi de neuf?

DAMIA: Je viens de déménager. Je partage un appart avec Bruno maintenant.

JEAN-LOUIS: Avec Bruno! Mais t'es dingue ou quoi?

DAMIA: Ben, pourquoi? Il semble très sympa. Pourquoi tu dis ça?

JEAN-LOUIS: Eh bien, je peux te dire comme coloc, il est affreux! Il ne fait jamais la vaisselle, il ne nettoie jamais la salle de bains, il laisse traîner ses affaires … Et il y a quelque temps, je lui ai prêté mon livre d'anglais et il ne me l'a pas encore rendu! Je vais en avoir besoin pour mes révisions.

DAMIA: Bon, on verra bien! Ecoute, samedi je vais voir un match de foot avec Bruno. Tu viens avec nous?

JEAN-LOUIS: Oui, je veux bien …. Ah, attends. Non, à vrai dire je ne peux pas.

DAMIA: Tu ne vas pas réviser tout de même un samedi!

JEAN-LOUIS: Non, non mais je suis pris. C'est l'anniversaire de mon frère et on sort au resto avec mes parents et sa copine. Désolé.

DAMIA: Dommage, je suis déçue. Bah, ça sera pour une autre fois.

JEAN-LOUIS: Oui, après les examens.

DAMIA: OK. Bon courage pour tes révisions. A bientôt.

JEAN-LOUIS: Merci. A plus.

Répondez aux questions:

a Pourquoi Jean n'est-il pas en forme?   **c** Pourquoi il ne peut pas aller au match?

b Pourquoi n'aime-t-il pas Bruno?   **d** Quand les deux amis vont-ils se revoir?

vocabulaire

je passe tout mon temps à (+ infinitive)	I'm spending my whole time …ing
faire de mon mieux	to do my best
prêter	to lend
rendre	to give back/return
laisser traîner ses affaires	to leave his belongings lying around
je vais en avoir besoin	I'm going to need it

<u>Des expressions familières</u>

un appart (un appartement)	a flat
dingue (fou (m)/**folle** (f))	mad
sympa (sympathique)	nice
un(e) coloc (colocataire)	flatmate
un resto (restaurant)	a restaurant
à plus (à bientôt)	see you soon

[handwritten: are you free in the evening?]

 5 Tu es libre ce soir?

Refusez poliment une invitation. Pratiquez avec un(e) partenaire.

Invitation *[handwritten: aller au]*

- dîner
- cinéma
- concert
- sortir en groupe avec les copains

Prétextes *pour refuser!*

- me laver les cheveux
- révision *[handwritten: make]*
- rendre visite à mes parents
- fatigué(e) – me coucher très tôt

6 Je travaille rarement le soir

[handwritten: demain? - tomorrow]
[handwritten: semaine prochaine?]

– Vous rentrez chez vous d'habitude vers quelle heure le soir?

– Normalement vers six heures du soir.

– Et vous continuez à étudier après le repas du soir?

– Non, je travaille rarement le soir. Si je travaille le soir, je n'arrive pas à dormir après.

– Vous sortez donc ou vous restez à la maison à regarder la télé?

– D'habitude, je fais le ménage, mais quelquefois je sors.

– Vous allez souvent en discothèque?

– Jamais! Je ne vais jamais en discothèque mais par contre je vais assez souvent au cinéma, disons deux fois par mois.

– Et vous pratiquez un sport?

– Non. Je n'aime pas les sports collectifs mais je fais de la natation, ça oui, une fois par semaine, tous les lundis, je vais nager.

Ecoutez le dialogue. Qu'est-ce qu'elle fait …

a … à 6 heures du soir

b … après le repas

c … 2 ou 3 fois par mois

d … une fois par semaine

e Et qu'est-ce qu'elle ne fait jamais?

[handwritten: J'ai horreur de ça! - I hate that.]

vocabulaire

Qu'est-ce que tu fais/vous faites d'habitude le soir?	What do you usually do in the evening?
tous les jours/soirs	every day/evening
le vendredi/tous les vendredis	every Friday
une fois par jour/semaine/mois/an	once a day/week/month/year
d'habitude/normalement	usually
(assez) souvent	(quite) often
quelquefois	sometimes
rarement	rarely
jamais	never

7 Questions/réponses

Posez les questions suivantes à votre partenaire. Ensuite il/elle vous posera les mêmes questions.

1 Tu rentres chez toi d'habitude vers quelle heure le soir?

4 Tu vas souvent en discothèque?

2 Et tu continues à étudier après le repas du soir?

5 Et tu pratiques un sport?

3 Tu sors ou tu restes à la maison à regarder la télé?

6 Tu vas au supermarché quelquefois?

8 Sondage – vas-tu souvent au cinéma?

Demandez aux autres dans la classe ce qu'ils font le soir.
Notez leurs réponses – "jamais", "rarement", "quelquefois", "souvent", "le lundi" etc. – dans la grille suivante.

Nom	Sport?	Cinéma?	Discothèque/Club?	Autres?

9 Le cinéma français

Depuis plus d'un siècle le cinéma français est présent sur la scène mondiale. Avec l'invention du cinématographe par les frères Lumière à la fin du 19ème siècle, le cinéma, d'abord muet puis parlant dès la fin des années vingt, va prendre une place de plus en plus importante dans la vie des Français qui se passionnent pour ce nouvel art. La période entre les deux guerres va découvrir des grandes vedettes comme Jean Gabin et Fernandel chez les acteurs et Marcel Pagnol et René Clair chez les réalisateurs.

Depuis la seconde guerre mondiale, le cinéma français doit faire face à l'invasion des films américains qui rencontrent un vif succès auprès des Français qui adorent les productions hollywoodiennes et ses grandes stars. Par ailleurs, tandis que le nombre des foyers équipés d'un téléviseur augmente, le cinéma souffre de cette concurrence. Mais il résiste et réussit à produire des films de haute qualité artistique qui parviennent à franchir les frontières françaises. *Le Grand Bleu* de Luc Besson en 1988 ou *Le Fabuleux Destin d'Amélie Poulain* (2001), une comédie romantique de Jean-Pierre Jeunet, en sont la preuve!

En vous aidant du texte ci-dessus et en utilisant vos propres connaissances, cochez (✔) l'information correcte.

			oui		oui
1	Le cinéma a été inventé	par les frères Bourgeois		par les frères Lumière	
2	Le 1er film a été projeté à Paris	en 1895		en 1910	
3	Le cinéma parlant est né	dans les années 1950		dans les années 1920	
4	Godard, Truffaut, Resnais, Luc Besson sont	des acteurs		des réalisateurs de films	
5	Le 1er Festival de Cannes a eu lieu	en 1947		en 1968	
6	La récompense donnée au Festival de Cannes est	un Oscar		la Palme d'Or	
7	Le rôle principal du film *Amélie Poulain* est joué par	Audrey Tautou		Juliette Binoche	
8	Le film *La vie en rose* raconte la vie de	Brigitte Bardot		Edith Piaf	

10 Une vie facile?

La vie des étudiants français n'est pas aussi facile qu'on l'imagine. D'abord, pendant la journée ils assistent à un grand nombre de cours et souvent ils ont beaucoup de devoirs à faire le soir. La plupart ne reçoivent pas de bourses et ont des moyens financiers restreints. Ils doivent donc travailler pour payer leurs frais d'inscription, leur logement et les dépenses de la vie quotidienne. De plus, sortir coûte cher; ils sortent rarement pendant la semaine et une fois le week-end, chez des amis ou au cinéma. Certains font du sport – les équipements universitaires sont généralement bons et il existe des associations sportives qui organisent des matchs. Mais contrairement à une idée largement répandue, les étudiants sont, dans l'ensemble, très sérieux.

a Trouvez dans la liste à droite le synonyme de chacun des termes de la liste à gauche (ex: **1g**).

1	devoirs	**a**	presque jamais
2	moyens financiers restreints	**b**	ce que les gens pensent
3	quotidien(ne)	**c**	peu d'argent
4	une bourse	**d**	travailleur
5	rarement	**e**	la majorité
6	une idée largement répandue	**f**	de tous les jours
7	sérieux	**g**	exercices écrits
8	la plupart	**h**	une aide financière

b Ecrivez un courriel à un(e) ami(e) français(e) pour lui parler de votre vie d'étudiant. Pour vous aider, vous pouvez répondre aux questions suivantes:

1 Avez-vous une vie très active? Avez-vous trop de devoirs?

2 Sortez-vous beaucoup pendant la semaine? Et le week-end?

3 Que faites-vous quand vous sortez?

4 Pratiquez-vous un sport? Individuel? En équipes?

5 Etes-vous un(e) étudiant(e) sérieux/sérieuse?

11 Je voudrais des renseignements, s'il vous plaît

a Ecoutez le jeune homme qui téléphone pour demander des renseignements sur des cours de snowboard.

– Allô, oui, Neige Sensations, bonjour.

– Ah oui, bonjour, je voudrais des renseignements sur des cours de snowboard pendant les vacances de Noël.

– Oui, bien sûr. Vous en avez déjà fait?

– Non, pas vraiment. J'ai essayé une fois avec des copains l'année dernière et j'ai beaucoup aimé. Alors maintenant je voudrais prendre des cours.

– Donc, vous voulez un cours pour débutants?

– Pardon, je n'ai pas compris.

– Je vous demande si vous voulez un cours pour débutants puisque vous avez essayé une fois.

– Oui, oui, c'est ça. Est-ce que vous organisez des leçons individuelles ou en groupes?

– En petits groupes de 8 personnes maximum et la progression est adaptée à chaque élève. L'ambiance est toujours très conviviale.

– Oui et combien d'heures de cours est-ce que je devrais prendre?

– Cela dépend de vous, de votre budget.

– Quels sont vos tarifs?

– Eh bien, en haute saison, comme à Noël, c'est un peu plus cher. Pour 15 heures de cours, le tarif est de 138 euros mais si vous choisissez le forfait sportif qui comprend les remontées mécaniques, c'est 252 euros.

– Oh, c'est cher … Euh, est-ce que vous avez quelque chose de moins cher?

– Oui, vous pouvez prendre 3 heures de cours pour 44 euros. Mais ce prix ne comprend pas la correction par vidéo et l'évaluation de fin de cours.

– Qu'est-ce que c'est exactement?

– Eh bien, après chaque cours, vous regardez les fautes que vous avez faites sur une vidéo avec votre moniteur et à la fin de tous vos cours vous passez un test et nous vous donnons un certificat et une médaille.

– Oh, super! Je vais réfléchir et je vous rappelle plus tard. Merci beaucoup. Au revoir.

– Au revoir.

b C'est votre tour de prendre et de donner des renseignements. Vous allez parler de votre passe-temps favori. Voilà quelques questions qu'on va vous poser. Préparez-vous à répondre! Ensuite, vous poserez les mêmes questions à votre partenaire.

- Quel est votre passe-temps favori?
- Qu'est-ce que vous faites exactement?
- Quand avez-vous commencé à le faire?
- Est-ce que vous avez pris des cours?
- Combien ont-ils coûté?
- Combien de cours avez-vous pris?
- Faut-il un équipement? du matériel?
- Pouvez-vous le louer?

Extra!

 12 Quand es-tu libre?

Vous essayez d'organiser une sortie. Vos collègues sont très occupés. Ecoutez leurs messages et remplissez la grille suivante.

Trouvez la soirée où tout le monde est libre et une activité que tout le monde aime bien.

	Nom	Libre quelles soirées?	Activités préférées
a	Etienne		
b	Nadia		
c	Brett		
d	Hélène		

 13 Coucou, c'est moi!

Les jeunes Français passent une partie de leur temps à envoyer des textos (qu'on appelle aussi "des sms") à leurs copains dans un français sous forme phonétique parfois méconnaissable. Lisez à haute voix les deux textos et essayer de les réécrire dans un français normal et grammatical!

a Coucou toi! Gspere ke ça va trankil, moi nickel. C pr te dire ke jvai pa pouvoir vnir 2main. Tchao

b Slt ça va bien? moi jé la pêche. bon on fé koi ce soir? moi g pensé allé dabor prendre 1 ver qqpar et apré on peut mangé ché moi par ex. ça te dit? Bon rep vite stp!! Bizx

vocabulaire

C'est nickel est une expression familière utilisée par les jeunes, qui signifie "tout va extrêmement bien".

Avoir la pêche: expression familière employée par tout le monde = *to feel great*.

Grammaire

～ Object pronouns

There are two sorts of object pronoun in French:

1 Direct object pronouns

me	me	**nous**	us
te	you	**vous**	you
le	it/him	**les**	them
la	it/her		

2 Indirect object pronouns

me	to me	**nous**	to us
te	to you	**vous**	to you
lui	to him/her/it	**leur**	to them

～ Where to put the object pronouns

Object pronouns are always placed before the verb.

Je <u>la</u> vois.	I can see her.
Elles <u>me</u> regardent.	They are looking at me.
Il <u>nous</u> écoute.	He is listening to us.
Elle <u>vous</u> a prêté sa voiture.	She lent you her car.
Il <u>lui</u> offre des fleurs.	He is giving her/him flowers.
Je <u>leur</u> ai donné mon adresse.	I gave them my address.

a In a question or in the negative, the object pronoun remains before the verb.

<u>Les</u> rends-tu à tes amis?	Are you giving them back to your friends?
Nous ne <u>leur</u> avons pas donné notre numéro.	We did not give them our number.

b When a verb is followed by another verb in the infinitive, the object pronoun often comes before the infinitive.

Je vais <u>les</u> mettre dans mes bagages.	I am going to put them in my luggage.

c With **avoir** verbs the past participle (**acheté, fini, entendu,** etc.) agrees with the preceding direct object pronoun (**me, te, le, la, nous, vous, les**).

As-tu regardé <u>la télé</u>? – Oui, je <u>l</u>'ai regardé<u>e</u>.
A-t-elle vu <u>ses parents</u>? – Non, elle ne <u>les</u> a pas vu<u>s</u>.

～ Two other useful pronouns: y and en

Y is used to replace expressions beginning with **à** (**au, à la, à l', aux**) or **dans**.
Je vais <u>au</u> cinéma. – J'<u>y</u> vais.

En is used to replace expressions beginning with **de** (**du, de la, de l', des**).
Je veux <u>du</u> café. – J'<u>en</u> veux.

Exercices de grammaire

1 Make the underlined words into a direct object pronoun.

Example: **Il a rencontré <u>son frère</u> ce matin.** *Il l'a rencontré ce matin.*

a J'ai donné <u>mon adresse</u> à Pierre; je _____ ai donnée hier.
b Elle a perdu <u>ses clés</u>; elle ne _____ a pas encore retrouvées.
c Tu prêtes <u>tes affaires</u> facilement; tu _____ prêtes facilement.
d Ils achètent <u>une voiture</u> à leur fils; ils _____ achètent neuve.

2 Make the underlined words into an indirect object pronoun.

Example: **Elle a offert une montre <u>à son mari</u>.** *Elle lui a offert une montre.*

a Tu dois envoyer la lettre <u>au directeur</u>.
Tu dois _____ envoyer la lettre tout de suite.
b Je vais donner mes CD <u>à mes sœurs</u>.
Je vais _____ donner mes CD bientôt.
c Ils vont apporter un cadeau <u>à Mélanie</u>.
Ils vont _____ apporter un cadeau demain.
d Nous avons téléphoné <u>à nos parents</u>.
En fait, nous _____ avons téléphoné dimanche.

3 Say who you have lent your belongings to – remembering to make the past participle agree if necessary. Invent two of your own examples,

Example: **Mes chaussures?** *Je les ai prêtées à Pierre!*

a Mes livres de maths?
b Ma voiture?
c Mon parapluie?
d Mes chaussettes multicolores?

4 Match the questions with the answers:

1 Tu es déjà allé à Paris?
2 Il mange des escargots?
3 Tu as des frères?
4 Elle t'a rendu les CD?
5 Tu veux du thé?
6 Ont-elles acheté du vin?

a Oui, j'en veux.
b Elle me les a rendus hier.
c Non. Je veux y aller.
d Elles en ont acheté deux bouteilles.
e J'en ai deux.
f Il en a déjà mangé.

Vocabulaire

1

Allô	Hello (on phone, only)
comment ça va?	how are things?
hein?	isn't it/don't you think?
un copain	friend, mate
apporter	to bring
ni … ni	neither … nor
à manger/boire	something to eat/drink
déjà	already
formidable	fantastic
un vrai ami	a real friend
tôt	early
3 bis	= English 3**a**
on se voit	we'll be seeing each other
bientôt	soon

2

les fiançailles	engagement
c'est quel jour?	what day is it on?
disons	let's say/shall we say …?
avec plaisir	with pleasure
vers quelle heure?	about what time?

3

se déguiser en	to dress up as
pendre la crémaillère	to have a house-warming party
la salle des fêtes	village hall/community centre
une infirmière	nurse
des amuse-gueules (*mpl*)	nibbles

4

ça fait un petit moment qu'on ne s'est pas vu!	long time, no see!
ça ne va pas très fort	things aren't too good
quoi de neuf?	what's new?
je viens de …	I have just …ed
déménager	to move (house/flat)
partager	to share
affreux	awful
faire la vaisselle	to do the washing up
ne … jamais	never
dommage	pity
déçu	disappointed
bon courage	good luck

6

je n'arrive pas à dormir	I can't sleep
le ménage	housework
les sports collectifs	team sports

9

muet (cinéma)	silent
dès (+expression de temps)	from
une vedette	star
un réalisateur	film director
rencontrer un vif succès	to be a big hit
un foyer	home
souffrir de cette concurrence	to suffer from this competition
parvenir à	to succeed in/to manage to
franchir	to reach beyond
en être la preuve	to be proof of it

10

assister à	to attend
la plupart	most
une bourse	grant
des moyens financiers restreints	restricted financial means
les frais d'inscription (*mpl*)	tuition fees
coûter	to cost
contrairement à une idée largement répandue	contrary to popular/widespread opinion
dans l'ensemble	on the whole
sérieux	hard-working

11

un débutant	beginner
puisque	since/as
l'ambiance est conviviale	there's a friendly atmosphere
cela dépend de	it depends on
le forfait	fixed-rate/inclusive package
les remontées mécaniques (*fpl*)	ski lifts
l'évaluation (*f*)	assessment
un moniteur	instructor
réfléchir	to think about it

Avec un partenaire

1 You want to invite your partner out one evening but you are not sure whether they will agree. Say:

- Hello, how are you?
- We're (use **on**) going to the cinema this evening.
- Do you fancy going to the cinema, too?
- Round about 7.30–8 o'clock.
- The new James Bond film.
- Are you free at 6 o'clock?
- I want to invite you for a coffee – before the film.
- What is your address?
- … and your telephone number – just in case?
- Good! See you later, then!

petit rappel

salut
ça te dit?
vers ... heures?
au cas où
une autre fois
super!
à bientôt
à plus

2 Your partner wants to invite you out but you have a prior engagement. Say:

- I'm fine.
- When is it?
- Next Saturday! Oh no, sorry, I'm otherwise engaged.
- Yes, really, it's Sarah's birthday and we're having a party.
- I'm taking my CDs and something to eat.
- We'll do it another time. Are you free on Sunday?
- OK, what do you want to do?
- I'll call you on Sunday morning.
- See you soon.

petit rappel

je suis pris(e)
vraiment
quelque chose à
une autre fois
je t'appelle ...

Avec un partenaire

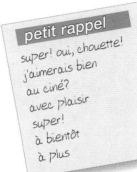

1 Your partner wants to invite you out one evening. This is what you say:

- Hello, I'm fine.
- To the cinema, that's a good idea.
- I'd like that very much. What sort of time?
- What film are they showing?
- Yes, I finish work at 5 o'clock this evening.
- I accept with pleasure.
- My address is …
- My telephone number is …
- OK! See you later!

petit rappel

super! oui, chouette!
j'aimerais bien
au ciné?
avec plaisir
super!
à bientôt
à plus

2 You want to invite your partner out – see what he/she says. Say:

- Hello, how are you?
- I want to invite you to a party.
- Saturday evening.
- Really? You're really not free next Saturday?
- Do you really have to go?
- What a shame! I'm really disappointed.
- Yes, I'm free on Sunday.
- I'd like to go out walking.
- OK, yes, call me on Sunday morning.
- See you on Sunday!

petit rappel

tu n'es pas libre
quel dommage!
es-tu pris(e)?
alors, tu m'appelles ….

4 Dans le passé

In this unit you will practise talking about past experiences, including your professional development, with greater ease and flexibility, and giving your opinion and agreeing or disagreeing with someone.

You will also learn when and how to use the imperfect tense in French.

1 Je n'étais pas heureuse

Ecoutez. Je vais vous raconter un peu ma vie. Je m'appelle Géraldine Sakellis. Mon père est grec et ma mère est belge et j'ai passé ma jeunesse à Bruges en Belgique. J'ai quitté l'école très jeune – à 16 ans. Je n'aimais pas mes professeurs, je détestais le travail scolaire et je voulais gagner ma vie. J'ai commencé à travailler comme secrétaire dans une société qui fabrique des meubles et j'ai continué à vivre chez mes parents. J'avais assez d'argent pour m'amuser, pour sortir en boîte et aller au ciné le soir. Je me suis mariée aussi très jeune, à 19 ans, avec un employé de la même société.

Après un certain temps, pourtant, j'ai commencé à m'ennuyer. Je n'étais pas heureuse. Je voulais faire autre chose. L'année dernière, j'ai décidé de suivre des cours du soir et de préparer le bac que j'ai d'ailleurs réussi. Puis j'ai commencé des études de commerce à l'université de Mons-Hainaut. Ce n'est pas facile – pas du tout. Mais maintenant j'ai le sentiment de gérer ma vie, vous comprenez? En sortant de l'université, j'espère monter ma propre entreprise. J'ai déjà une expérience professionnelle et à l'université, j'apprends tout sur la finance, le marketing et la distribution des produits. J'ai bon espoir de réussir et je ne regrette pas vraiment d'avoir quitté l'école à 16 ans sans diplôme. De nos jours on parle beaucoup de formation continue et je suis pour! Voilà!

vocabulaire

après un certain temps	after a while
pourtant	yet
J'ai commencé à m'ennuyer.	I started to get bored.
J'ai décidé de suivre des cours du soir.	I decided to go to evening classes.
J'ai le sentiment de gérer ma vie.	I feel in control of my life.
en sortant de l'université	when I leave university
monter ma propre entreprise	to set up my own business.
J'ai bon espoir de … (+ infinitive)	I have high hopes of …ing.

Utilisation de l'imparfait: description dans le passé

Je n'<u>étais</u> pas heureuse.	I wasn't happy.
Je n'<u>aimais</u> pas mes professeurs.	I didn't like my teachers.
Je <u>détestais</u> le travail scolaire.	I hated school work.
Je <u>voulais</u> gagner ma vie.	I wanted to earn my living.

Vous avez lu et entendu ce que Géraldine raconte (page 41). Quelle est la bonne réponse?

1 Le nom de famille de Géraldine est
  a français.
  b belge.
  c grec.

2 Elle a quitté l'école
  a à 18 ans.
  b à 16 ans.
  c trop jeune.

3 Elle
  a a travaillé dans un hôpital.
  b a continué à vivre chez ses parents.
  c s'est mariée à 18 ans.

4 Elle s'ennuyait parce qu'elle
  a n'avait pas de travail.
  b ne sortait pas le soir.
  c n'aimait pas son travail.

5 Elle
  a ne regrette rien.
  b regrette d'avoir quitté l'école.
  c regrette la décision de reprendre ses études.

6 Elle espère
  a voyager.
  b réussir dans le monde des affaires.
  c devenir secrétaire.

grammaire

L'imparfait

L'imparfait est un temps du passé employé pour:

• la description:

Ex. **Je n'<u>étais</u> pas heureuse.**

• la répétition:

Ex. **Chaque année, nous <u>partions</u> en vacances en Normandie.**

• la continuité:

Ex: **Pendant que je <u>préparais</u> la cuisine, il <u>travaillait</u> dans le jardin.**

(Voir la conjugaison des verbes à l'imparfait sur la page Grammaire, page 50.)

2 Décisions, décisions …

Complétez le texte en utilisant les verbes suivants. Ils ne sont pas dans l'ordre du texte.

ai obtenu	**ai travaillé**	**veux**	**m'ennuyais**	**ai décidé**
avais envie	**adore**	**ai quitté**	**ai fait**	**sais**

L'année dernière je n'étais pas du tout heureuse. J'_____ **(a)**
l'école en juin après mon bac et pendant les grandes vacances,
j'_____ **(b)** comme vendeuse dans un grand magasin mais
je _____ **(c)** à mourir. J'_____ **(d)** de voyager et
voir le monde. Au lieu d'aller à l'université comme tous mes
amis, j'_____ **(e)** de partir travailler en Afrique. Alors,
j'_____ **(f)** une demande auprès de l'Alliance Française pour aller
enseigner là-bas. J'_____ **(g)** un poste dans un village près de
Dakar au Sénégal. J'_____ **(h)** mon travail et je _____ **(i)**
maintenant que je _____ **(j)** être professeur de français.

Vous ne connaissez pas l'Alliance Française, pourquoi ne pas visiter son site Internet
www.alliancefr.org pour découvrir l'histoire et les activités de cette vieille institution?

3 Maman, c'était comment quand tu étais étudiante?

> L'année 1968 a connu une série de révoltes dans le monde entier et en particulier en France. Pendant tout le mois de mai 68, les étudiants, ainsi que les travailleurs, ont manifesté et ont fait grève. Ils étaient mécontents de leurs conditions de travail, du manque de liberté et de dialogue. Ils voulaient construire un monde meilleur.

a Ecoutez la conversation entre une jeune femme, Elodie, et sa mère, Annie, qui était étudiante à la Sorbonne (université à Paris) à la fin des années soixante.

ELODIE: J'en ai ras-le-bol! Les cours sont toujours annulés et les profs ne nous préviennent même pas. Dis, maman, est-ce que c'était comme ça quand tu étais étudiante?

ANNIE: Eh oui, les choses n'ont pas vraiment changé. En fait, c'était encore pire …

ELODIE: Oh, c'est pas possible! Est-ce que c'est pour cela que vous avez manifesté et vous vous êtes mis en grève en mai 68?

ANNIE: En partie oui, nos conditions de travail étaient difficiles à la fac. Nous étions entassés dans les amphis, dans les salles de cours comme de plus en plus de jeunes allaient en fac. Nous avions très peu de dialogue avec nos profs. Oui, c'était dur.

ELODIE: Est-ce que beaucoup de tes copains de lycée étudiaient avec toi à la Sorbonne?

ANNIE: Si je me rappelle bien, on était seulement trois ou quatre, mais j'étais la seule fille de ma classe qui continuait ses études.

ELODIE: Quoi? La seule? Incroyable! Aujourd'hui dans ma promotion il y a plus de filles que de garçons.

ANNIE: A mon époque, les filles arrêtaient leurs études après leur bac ou suivaient une formation professionnelle pour travailler dans un bureau et puis après elles se mariaient et avaient des enfants.

ELODIE: Tu ne voulais pas suivre le même chemin?

ANNIE: Oh non! Je voulais faire des études supérieures pour devenir prof d'anglais et ensuite voyager, partir aux Etats-Unis ou en Australie. Et puis, peut-être un jour me marier …

ELODIE: Oui, mais tu as rencontré papa à la fac et vous vous êtes mariés …

ANNIE: Eh oui à cette époque, l'union libre était encore mal acceptée par les parents et la société en général. Donc, il fallait se marier!

ELODIE: Tu ne regrettes pas?

ANNIE: Bien sûr que non, j'étais heureuse mais on n'avait pas d'argent! Et puis, il fallait encore s'occuper du ménage, faire la lessive, les courses et étudier. Et puis, j'attendais ton frère … Tu vois, la vie n'était pas plus facile mais on était jeune!

vocabulaire

Des expressions familières	
j'en ai ras-le-bol	I am fed up
les profs (professeurs)	tutors/lecturers
la fac (la faculté)	uni(versity)
les amphis (amphithéâtres)	lecture theatres

b Vous avez entendu la conversation entre la mère et sa fille (page 43). Maintenant répondez aux questions.

a Pourquoi Elodie n'est pas contente?
b Où Annie a-t-elle fait ses études supérieures?
c Pourquoi les étudiants étaient-ils en grève en mai 68?
d Dans les années 1960 que faisaient souvent les filles après leur bac?
e Et Annie, que voulait-elle faire?
f Pourquoi est-ce qu'elle n'est pas partie aux Etats-Unis ou en Australie?

 4 Et quand tu habitais chez tes parents?

Parlez avec votre partenaire et écrivez un paragraphe.
Quand tu étais au lycée:

1 Est-ce que tu sortais souvent le soir ou le week-end?
2 Tu regardais la télé tous les soirs?
3 Quand faisais-tu tes devoirs?
4 Tu allais souvent en boîte?
5 Est-ce que tu aidais à la maison? ta mère?
6 Tu pratiquais un sport? Tu t'entraînais souvent?
7 Que faisais-tu que tu ne fais plus maintenant?
8 Que fais-tu maintenant que tu ne faisais pas auparavant?

5 Qu'en pensez-vous?

Ecoutez les opinions suivantes. Et vous, êtes-vous pour ou contre les ordinateurs?

– On parle beaucoup aujourd'hui de la formation continue. Qu'en pensez-vous?
– A mon avis, la révolution technologique l'exige.
– Mais il y a toujours eu des révolutions …
– Oui, mais l'évolution est beaucoup plus rapide.
– Dans quels domaines?
– Prenons par exemple les machines à traitement de texte. Dans la société moderne, on est obligé de savoir comment ça marche.
– Et pour cela il faut être formé?
– Ah oui, je pense. Je considère qu'il faut avoir des compétences technologiques.
– Vous avez raison. Mais je ne suis pas tout à fait d'accord avec vous.
– Ah! Pourquoi?
– L'important pour moi, c'est d'avoir acquis d'autres compétences.
– Alors là, vous avez tort. Maintenant tout passe par l'informatique.
– Absolument pas! On n'apprend pas à conduire une voiture, à jouer au foot ou à jouer de la guitare par ordinateur.
– Mais vous acceptez quand même que l'informatique est indispensable?
– Oui, mais, à mon sens, c'est nous qui gérons les ordinateurs et non pas les ordinateurs qui nous gèrent. Un point, c'est tout!

vocabulaire

Qu'en pensez-vous?	What do you think?
A mon avis …/A mon sens …	In my opinion …
Je pense que … Je trouve que …	I think …
Je considère que …	
Je ne ne suis pas tout à fait d'accord	I don't quite agree
L'important pour moi, c'est …	The important thing for me is …
Prenons par exemple …	Let's take, for example …
Vous avez raison.	You're right.
Vous avez tort.	You're wrong.
Absolument pas!	No, no, no, no, NO!
Un point, c'est tout!	And that's final!

On peut aussi dire:
Je suis pour/contre!	I'm for/against it!

6 A mon avis

En petits groupes ou avec toute la classe, exprimez vos opinions sur le rôle et la place des ordinateurs dans notre vie quotidienne.

7 Pour ou contre?

Les Français aiment écrire des *blogs* sur Internet. Les blogueurs donnent leur avis sur différents sujets de la vie politique ou la vie quotidienne. Voilà quelques exemples.

1

J'en ai assez! Tout est interdit aujourd'hui! Maintenant on nous interdit de fumer dans les lieux publics. Eh bien, moi je dis non et non. Je vais continuer de fumer ma clope où je veux!

Stéphanie, Paris

2

Avez-vous connu cette situation? J'ai 19 ans et j'ai un copain. On veut vivre ensemble mais mes parents ne veulent pas. Je suis étudiante et mes parents veulent me couper les vivres.

Mélanie

3

Je suis d'accord avec Marc. Il faut protéger notre planète, notre environnement pour nos enfants. Il faut changer nos modes de vie, il faut recycler tous nos déchets, laisser la voiture au garage et marcher. Il y a urgence!

Pierre de Lyon

- Et vous, êtes-vous pour ou contre l'interdiction de fumer dans les lieux publics?

- Et vous, êtes-vous pour ou contre l'union libre?

- Et vous, êtes-vous pour ou contre le recyclage?

Pour vous aider, quelques expressions: **je pense que, je considère que, je suis convaincu que, il est nécessaire de, il faut absolument …**

8 Les Françaises et le travail

Après avoir lu le texte à la page d'en face, discutez avec votre partenaire et dites si vous pensez que la vie des femmes d'aujourd'hui est plus facile que celle des générations précédentes. Vous pouvez aussi écrire un résumé, si vous le voulez. Pour vous aider, voici quelques expressions:

- Dans le temps, autrefois, jadis …
  Travailler dur, de longues heures.
  Travailler en usine, dans les mines, être domestique, servante …
  Etre mal payé.
  Elever les enfants, faire les tâches ménagères, préparer les repas …
  Les conditions d'hygiène mauvaises, insuffisantes.
  Le manque de confort (pas de salles de bain, d'eau courante …)
  Une famille nombreuse (avoir beaucoup d'enfants, plus de trois enfants).

- Aujourd'hui, de nos jours, à l'heure actuelle …
  Obtenir des qualifications, des diplômes.
  Avoir de meilleurs salaires.
  Avoir des appareils électroménagers (un aspirateur, un lave-linge, un lave-vaisselle).
  Aller au supermarché/à l'hypermarché/dans les magasins.
  Aller au restaurant, acheter des plats préparés, manger dans un fast-food.
  Prendre les transports publics (bus, train, TGV, avion).

Les Françaises et le travail

APRÈS DES DÉCENNIES où elles restaient principalement à la maison pour élever leurs enfants, les Françaises sont parmi les femmes les plus actives en Europe. Tandis qu'elles n'étaient que 6,5 millions à avoir une activité professionnelle dans les années 1960, elles sont aujourd'hui plus de 13 millions, c'est-à-dire deux fois plus.

Pendant longtemps, leur travail se cantonnait dans le secteur industriel, dans le commerce ou bien l'agriculture où elles travaillaient souvent bénévolement aux côtés de leurs maris dans les champs. A l'heure actuelle, bien qu'elles occupent encore des professions traditionnellement féminines telles qu'employées de bureau, infirmières ou institutrices, on les trouve maintenant dans tous les métiers, comme dans la police, la justice, l'armée, l'industrie ou le secteur tertiaire où elles se trouvent de plus en plus dans des postes de cadres supérieurs ou de dirigeants. Par ailleurs, comme les hommes, elles prennent le risque de travailler à leur compte et montent leur propre entreprise.

Cette évolution n'est pas propre à la France: on peut noter, dans la plupart des pays occidentaux, les mêmes changements qui sont dus à de nombreux facteurs. Il est indéniable que l'accès plus facile à l'enseignement secondaire et supérieur depuis les années 60 a encouragé les nouvelles générations à poursuivre de plus longues études et obtenir des diplômes. Ces jeunes filles peuvent aussi, à la différence de leurs mères ou grands-mères, choisir le moment où elles veulent créer une famille, la contraception étant offerte à toutes: retarder l'arrivée du premier enfant est chose commune.

Derrière ce succès se cachent des inégalités puisque, dans beaucoup de cas, la rémunération des femmes est encore inférieure à celle des hommes, environ 15%

au sein de l'Union Européenne. On peut expliquer, partiellement, cet écart par le fait que les femmes interrompent leur carrière pour élever leurs enfants, qu'elles travaillent à temps partiel pour s'occuper de la famille. L'Etat et les entreprises feraient bien d'aménager les horaires et de créer plus de centres d'accueil pour les jeunes enfants pour permettre aux femmes de pouvoir concilier vie professionnelle et vie de famille. Enfin, il faudrait aussi que les pères s'investissent plus dans les tâches ménagères et la garde des enfants et partagent les responsabilités familiales plus équitablement. On en voit de nombreux exemples, mais il faut du temps pour changer les mentalités.

9 Kaleb voit la vie en rose!

Il faisait très chaud ce soir-là et, sur la place, les terrasses des cafés étaient vives de couleur et de mouvement. Il y avait beaucoup de monde. Les garçons se dépêchaient d'une table à l'autre, apportant des glaces et des boissons fraîches.

Kaleb était fatigué. A cette époque, il travaillait très tard. Il avait un projet à terminer et souvent il quittait son bureau vers neuf heures du soir. D'habitude, il rentrait directement à la maison pour se préparer quelque chose à manger. Quelquefois, les collègues l'invitaient chez eux ou bien il allait au cinéma pour se distraire. Il adorait les films de Bruce Lee.

Mais aujourd'hui il a décidé de changer sa vie. Il s'est dit « Je suis très seul, je ne fais que travailler, j'ai besoin d'une amie! » Et, en regardant autour de lui, ses yeux sont tombés sur une jeune collègue qui était très intelligente, jolie et qui riait beaucoup. Il l'a invitée à prendre un pot. Elle a accepté. Ils se sont fixé un rendez-vous dans un des cafés de la place Sainte-Eulalie.

Kaleb est arrivé le premier. Il s'est assis et il a commandé une bière. Il allait justement en commander une deuxième quand Josiane est arrivée, souriante et belle comme une fleur.

« Bonsoir Josiane. Je suis heureux de te voir! Alors, qu'est-ce que tu prends? »

a Répondez aux questions:

  a On est à quelle époque de l'année? C'est l'hiver, le printemps, l'été, l'automne?
  b Comment le sait-on?
  c Pourquoi les garçons se dépêchaient-ils?
  d Pourquoi Kaleb était-il fatigué?
  e Que faisait-il normalement à la fin de la journée?
  f Pourquoi se trouvait-il sur la terrasse d'un café ce jour-là?
  g Qui est arrivé le premier?
  h Qu'a-t-il commandé à boire?
  i Josiane, comment était-elle?

b Jeu de rôle: continuez la conversation entre Kaleb et Josiane.

Extra!

10 Décisions et opinions

a Pour chaque locuteur cochez la case qui indique le type de décision prise.

Locuteur	Interruption de carrière	Mariage	Déménagement	Voyage
1				
2				
3				
4				

b Cochez cette fois si chaque locuteur a une réaction positive ou négative sur l'alimentation obtenue par manipulation génétique.

Locuteur	Tout à fait d'accord	Absolument pas	Plutôt pour	Plutôt contre
1 M. Duval				
2 Mme Baret				
3 M. Kambo				
4 Mme Petit				

11 Faut-il avoir peur des OGM (organismes génétiquement modifiés)?

Depuis que l'homme cultive des plantes et élève des animaux, il les fait évoluer en sélectionnant ceux qui ont la meilleure productivité. Cette évolution a permis de créer de nouvelles variétés ou races et constituent des améliorations: meilleurs rendements, meilleure qualité, meilleure résistance aux maladies, aux ravageurs, à la sécheresse.

A la suite des travaux de recherche fondamentale qui ont permis de mieux connaître les bases moléculaires de la génétique, il a été possible de travailler sur des transferts de caractères beaucoup plus précis en agissant directement sur les gènes. C'est ce qui a amené à la création d'OGM dont les premiers sont apparus en laboratoire depuis une vingtaine d'années.

Malgré leurs bienfaits évidents dans l'agriculture, les OGM rencontrent une opposition de plus en plus forte dans certains pays européens et asiatiques qui s'inquiètent des risques alimentaires et écologiques.

Adapté du site du gouvernement français www.ogm.gouv.fr

Après avoir lu l'extrait, répondez aux questions.

a Quels sont les avantages des progrès faits dans la recherche agricole?

b Depuis combien d'années les OGM ont-ils été créés?

c Pourquoi l'opinion publique dans certains pays est-elle opposée aux OGM?

d Etes-vous pour ou contre l'utilisation des OGM?

Grammaire

∼ How to form the imperfect tense

The imperfect tense is formed in French by taking the stem from the **nous** form of the present tense and adding these endings: **-ais, -ais, -ait, -ions, -iez, -aient**.

AIMER (nous <u>aim</u>ons)	FINIR (nous <u>finiss</u>ons)	VENDRE (nous <u>vend</u>ons)
j'aim<u>ais</u>	je finiss<u>ais</u>	je vend<u>ais</u>
tu aim<u>ais</u>	tu finiss<u>ais</u>	tu vend<u>ais</u>
il/elle/on aim<u>ait</u>	il/elle/on finiss<u>ait</u>	il/elle/on vend<u>ait</u>
nous aim<u>ions</u>	nous finiss<u>ions</u>	nous vend<u>ions</u>
vous aim<u>iez</u>	vous finiss<u>iez</u>	vous vend<u>iez</u>
ils/elles aim<u>aient</u>	ils/elles finiss<u>aient</u>	ils/elles vend<u>aient</u>

VOULOIR (nous <u>voul</u>ons)	AVOIR (nous <u>av</u>ons)	NB! ETRE (nous sommes)
je voul<u>ais</u>	j'av<u>ais</u>	j'ét<u>ais</u>
tu voul<u>ais</u>	tu av<u>ais</u>	tu ét<u>ais</u>
il/elle/on voul<u>ait</u>	il/elle/on av<u>ait</u>	il/elle/on ét<u>ait</u>
nous voul<u>ions</u>	nous av<u>ions</u>	nous ét<u>ions</u>
vous voul<u>iez</u>	vous av<u>iez</u>	vous ét<u>iez</u>
ils/elles voul<u>aient</u>	ils/elles av<u>aient</u>	ils/elles ét<u>aient</u>

∼ Which past tense to use

1 Use the imperfect to describe:
   a a continuous state in the past:
   Le soleil <u>brillait</u> et ce jour-là elle <u>portait</u> une jolie robe bleue.
   The sun was shining and that day she was wearing a beautiful blue dress.
   b continuous actions (something which was happening) when something else took place:
   Je <u>lisais</u> le journal quand on a frappé à la porte.
   I was reading the paper when someone knocked on the door.
   c repeated or habitual actions (used to/would).
   Ils le <u>voyaient</u> très souvent quand il habitait dans la même ville.
   They used to see him very often when he lived/was living in the same town.

2 Use the perfect to express single actions which have been completed (someone did/has done/has been doing … something has happened/has been happening)
   Deux gendarmes <u>sont arrivés</u> et nous <u>ont dit</u> que ce n'était pas une plage naturiste!
   Two policemen arrived and told us this wasn't a nudist beach!
   Compare: **J'<u>allais</u> en ville toutes les semaines.** **Je <u>suis allée</u> en ville hier.**
   I used to go to town every week. I went to town yesterday.

Exercices de grammaire

1   List the tasks you used to do when you were the office dogsbody:

Example: **répondre au téléphone** *Je répondais au téléphone.*

a prendre des messages pour tout le monde
b acheter les sandwichs
c faire la vaisselle
d ranger des papiers
e vider les corbeilles et les poubelles

f faire des photocopies
g réparer la machine à photocopier
h remplir le distributeur de boissons
i organiser les voyages d'affaires
j rentrer toujours très tard le soir

2   Translate into French, using the verbs in the box:

> aimer   aller   avoir   détester   être   faire chaud
> finir   prendre   sonner   vendre   vouloir

a I used to like my teachers.
b He was finishing his evening meal when the telephone rang.
c They used to sell newspapers but they don't any more.
d It was very hot weather.
e She had three daughters.

f They were at the beach.
g He wanted to go abroad.
h We were not happy.
i You were taking a very important decision.
j She used to hate doing her homework.

3   Revision: fill in the blanks with the pronouns **y** or **en**.
a Quand j'étais enfant, je rendais visite à mes grands-parents; j'__ allais tous les mois.
b Quand j'étais au lycée, les professeurs nous donnaient des devoirs; j'__ faisais tous les soirs.
c Je jouais aussi dans un club de foot; je m'__ entraînais tous les jeudis.
d Quand j'étais étudiante, je faisais les magasins le samedi et j'achetais souvent des vêtements; j'__ achetais beaucoup trop!
e Quand j'allais en ville le samedi après-midi, j'__ rencontrais mes amis pour prendre un café.

4

rarement   souvent   une fois par semaine   le samedi

Make up eight sentences about THEN and NOW using the time expressions above.

Example: *Quand j'étais jeune, j'allais rarement au cinéma.*
Maintenant j'y vais assez souvent.

Vocabulaire

1

vous raconter ma vie	to tell you about my life
ma jeunesse	my youth
une société	firm, company
fabriquer	to manufacture
des meubles (*mpl*)	furniture
un employé	employee
même	same
s'ennuyer	to get bored
gérer	to manage, control
monter sa propre entreprise	to set up your own business
le diplôme	qualification (*lit.* diploma, certificate)
la formation continue	continuing education

3

les travailleurs (*mpl*)	workers
manifester	to demonstrate
faire grève/se mettre en grève	to go on strike
mécontent	dissatisfied
le manque	lack
préviennent (*from* prévenir)	tell/warn
c'était encore pire	it was even worse
nous étions entassés	we were packed in
le lycée	(upper) secondary school
si je me rappelle bien	if I remember right
la promotion	year group
suivre une formation professionnelle	to pursue vocational training
suivre le même chemin	to follow the same path
faire des études supérieures	to go to university
l'union libre (*f*)	cohabitation
il fallait se marier	you/one had to get married
faire la lessive	to do the washing
attendre (un bébé)	to expect (a baby)

4

s'entraîner	to train
auparavant	before

5

Qu'en pensez-vous?	What do you think?
exiger	to demand
la machine à traitement de texte	word-processor
l'informatique	I.T.

7

les lieux publics	public places
une clope (*slang*)	fag/cigarette
couper les vivres	to cut off sb's allowance
il faut (+ infinitive)	one/we must
je suis convaincu	I am convinced

8

dans le temps	in the old days
jadis	formerly, in the past
en usine	in a factory
une famille nombreuse	large family
un appareil électro-ménager	electrical appliance
un aspirateur	vacuum cleaner
une décennie	decade
élever (un enfant)	to bring up
parmi	among
se cantonner	to be confined
telles que	such as
bénévolement	voluntarily
aux côtés de	beside sb
un champ	field
une institutrice	primary school teacher
un métier	job/trade
un cadre supérieur	executive, senior manager
travailler à leur compte	to work for themselves
les pays occidentaux (*mpl*)	Western countries
l'enseignement (*m*)	education
au sein de	within
un écart	gap
aménager les horaires	to arrange (working hours)
équitablement	equally

9

vif/vive de	lively/alive with
des boissons fraîches	cold drinks
se distraire	to amuse/distract oneself
seul	lonely
Je ne fais que travailler	All I do is work
en regardant autour de lui	looking around him
riait (*from* rire)	laughed/was laughing
prendre un pot (*familiar*)	to go for a drink
commander	to order
Qu'est-ce que tu prends?	What will you have to drink?

11 See Appendix, p. 204.

Avec un partenaire

1   Ask your partner about his or her school days. Use the imperfect tense.

- heureux/euse?
- aimer tes/vos professeurs?
- obtenir de bons/mauvais résultats?
- détester le travail scolaire?
- vouloir quitter à 16 ans?
- vouloir gagner ta/votre vie?

2   Ask about his or her work experience. Use the perfect tense.

- déjà travaillé?
- commencé à quel âge?
- quel genre de travail?
- travaillé à mi-temps/à plein temps
- travaillé pendant les vacances scolaires
- fait des petits boulots

If your partner has had no work experience, ask what he/she wants to do.

3   Now swap roles. Your partner will ask for your opinion on the following. Say what you think about:
- fast food
- French cuisine
- chocoholics
- computers

petit rappel

j'adore
je déteste
c'est délicieux
c'est mauvais
pour la santé
ça fait grossir

Avec un partenaire

1 Be ready to answer your partner's questions about your school life. Use the imperfect tense.

- Were you happy?
- Did you like your teachers?
- Did you get good/bad results?
- Did you hate schoolwork?
- Did you want to leave at 16?
- Did you want to earn your living?

petit rappel

détester
quitter
le travail scolaire
vouloir gagner ta vie
les vacances scolaires
des petits boulots
à mi-temps

2 Answer questions about your work experience.
Use the perfect tense.

- Have you already had a job?
- What age did you start?
- What type of work?
- Did you work part-time/full time?
- Did you work during school holidays?
- Did you do casual work?

If you have no work experience, say what you'd like to do.
Example: **J'aimerais travailler comme vendeuse dans une librairie.**

3 Now swap roles. Ask what your partner thinks of the following things, giving your opinions too.
Are you for or against? – **Etes-vous pour ou contre?**
- le fast-food/la restauration rapide
- la cuisine française
- les chocomaniaques
- les ordinateurs

5 Qui et où?

This unit will enable you to describe people, understand descriptions of places, make comparisons and express your preferences and interests.

You will also revise adjectives and adverbs and learn how to use them in comparisons, and you will learn more about the modal verbs *devoir*, *pouvoir*, *savoir* and *vouloir*.

1 J'ai les cheveux courts

a Ecoutez Sandrine qui se décrit.

Eh bien. Je m'appelle Sandrine. J'ai dix-neuf ans. J'ai les cheveux courts, bouclés et bruns. J'ai les yeux marron, marron-vert. Aujourd'hui, je porte un chemisier et une jupe rose et un gilet blanc. Je porte des lunettes et des boucles d'oreille. Je ne suis pas très grande, je mesure un mètre cinquante-cinq. Je pèse cinquante-cinq kilos. Pour garder la forme, je fais de la gymnastique une fois par semaine et l'été, je joue au tennis. Je suis moins stressée après les sessions de gymnastique.

vocabulaire

J'ai … ans.	I'm … years old.
J'ai les cheveux bruns/blonds/roux.	I have brown/blonde/red hair.
J'ai les cheveux courts/longs/bouclés/raides.	I have short/long/curly/straight hair.
J'ai les yeux marron.	I have brown (chestnut) eyes.
Je porte un chemisier/des boucles d'oreille.	I'm wearing a blouse/ear-rings.
Je porte des lunettes.	I wear glasses.
Je suis grand(e)/petit(e).	I'm tall/short.
Je mesure …/Je pèse …	My height is …/My weight is …
Pour garder la forme, je …	To keep fit, I …
moins stressé(e)	less stressed

b Décrivez une des jeunes filles dans l'encadré ci-dessus, par exemple: **elle a les cheveux longs/courts**, etc.… Votre partenaire peut-il/elle la reconnaître d'après votre description?

2 Je ne suis pas très grande

Vous allez travailler en France pour la première fois et votre employeur va venir vous chercher à l'aéroport. Décrivez-vous (taille, couleur des yeux, etc.) en quelques phrases dans un courriel que vous allez lui envoyer.

3 Il est comment?

Décrivez un(e) ami(e) ou un membre de votre famille en réponse aux questions de votre voisin(e), par exemple:

Ton copain, il est comment?   **Tu connais sa taille?**
De quelle couleur sont ses cheveux?   **Et ses yeux?**
Quel âge a-t-il?   **Qu'est-ce qu'il fait pour garder la forme?**

Maintenant c'est à votre tour de poser les questions.

Il/Elle est grand(e)/petit(e)/de taille moyenne	Il/Elle mesure …
Il/Elle porte des lunettes/des lentilles	Je ne connais pas son poids
Il/Elle porte/aime porter …	Pour garder la forme, il/elle …
Il a le front dégarni/Il est chauve	Pour rester en bonne santé, il/elle …

4 Trouvez la personne-mystère

	Description	Nom
a	Il mesure 1m85; il est mince et a les cheveux noirs très courts, en fait il est presque chauve. Il est né en 1972. C'est un Français d'origine algérienne et un footballeur de haut niveau, connu dans le monde entier.	
b	Elle mesure 1m71, elle est mince et jolie. Elle a des cheveux châtains mi-longs. Elle est née en 1953. Elle a été candidate aux élections présidentielles en France en 2007.	
c	Il est plutôt petit – 1m68 – et toujours élégant. Il a les cheveux noirs légèrement frisés. C'est un Français d'origine hongroise, né en 1952, qui est devenu Président de la République en 2007.	
d	Elle est née en 1926. Elle est assez petite. Elle a quatre enfants. Elle n'est pas française. Elle porte toujours un chapeau et un sac à main pour sortir. C'est l'une des femmes les plus célèbres et les plus riches du monde.	

Renseignements pratiques
1 inch = **2,54 cm (centimètre)**   1 foot = **0,30 m (mètre)**
Le saviez-vous?
• La Tour Eiffel mesure 324 mètres de hauteur.
• La hauteur du Mont Blanc est 4807 mètres.
• La longueur du Viaduc de Millau qui enjambe la Vallée du Tarn est 2460 mètres.

5 Tu le connais?

Martin et Sophie sont à une petite soirée chez des amis. Ils parlent de Gaston qui est là aussi.

– Regarde, Martin, tu vois ce garçon là-bas?
– Lequel? Le brun, avec la boucle d'oreille?
– Non, non! Le grand avec les lunettes.
– Ah! Gaston!
– Oui, tu le connais?
– Bien sûr, il travaille dans le même bureau que moi.
– Il est sympa?
– Très intelligent, spirituel, mais ce n'est pas mon genre!
– Tu les aimes plus musclés peut-être?
– Absolument. Il te plaît, donc, Gaston?
– Je le trouve très beau et il me regarde!
– Ah oui, tu as raison! Vous devriez sortir prendre un pot ensemble.
– Oh, pas si vite! Mais tu peux peut-être nous présenter …
– Bonne idée. Eh oh, Gaston! Viens là, je veux te présenter Sophie …

vocabulaire

Très intelligent, spirituel, mais ce n'est pas mon genre!	Very intelligent, witty, but he's not my type!
Tu les aimes plus musclés, peut-être?	You like them better built/more muscular perhaps?
Il/Elle me plaît.	I like (fancy) him/her.
Je le/la trouve très …	I find him/her very …
Vous devriez … (+ infinitive)	You ought to …
Tu peux … (+ infinitive)?	Can you …?
Je veux te présenter …	I want to introduce you to …

6 L'homme/la femme idéal(e)

Dites à votre partenaire quel est votre homme idéal, quelle est votre femme idéale. Pensez à des vedettes comme Vincent Cassell, Gérard Depardieu, Jean Reno, ou Juliette Binoche. Pour vous aider utilisez les adjectifs suivants qui expriment des qualités:

amusant(e)	amusing	**gai(e)**	cheerful
affectueux/-euse	affectionate	**gentil(le)**	nice
compréhensif/-sive	understanding	**généreux/-euse**	generous
courageux/-euse	courageous	**honnête**	honest
cultivé(e)	cultured	**séduisant(e)**	attractive
dévoué(e)	devoted	**sérieux/-euse**	responsible
doux/douce	gentle	**serviable**	helpful
équilibré(e)	stable	**travailleur/-euse**	hardworking

7 Plus énergique, moins stressé: mangez équilibré et bougez!

Avant de lire le texte ci-dessous répondez aux questions suivantes:

a Quels sont les aliments que vous devez consommer (**i**) quotidiennement et (**ii**) avec modération pour être en bonne santé?

b Combien de verres d'alcool pouvez-vous boire par jour?

c Quelles activités physiques pouvez-vous faire pour votre santé?

Comparez vos réponses avec votre partenaire et maintenant lisez les conseils donnés aux Français par le ministère de la santé.

> Le programme national nutrition santé propose des recommandations tout à fait compatibles avec les notions de plaisir et convivialité.
>
> - Adoptez un régime alimentaire équilibré qui contribuera à vous protéger de certaines maladies telles que les maladies cardio-vasculaires, le cancer et le diabète.
> - Consommez au moins 5 fruits et légumes par jour et mangez du pain, des produits céréaliers, des pommes de terre et des légumes secs à chaque repas.
> - Consommez 3 produits laitiers par jour.
> - Limitez votre consommation de matières grasses, de sel et de sucre.
> - Evitez de grignoter entre les repas.
> - Ne dépassez pas 2 verres de boisson alcoolisée pour les femmes et 3 verres pour les hommes. Buvez également de l'eau à volonté, au cours et en dehors des repas.
> - Enfin pratiquez une activité physique pour atteindre au moins l'équivalent de 30 minutes de marche rapide par jour (prenez l'escalier plutôt que l'ascenseur, préférez la marche et le vélo à la voiture lorsque c'est possible, descendez du bus un arrêt plus tôt).
>
> Vous allez devenir plus énergique, moins stressé et vous allez pouvoir mieux vous concentrer sur votre travail ou vos études. Vous vous sentirez en pleine forme!
>
> *Adapté du site de l'Institut national de prévention et d'éducation pour la santé (www.mangerbouger.fr)*

8 Ma vie à Londres

Ecoutez Saliha (sur la page d'en face) qui vient de rentrer de Londres. Répondez aux questions:

a D'après Saliha, est-ce que la vie est agréable à Londres?

b Combien de temps devait-elle passer dans le métro pour aller au travail?

c Les transports en commun sont-ils moins chers à Londres qu'à Paris?

d Pour sortir le soir, est-ce mieux à Londres ou à Paris?

e Qu'est-ce qu'elle faisait quand elle était libre? Pourquoi?

f Comment se termine la conversation entre les deux jeunes filles?

DAMIA: Alors tu es contente d'être rentrée?

SALIHA: Oui et non, j'aimais bien ma vie à Londres mais je m'ennuyais de ma famille, de mes copains et de Paris.

DAMIA: Pourtant Londres est une ville agréable et vivante. Il y a beaucoup de choses à voir et à faire à Londres.

SALIHA: Oui, c'est super si tu vis dans les beaux quartiers dans le centre de la capitale, mais c'est moins amusant si tu habites en banlieue.

DAMIA: Mais on dit toujours que les banlieues de Londres sont plus agréables que celles autour de Paris.

SALIHA: Là encore, ça dépend où tu habites. Et puis, tu peux passer des heures dans le train ou le métro pour aller au travail tous les jours. Et aussi, les transports en commun sont très chers, plus chers qu'à Paris.

DAMIA: Tu habitais loin de ton travail?

SALIHA: Oui, j'habitais près de Wimbledon. Je devais prendre le métro pour traverser Londres. Je travaillais dans le nord de la capitale; ça me prenait au moins une heure et demie le matin et le soir.

DAMIA: Tu sortais beaucoup le soir?

SALIHA: Oh non, j'étais beaucoup trop fatiguée et je rentrais tard le soir. Mais le week-end je sortais tout le temps. Pour ça Londres est mieux que Paris, il y a un tas de cafés, de pubs, de boîtes.

DAMIA: As-tu visité les musées, les monuments?

SALIHA: Pas tellement, enfin les endroits connus comme le British Museum et la Tour de Londres. Quand j'avais du temps de libre, j'allais faire du jogging et du vélo dans le parc près de chez moi pour rester en forme et ne pas trop prendre de poids, car je dois avouer que je buvais et je mangeais plus qu'en France!

DAMIA: Moi, je ne connais pas Londres, j'aimerais bien y aller un jour.

SALIHA: Ecoute, j'y retourne le mois prochain pour voir des copains. Tu veux venir?

DAMIA: Ah oui, ça serait chouette. Merci.

9 J'adore Paris

Saliha a passé plusieurs mois à Londres mais maintenant elle habite et travaille à Paris. Voici ce qu'elle pense des deux capitales:

> Je suis heureuse d'être revenue à Paris car j'adore cette ville. Quand j'y suis revenue, j'ai remarqué tout de suite que les rues sont plus propres qu'à Londres. Je pense aussi que les monuments sont plus beaux et mieux entretenus et enfin, que le métro est plus efficace et moins cher qu'à Londres. La vie est chère à Paris mais elle est aussi chère à Londres où les loyers sont plus élevés qu'à Paris.

Connaissez-vous Londres et Paris? Etes-vous d'accord avec Saliha? Si vous ne connaissez pas Paris, choisissez une autre ville européenne comme Madrid, Rome, etc. et comparez-la à la capitale britannique.

10 Bienvenue à Rennes

Un groupe d'étudiants à l'université de Rennes a préparé une brochure pour accueillir les étudiants étrangers qui viennent faire un séjour dans leur ville. Voilà la lettre de bienvenue.

> *Salut!*
>
> *Super! Vous êtes arrivés à Rennes, capitale de la Bretagne avec 2000 ans d'histoire. Notre ville est située à deux heures en TGV de Paris et à 70 kilomètres de la côte. C'est une ville universitaire qui bouge tout le temps avec ses 60 000 étudiants. On ne s'ennuie jamais! Elle est devenue aussi une grande technopole européenne grâce à l'électronique, les télécommunications et la bio-industrie.*
>
> *Si vous aimez l'architecture nous sommes sûrs que vous allez aimer les vieilles maisons avec leurs pans de bois, les édifices comme l'Opéra ou le Palais Saint-Georges ou bien d'autres. Visitez-les, cela vaut la peine! Allez aussi au Pavillon des Lices, où les Rennais vont faire leur marché le samedi matin. Mais vous allez peut-être préférer la Cité Judiciaire, construite dans les années 80, qui ressemble à un vaisseau spatial! Quant aux filles, elles vont certainement aller faire du lèche-vitrine dans le centre-ville.*
>
> *Notre ville est aussi très active dans le domaine culturel et offre des activités toute l'année: musique, cinéma, danse, théâtre. En novembre, le Festival de Jazz va avoir lieu, ne le ratez pas! Nous, les étudiants, nous aimons nous retrouver dans les cafés sur la place Sainte-Anne, l'ambiance est sympa. Et bien sûr vous allez avoir l'occasion de connaître les discothèques et passer quelques nuits blanches!*
>
> *Pour les sportifs, vous trouverez de nombreuses activités et de clubs et ceux qui aiment la voile, le surf, la planche à voile, la côte est à deux pas! Voilà, à vous de découvrir maintenant notre ville!*

a Vrai ou Faux

Lisez le texte ci-dessus et ensuite dites si ces phrases sont vraies ou fausses.
1 Rennes est une ville universitaire très calme.
2 Il y a peu de choses à voir dans la ville.
3 Les habitants font leur marché le samedi matin.
4 La Cité Judiciaire ressemble à un bateau.
5 Il vaut la peine d'aller au Festival de Jazz.
6 Il est possible d'aller rapidement sur la côte.

b En suivant le modèle ci-dessus, faites une description de votre ville natale ou universitaire.

Extra!

11 Conseillez-moi!

Ecoutez chaque conseiller/-ère donner des conseils différents concernant le problème de Stéphanie, qui travaille trop et n'arrive pas à dormir la nuit.

Cochez la bonne case pour chacun(e).

Locuteur	Exercice	Voyage	Sortir	Trouver un copain
1				
2				
3				
4				

12 L'étiquetage des aliments

Vous avez le droit de savoir ce que vous mangez
Surtout quand c'est meilleur

Après plusieurs mois de discussions, l'Europe vient d'adopter la réglementation sur l'étiquetage des aliments contenant des plantes génétiquement modifiées. Nous saluons cette avancée, car nous pensons que les produits issus des biotechnologies doivent être étiquetés car ils présentent de nombreux avantages.

- Avantages pour la nature, avec ces pommes de terre qui se défendent naturellement, nécessitant moins d'insecticides.
- Avantages pour le consommateur, comme ces tomates qui ont été génétiquement modifiées afin d'allonger leur durée de conservation : elles conservent encore plus longtemps leur goût et leurs qualités nutritionnelles.
- Et pour la santé, avec des plantes qui auront un équilibre plus favorable en acides gras.
- Mais l'étiquetage n'est pas le seul moyen d'informer le consommateur. Nous nous engageons aussi à soutenir les efforts des industriels allant dans le sens d'une meilleure information du public, d'une plus grande clarté, d'une plus grande transparence.

MONSANTO
[© EURO RSCG BETC]

Lisez le texte sur les plantes génétiquement modifiées et répondez en anglais aux questions:

a Why do Monsanto think it is a good idea for genetically modified plants to be labelled (**étiqueté**)?

b What advantages do they allegedly bring: For nature? For the consumer?

c What else, apart from labelling, do Monsanto support?

Grammaire

～ Adjectives

1 Adjectives agree in gender and number with the nouns they describe:

Elle n'est pas très grande. She is not very tall.
J'ai les yeux bleus. I have blue eyes.
Note that **marron** (brown) does not add an **s** in the plural: **J'ai les yeux marron.**

2 Most adjectives come after the noun, but some very common ones come before it:

beau, bon, grand, gros, jeune, mauvais, meilleur, nouveau, petit, tel, vieux, vrai
Examples: **une grosse boîte, un jeune homme, un petit garçon, une vieille femme**

3 Some adjectives change in meaning depending on whether they come before or after the noun:

un grand homme a great man   **un homme grand** a tall man
un chic type a good bloke   **un type chic** a chic (elegant) bloke!
un vrai ami a real friend   **une histoire vraie** a true story

～ Adverbs

Adverbs go with verbs and tell you the way something was done: quickly, slowly, etc. Adverbs can be formed by taking the feminine form of the adjective and adding **-ment** (-ly):

lent – lente – lentement slowly; **soigneux – soigneuse – soigneusement** carefully

Some are slightly irregular, as in:

fréquent – fréquemment frequently; **élégant – élégamment** elegantly

～ Comparisons

To make comparisons use **plus** (more), **moins** (less), or **aussi** (as) with adjectives and adverbs:

Il est plus grand que moi. He is taller than me.
Elle écrit moins vite que moi. She writes less quickly than me.
Elle est aussi petite que moi. She is as small as me.

Note that 'better' is translated by **meilleur** (adjective) or **mieux** (adverb):

C'est un meilleur danseur. He's a better dancer.
Il danse mieux. He dances better.

～ Modal verbs

The modal verbs are **devoir, pouvoir, savoir** and **vouloir**. (See the grammar summary on pages 161 and 164–6 for more on these verbs). Modal verbs are followed by an infinitive:

Je veux savoir. I want to know.

Note the <u>word order</u> in the negative and interrogative with an object pronoun:

Il ne peut pas <u>le</u> faire maintenant. He can't do it now.
Est-ce que tu veux <u>la</u> voir? Do you want to see her?

Exercices de grammaire

1 Translate the following, making the adjectives agree in number and gender:

    a She is very tall.

    b She has long dark hair.

    c He has short blond hair.

    d The whole family has blue eyes.

    e My ideal man …

    f My ideal woman …

    g A short skirt

    h Some blue shirts

    i She is pretty and intelligent.

    j I am wearing grey trousers.

2 Translate the phrases, remembering to place the adjective before or after the noun as appropriate:

    a a real friend

    b a true story

    c a large tin

    d a better job

    e a good bloke

    f a young man

    g a little girl

    h a good meal

    i a pretty woman

    j a red car

    k an old book

    l a beautiful day

3 Turn the following adjectives into adverbs, by adding **-ment** to the feminine form:

    a normal

    b génétique

    c général

    d régulier

    e énergique

    f naturel

    g prudent

    h malheureux

    i triste

    j doux

    k inévitable

    l furieux

4 Make comparisons using the following adjectives:

> facile   grand   agréable   sérieux   intéressant   bon

Example: **un tigre/un chat** *Un tigre est plus sauvage qu'un chat.*

    a Londres/Paris

    b la natation/le ski

    c le français/les maths

    d la bière/le vin

    e le travail/les vacances

    f les Britanniques/les Français

5 Rewrite the following as sentences that make sense using the correct word order:

    a le dois immédiatement tu faire

    b pas y je aller ne veux

    c manger pas ne escargots peut d' il

    d demain veut y aller on

    e pouvons tard le faire nous plus

    f heures le doivent neuf ils à prendre

    g parler vous est-ce que espagnol savez?

    h sait fille ne cette danser jeune pas

5 Qui et où?

Vocabulaire

1
court	short
bouclé	curly
marron	brown
porter	to wear (or to carry)
un chemisier	blouse
une jupe	skirt
un gilet	cardigan
des lunettes (fpl)	glasses
des boucles d'oreille (fpl)	earrings
peser	to weigh
garder la forme	to keep fit

2/3
la hauteur	height
la longueur	length
enjamber	to span
j'ai les cheveux (gris)	I have (grey) hair
j'ai les yeux (verts)	I have (green) eyes
des lentilles (fpl)	lenses
le front dégarni	receding hairline
chauve	bald
la taille	size
moyen	average
le poids	weight
la santé	health

4
mince	slim
de haut niveau	top-level
châtain	brown
mi-long	medium-length
plutôt	rather
frisé	curly
hongrois	Hungarian
célèbre	famous

5
là-bas	over there
le bureau	office
spirituel	witty
pas mon genre	not my type
plus musclé	more muscular
Il te plaît, donc?	D'you fancy him, then?
Il me regarde.	He's looking at me.

6
une vedette	star (celebrity)

7
la nutrition santé	healthy eating
un équilibre	balance
privilégier	to give priority to
un régime alimentaire	diet
un légume	vegetable
un produit laitier	dairy product
les matières grasses (fpl)	fats
grignoter	to nibble
atteindre	to reach
un ascenseur	lift

8
s'ennuyer de	to miss
un quartier	district
une banlieue	suburb
autour de (Paris)	on the outskirts of
les transports en commun (mpl)	public transport
un tas de	loads of
prendre du poids	to put on weight
chouette	terrific

9
entretenu	maintained
un loyer	rent

10
une ville universitaire	university town
qui bouge	lively/bustling
les maisons (fpl) avec des pans de bois	half-timbered houses
un édifice	building
cela vaut la peine	it's worth it
la Cité Judiciaire	Courts of Justice
un vaisseau	ship
le lèche-vitrine	window-shopping
avoir lieu	to take place
une ambiance	atmosphere
une nuit blanche	sleepless night
à deux pas	a stone's throw away

12
l'étiquetage (m)	labelling
les aliments (mpl)	food
nous saluons	we welcome
le consommateur	consumer
afin de	in order to
allonger	to extend
durée de conservation (f)	shelf-life
les acides gras (mpl)	fatty acids

Avec un partenaire

1 Ask your partner about their ideal man/woman:

- What age is he/she?

- What colour hair does he/she have? Long or short hair?
  Curly or straight hair?

- What colour eyes does he/she have?

- What weight is he/she?

- What height is he/she? Is he/she tall or short?

- What does he/she wear?

petit rappel

de quelle couleur?
le poids?
la taille?
combien mesure ...?

2 You are at a party and your partner is describing one of the young people above.

- Ascertain which of the girls/boys your partner is talking about!

- Say 'Yes, I know her/him, she/he is in my class'.

- Say 'She's/He's intelligent but not my type'.

- Ask if your partner fancies her/him!

- Say 'I'll introduce you'.

petit rappel

celui-ci?
celle-là?
il/elle te plaît?
présenter

Avec un partenaire

B

1 Be ready to tell your partner about your ideal man/woman:

- What age is he/she?
- What colour hair does he/she have? Long or short hair? Curly or straight hair?
- What colour eyes does he/she have?
- What weight is he/she?
- What height is he/she? Is he/she tall or short?
- What does he/she wear?

petit rappel

de quelle couleur?
le poids?
la taille?
combien mesure ...?

2 You are at a party and you spot a girl/boy you like.

Start the conversation by saying 'You see that girl/boy over there?'.
- Describe the one you mean.
- Ask if she/he's nice.
- Say 'I think she/he's looking at me'.
- Say 'I think she/he's good-looking'.
- Say 'That's a good idea!'

petit rappel

sympa
gentil(le)
joli(e)
beau/belle
pas mal

6 Poser sa candidature

This unit will enable you to give information about yourself, particularly in the context of applying for a temporary job abroad, and to understand written information, including small ads.

You will also revise the expression of wishes and wants, and learn about relative clauses and demonstratives.

1 Poser sa candidature à un poste

a D'abord, trouvez l'équivalent en français (**1–11**) des expressions de la colonne de droite (**a–k**).

1	poser sa candidature à un poste	**a**	an application form
2	le responsable des ressources humaines	**b**	closing date
3	c'est de la part de qui?	**c**	a fixed-term contract
4	… à l'appareil	**d**	Head of Human Resources
5	en quoi puis-je vous être utile?/ c'est à quel sujet?	**e**	to send an email
		f	who is calling?
6	un CDD (= un contrat à durée déterminée)	**g**	how may I help you/what are you calling about?
7	plein temps	**h**	contact details
8	un formulaire de candidature	**i**	to apply for a post
9	la date limite	**j**	full time
10	envoyer un courriel	**k**	… speaking
11	les coordonnées		

b Maintenant, écoutez Emile qui téléphone à Schmidt France, une entreprise électronique internationale.

SCHMIDT FRANCE: Schmidt France, bonjour.

EMILE: Bonjour, mademoiselle, je voudrais parler au responsable des ressources humaines, s'il vous plaît.

SCHMIDT FRANCE: Bien sûr, monsieur, c'est Mme Pilner, je vous la passe. C'est de la part de qui?

EMILE: Emile Fournier.

MME PILNER: Schmidt France, Mme Pilner à l'appareil, en quoi puis-je vous être utile?

EMILE: Bonjour, Mme Pilner. Ici Emile Fournier. J'ai vu votre annonce dans le journal ce matin. Je voudrais poser ma candidature pour le poste de traducteur.

MME PILNER: Vous savez que c'est un CDD?

EMILE: Un contrat à durée déterminée, oui, je le sais. C'est un contrat de trois mois, n'est-ce pas?

MME PILNER: Oui, c'est ça. Mais c'est un plein temps, 35 heures par semaine. Vous avez un diplôme universitaire d'anglais?

EMILE: Oui, j'ai une licence d'anglais de l'université de Nanterre.

suite p. 68

MME PILNER:	Est-ce que vous avez déjà une certaine expérience professionnelle?
EMILE:	Oui, j'ai fait plusieurs petits boulots et la traduction faisait partie de mes études universitaires.
MME PILNER:	Quelles sont vos références?
EMILE:	Alors, vous pouvez contacter les enseignants à l'université et j'ai des références aussi de l'Office de Tourisme de Paris. J'y ai travaillé en tant que guide touristique pour des anglophones.
MME PILNER:	Bon, on va vous envoyer un formulaire de candidature. La date limite des candidatures est fixée au 28 février. Pouvez-vous nous envoyer, s'il vous plaît, un courriel avec vos coordonnées à l'adresse suivante: pilner@schmidt.france.fr?
EMILE:	Bien sûr, madame. Je le fais tout de suite.

vocabulaire

le traducteur	translator
plein temps/temps partiel	full time/part time
un diplôme universitaire	university degree
l'expérience professionnelle	professional experience
des références	references
en tant que	as, in the capacity of
arobase = @	

2 C'est de la part de qui?

Traduisez en français:

a I'd like to speak to …

b I'll put you through. Who shall I say is calling?

c … (your name) … speaking.

d How may I help you?/What are you calling about?

e I saw your advertisement in the newspaper this morning.

f I'd like to apply for the post of translator.

g Is it a full-time or a part-time job?

h Could you please email me the application form?

i Of course. I'll do it straight away.

3 Un job d'été

Work on the following role play with your partner (A and B).

You find an advertisement for a summer job [**un job d'été**], picking apples [**cueillir des pommes**]. The following is the conversation you have when you role-play phoning La France Agricole to make enquiries.

B: France Agricole. Bernadette Garnier. How may I help you?
A: I saw your advertisement for summer jobs.
B: Ah, yes.
A: I would like to pick apples.
B: OK. You know it starts on 15 September?
A: Yes, I know.
B: Can you email me your name and address?
A: Of course, I'll do it straight away.

4 Tu ne préfères pas celui-ci?

Anne-Marie et Jérôme parlent d'un emploi auquel Anne-Marie a posé sa candidature.

– J'ai téléphoné à propos du poste …
– Quel poste?
– Celui qui est paru dans le journal …
– Mmmm?
– Pour la société multinationale.
– Quelle société multinationale?
– MF et Partners …
– MF et Partners? Qu'est-ce que c'est que ça?
– C'est une société qui est "réputée pour son sérieux et sa créativité".
– Et le poste, c'est quoi?
– Secrétaire-assistante de marketing.
– Et celui que tu as vu hier?
– Ah non. J'ai contacté le responsable des ressources humaines, le poste est déjà pris.
– Tu ne préfères pas celui-ci?
– Qu'est-ce que c'est?
– "Assistant administratif … vivacité, bilingue, organisé, à l'aise dans les relations publiques …".
– Mmm. Peut-être. Fais voir un peu. Ah mais non. Organisé? … Rigueur? Tu plaisantes! Ce n'est pas pour moi, ça!
– Mais si! Tu es très organisée et, en plus, tu es presque bilingue!

grammaire

Avec le verbe **paraître** au passé composé (participe passé: **paru**),
on peut utiliser **avoir** <u>ou</u> **être**.
L'annonce <u>a</u> paru dans le journal d'hier.
L'annonce <u>est</u> parue dans le journal d'hier.

5 Un job d'été en France?

Parlez avec votre partenaire des emplois qu'il, ou elle, a déjà eus et demandez-lui s'il, ou si elle, aimerait bien poser sa candidature au poste suivant:

> ## *EUROCAMP L'ÉTÉ*
> Votre profil : autonome, entreprenant, enthousiaste, avec un réel sens du contact … et bien sûr, une bonne maîtrise de l'anglais.

6 Une start-up recrute …

RIGHT VISION – Assistant(e) du Directeur Général

Right Vision *The Internet Applications Company*

Notre société est une start-up dans le domaine de l'Internet, de dimension internationale et en fort développement.

Basé(e) au siège européen, vous êtes rattaché(e) au Directeur Général : au-delà de la tenue d'un secrétariat classique, vous êtes directement impliqué(e) dans la gestion de certains dossiers ainsi que dans la préparation et la rédaction de documents pour des présentations, séminaires ou actions auprès de nos partenaires.

Diplômé(e) de l'enseignement supérieur, vous possédez une très bonne maîtrise de l'anglais et des outils informatiques (Word, Excel, PowerPoint). Vous avez idéalement acquis une première expérience professionnelle en environnement high-tech, auprès d'un dirigeant. Disponibilité, qualités rédactionnelles, curiosité d'esprit sont les atouts pour réussir dans ce poste.

Merci d'adresser votre dossier de candidature en indiquant la référence 212/LF à notre conseil : ALPHA CDI, 4 rue Berryer, 75008 Paris.

Consultez notre Web :
http://www.alphacdi.com

Carrières et Emplois

Lisez la petite annonce dans l'encadré et répondez aux questions suivantes. Vérifiez le vocabulaire page 76 si nécessaire.

a Quel est l'emploi offert dans cette petite annonce?
b Quelles tâches devez-vous remplir?
c Quelles qualifications et quelle expérience la compagnie recherche-t-elle?
d Quelles sont les qualités nécessaires pour cet emploi?

7 Je voudrais avoir quelques informations

– Right Vision, bonjour.
– Bonjour, monsieur, je téléphone à propos de l'annonce parue dans le journal "Carrières et Emplois".
– C'est pour quel poste, s'il vous plaît? Nous proposons plusieurs postes en ce moment.
– Le poste d'Assistante du Directeur Général.
– Oui, bien sûr. La date limite pour les dossiers de candidature pour ce poste est le 14 février.
– Je voudrais avoir quelques informations supplémentaires, c'est possible?
– Bien entendu, que désirez-vous savoir?
– Je suis de nationalité britannique et diplômée de l'enseignement supérieur en Angleterre.
– Oui, très bien.
– Cela ne pose pas de problème?
– Pas du tout. Vous avez fait des études de français?
– Oui, pendant trois ans j'ai suivi des cours de français qui font partie de mon diplôme en Commerce International.
– Très bien. Nous exigeons une bonne maîtrise de l'anglais mais aussi des qualités rédactionnelles en anglais et en français.
– Je vois que vous êtes basé sur Sophia Antipolis. Est-ce qu'il y a beaucoup de déplacements?
– Non, non, c'est un poste qui se fait sur place ici en France.
– Très bien. J'ai un fils et je préfère ne pas voyager si c'est possible.
– Non, non, rassurez-vous, madame, vous n'êtes pas obligée de voyager.
– Très bien. Merci, je vous envoie tout de suite mon dossier de candidature.
– … que j'attends avec impatience, madame! A bientôt, j'espère.
– A bientôt, monsieur, et merci.

vocabulaire

Verbes suivis de l'infinitif

Je voudrais poser ma candidature à …	I'd like to apply for …
Je voudrais avoir quelques informations supplémentaires.	I'd like some more information.
Que désirez-vous savoir?	What do you wish to know?
Je préfère ne pas voyager.	I prefer not to travel.

Notez la place de **ne pas** devant l'infinitif comme en anglais.

Les pronoms relatifs **qui** (sujet du verbe) et **que** (objet direct)

Le poste <u>qui</u> est paru dans le journal.	The post which appeared in the paper.
C'est un poste <u>qui</u> se fait sur place.	It is a job which is done on the spot/here.
… <u>que</u> j'attends avec impatience.	… which I look forward to receiving. *(lit.* which I await with impatience)

Ecoutez encore une fois la conversation à la page 71 et répondez par **vrai** ou **faux** aux déclarations suivantes:

a La candidate pose sa candidature au poste de Directeur Général.
b Elle a suivi des cours de français pendant trois ans.
c Une bonne maîtrise de l'anglais est essentielle.
d C'est un poste où il y a beaucoup de déplacements.

8 Le travail de vos rêves

Avec un partenaire, adaptez le dialogue de l'exercice 7 et posez votre candidature au poste de vos rêves!

9 Lettre de motivation

Bristol, le 7 octobre

Melle Catherine Nuttall
5 Heatherington Gardens
Bristol BS15 1ST

ALPHA CDI
4 rue Berryer
75008 Paris

À l'attention de Monsieur le Directeur des Ressources Humaines.

Monsieur,

Suite à l'annonce parue dans le journal « Carrières et Emplois » du 1er au 5 octobre concernant le poste d'Assistante du Directeur Général de Right Vision, je vous envoie ci-joint mon dossier de candidature.

Comme vous pourrez le constater à la lecture de mon curriculum vitae, j'ai le profil que vous recherchez pour ce poste. Je suis bilingue anglais/français ; ma mère est française mais j'ai fait toute ma scolarité en Angleterre. Par ailleurs, je suis diplômée de l'enseignement supérieur et grâce à un stage d'un an effectué dans une entreprise à Paris, j'ai déjà acquis une première expérience professionnelle en environnement high-tech. J'étais chargée de chercher des partenaires dans le monde entier et de faire le suivi des dossiers. J'ai aussi une bonne maîtrise des outils informatiques.

J'espère que ma candidature retiendra toute votre attention. Je suis disponible à partir du mois de juin et je me tiens à votre disposition pour un entretien éventuel.

Dans l'attente de vous lire, je vous prie d'agréer, Monsieur, l'assurance de mes salutations les plus respectueuses.

C. Nuttall
P.J.: un dossier de candidature et un curriculum vitae

En vous inspirant de la lettre dans l'encadré, écrivez une lettre de candidature à un emploi dans une station d'hiver. Adressez-la à l'Agence Petits Jobs – Alpes, 23 rue Daumesnil, 75005 Paris.

Donnez les détails de votre expérience dans l'hôtellerie et la restauration ainsi que vos compétences informatiques.

Extra!

10 Ingénieur de vente pour un produit Internet

Ecoutez Bernard Fradin qui téléphone pour demander des renseignements sur un poste. Notez en anglais ces renseignements:

- what the post is
- what qualifications are required
- what special qualities are needed
- where the firm is based
- whether travel will be necessary
- what date the interviews take place.

11 Le curriculum vitae

Le CV est certainement la pièce la plus importante du dossier de candidature. Le recruteur, en quelques secondes, doit repérer vos atouts. Donc, il doit être clair et écrit sans fautes. Voici le CV de Catherine Nuttall.

Vous êtes à la recherche d'un stage en France: préparez votre CV sur ce modèle.

Catherine **NUTTALL**	20 ans, née le 16 décembre 1987
65 Heatherington Gardens	célibataire
Bristol BS15 1ST	nationalité: britannique et française
Tel: 00 44 79xxxxxxxx	
catherine.nuttall87@yahoo.co.uk	

FORMATION

2003-2007	University of the West of England, Bristol, BA (Honours) de français et de marketing (mention bien)
2003	A-Levels (équivalent du Baccalauréat), options: Français, Espagnol, Histoire et Mathématiques

Langues	bilingue anglais/français très bon niveau d'espagnol
Informatique	pratique des logiciels Word, Excel, PowerPoint.

EXPERIENCE PROFESSIONNELLE

2007– juillet à ce jour	Assistante administrative dans une PME de haute technologie, SKYHIGH, Bristol.
2005–2006	Stage professionnel dans le cadre de ma licence en tant qu'assistante de marketing dans une entreprise de matériel électronique, AVIAFRAM, Paris.
2005 juin à septembre	Assistante de ventes et caissière dans un grand magasin de prêt-à-porter

DIVERS

Secrétaire du club de squash de l'université
Membre de la chorale de l'université
Sports: squash, tennis et voile
Voyages pour connaître de nouvelles cultures. Je suis allée en Amérique du Nord et Amérique Latine, Nouvelle-Zélande, Australie et Chine

Grammaire

~ Expression of wishes and wants

To express wishes or wants, use one of the following verbs with an infinitive:

J'aimerais (I would like to) **prendre** …   **Je désire** (I wish to) **savoir** …

Je voudrais (I would like to) **avoir** …   **Je souhaite** (I wish to) **poser** …

J'ai envie de (I want to) **manger** …   **Je préfère** (I prefer to) (**ne pas**) **voyager** …

~ Relative clauses

1 When 'who'/'which'/'that' is the subject of the relative clause, use **qui**:

'The man who/that is in charge'   'The post which/that is available'

L'homme <u>qui</u> est responsable   Le poste <u>qui</u> est disponible

Note that **qui** does not change before a vowel.

2 When 'who'/'which'/'that' is the object of the relative clause, use **que/qu'**:

'The man (whom/that) you met yesterday'   'The advertisement (which/that) he saw in the paper'

L'homme <u>que</u> vous avez rencontré hier   L'annonce <u>qu'</u>il a vue dans le journal

Note that **que** becomes **qu'** before a vowel.

Note that you must always include **que** in French, even where 'that' can be left out in English.

~ Demonstratives

Demonstratives help you point out the thing you are referring to.

1 There are demonstrative adjectives: **ce, cette, cet, ces** (this, that, these):

masculine: **<u>ce</u> poste**

masculine beginning with a vowel or **h**: **<u>cet</u> ingénieur, <u>cet</u> homme**

feminine: **<u>cette</u> annonce**

plural (masculine and feminine): **<u>ces</u> directeurs, <u>ces</u> femmes**

2 And demonstrative pronouns: **celui, celle, ceux** (this one/these ones):

	singular	plural
masculine	**celui**	**ceux**
feminine	**celle**	**celles**

Est-ce que c'est ton adresse? Non, c'est <u>celle</u> de ma sœur.

Is it your address? No, it is my sister's.

Mon poste est plus intéressant que <u>celui</u> de Pierre.

My job is more interesting than Pierre's.

3 **-ci** and **-là** may be added to make the distinction between 'this one' and 'that one' clear:

Je désire ce poste-ci. I want this job (here).

Je désire celui-ci. I want this one.

Il lit cette annonce-là. He's reading that advert (there).

Il lit celle-là. He's reading that one.

Exercices de grammaire

1 Make sentences with the phrases below, expressing your desires and preferences. Use a different verb for wishing, wanting or preferring each time. Add **ne pas** as appropriate.

a … réaliser un stage en entreprise.　　**d** … un formulaire de candidature.

b … être basé(e) sur Paris.　　**e** … trouver un emploi à temps partiel.

c … voyager.　　**f** … travailler en équipe.

2 Link each of the phrases on the left with a relative clause on the right to make a correct sentence.

1 Je cherche le candidat *E*　　**a** qui dure six mois.

2 Pouvez-vous envoyer le formulaire *bc*　　**b** que nous précisons dans l'annonce.

3 Il a lu l'annonce *d*　　**c** que vous mentionnez dans l'annonce.

4 C'est un CDD *a*　　**d** qui a paru dans *Le Monde*.

5 Le 12 mars est la date limite *ef*　　**e** qui est le plus motivé.

6 Il faut avoir l'expérience *e b*　　**f** que vous devez impérativement observer.

3 Now fill in with **qui** or **que/qu'** as appropriate.

a Le poste _____ m'intéresse le plus est celui de Responsable des Ressources Humaines.

b Je n'ai pas l'expérience professionnelle _____ vous exigez.

c La lettre de motivation _____ je vous ai envoyée n'était pas complète.

d Il nous a fourni les informations supplémentaires _____ étaient nécessaires.

e Mon curriculum vitae _____ vous trouverez ci-joint vous permettra de connaître mon profil.

4 Fill the gaps with **ce**, **cet**, **cette**, **ces** as appropriate:

a _____ annonce a déjà paru la semaine dernière.

b _____ atouts sont indispensables.

c Nous voulons remplir _____ poste tout de suite.

d _____ entretien est prévu le 12 juin.

e _____ qualifications sont nécessaires.

5 Answer the following questions, using **celui-ci**, **celle-ci** or **ceux-ci**, **celles-ci**:

a Quelles sociétés avez-vous contactées?

b Quel formulaire as-tu rempli?

c Quels sont les postes les plus intéressants?

d Quelle est l'adresse qui convient?

Vocabulaire

1

le responsable des ressources humaines	Head of Personnel/ Human Resources
C'est de la part de qui?	Who is speaking?
… à l'appareil	… speaking
En quoi puis-je vous être utile?	How may I help you?
C'est à quel sujet?	What are you calling about?
je vous la passe	I'll put you through to her
votre annonce	your advertisement
les enseignants (*mpl*)	teachers
en tant que	as, in the capacity of
un anglophone	English-speaker
tout de suite	immediately

4

celui qui est paru	the one advertised
la société	company/firm
une société réputée pour son sérieux	a company well-known for its reliability
la vivacité	lively personality
être à l'aise	to be at ease
en plus/d'ailleurs	besides

5

une bonne maîtrise	good knowledge

6

une start-up	a start-up (new venture)
le siège	headquarters
vous êtes rattaché(e) à	you report to
au-delà de	beyond, over and above
la tenue	brief, duties
la gestion	management
les dossiers (*mpl*)	portfolios
la rédaction	drafting, writing, editing
une action	initiative
les outils informatiques (*mpl*)	computer software
un dirigeant	an executive
la disponibilité	availability, adaptability
les atouts (*mpl*)	qualities
le conseil	(recruitment) consultant

7

quelques informations (*fpl*)	some information
il y a des déplacements?	is one expected to travel?
sur place	on site, here

8

suite à	following
paru(e)	published in, which appeared in
ci-joint	(herewith) attached, enclosed
un stage en entreprise	a work placement
le suivi	follow-up
retiendra votre attention	will interest you
un entretien	an interview
éventuel	possible
P.J. (pièce jointe)	encl.

11

un dossier de candidature	application (form etc.)
célibataire	single
une mention	distinction
un logiciel	software
une PME (petite ou moyenne entreprise)	SME (small or medium-sized enterprise)
une caissière	cashier (female)

Avec un partenaire

1 You are applying for a job. Your partner is the Head of Human Resources. Role-play the following telephone conversation. You begin:

- Say, 'I'd like to speak to the Head of Human Resources please'.

- Greet him/her, introduce yourself and say, 'I wish to apply for the post advertised in *Carrières et Emplois*'.

- Say, 'I am studying for a degree in …'

- Say, 'I have had… (part-time) jobs', (if any).

- Say, 'Thank you very much – I'll send my address immediately.'

petit rappel

poser ma candidature
l'annonce parue
une licence
un CDD
une bonne connaissance
exiger
une bonne maîtrise
attendre avec impatience

2 You work with a multinational firm. Your firm wishes to take on a translator to help with manuals. You are involved in the selection process. Your partner wishes to apply for the job. He/She begins the conversation.

- Greet him or her. Ask, 'Did you know it is a fixed-term contract?'

- Say, 'The post is based in Paris'.

- Say, 'We demand a good knowledge of English of course and the ability to write well'.

- Say, 'I will send an application form'.

- Say, 'The closing date for applications is 16 June'.

- Say, 'I look forward to receiving your application'.

Avec un partenaire

1 You are the Head of Human Resources with a large firm in Lyon. Your partner phones to apply for a job:

- Say, 'I am the Head of Human Resources'.

- Ask, 'Do you have a university degree?'

- Ask, 'Do you have professional experience?'

- Say, 'I will send an application form'.

- Say, 'Very good and thank you very much'.

petit rappel

le responsable des
    ressources humaines
avoir une licence
un dossier de candidature
rechercher
la date limite pour …
une lettre de motivation
tout de suite

2 You are applying for a job as a translator with a multinational firm. Your partner is responsible for the selection process.

- Say, 'Good morning' and 'I wish to apply for the job advertised in the paper'.

- Ask where the post is based.

- Ask what qualities they are looking for.

- Say, 'I am British and translation is part of my degree course'.

- Ask when the closing date for applications is.

- Say, 'I'll prepare my letter of application straight away'.

- Say, 'Thank you very much'.

7 J'arrive mardi

In this unit you will learn how to make and understand arrangements, describe your plans, use timetables and travel information and book a hotel room. You will also learn how to form the future tense in French, and you will recap the imperative as well as times and dates.

1 Tu as des projets?

MARTIN:	Tu as des projets pour le week-end, Corinne?
CORINNE:	Non, pas vraiment. Je pensais sortir un peu de Paris, mais avec qui?
MARTIN:	On peut partir ensemble si tu veux. Comme je me suis disputé avec Carole …
CORINNE:	C'est vrai? Oh là! là! Et si on invitait aussi Philippe?
MARTIN:	Bonne idée. Je lui poserai la question.
CORINNE:	Mais où est-ce qu'on va aller?
MARTIN:	J'ai ma cousine près de Figeac dans le Lot, on peut faire du canoë, on mange bien et puis il y a aussi le musée Champollion.
CORINNE:	Ah oui, celui qui a décodé le mystère des hiéroglyphes égyptiens, c'est intéressant, ça. Mais ta cousine, peut-elle nous loger, tous les trois?
MARTIN:	Oui, pas de problème, elle habite une maison de campagne avec beaucoup de place. Je lui téléphonerai ce soir. Mais tu comptes partir vendredi soir ou …?
CORINNE:	Ah oui, si on part samedi matin on aura très peu de temps. Partons plutôt vendredi soir, non? On met combien de temps en voiture pour y arriver?
MARTIN:	Quatre heures? Peut-être un peu plus.
CORINNE:	C'est un peu long mais ça va aller. Comme c'est le week-end de l'Assomption, et que le lundi est un jour férié, on ne sera pas obligé de rentrer dimanche soir. On reviendra à Paris lundi. Qu'en penses-tu?
MARTIN:	Je suis tout à fait d'accord. On pourra tout oublier et nous reposer totalement pendant deux jours.
CORINNE:	Fantastique!

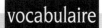

vocabulaire

Tu as des projets … ?	Have you got any plans?
Tu comptes partir … ?	You intend leaving … ?
On met combien de temps … ?	How long does it take … ?

grammaire

Le futur
On forme le futur à partir de l'infinitif auquel on ajoute **-ai, -as, -a, -ons, -ez, -ont**.
ex. **je donnerai, tu mangeras, il oubliera, nous finirons, vous sortirez, elles partiront**.
Pour les verbes se terminant par **e** à l'infinitif (ex. **entendre**) il faut retirer le **e**: elle entendra.
Certains verbes ont une forme irrégulière: **j'aurai** (I'll have), **on pourra** (we'll be able to), etc.

👥 2 Où est-ce qu'on va aller?

Imaginez que vous allez partir en
week-end avec votre partenaire.
Discutez de vos projets.

> **Tu as des projets …?**
> **Est-ce que ça te dirait d'aller …?**
> **Où est-ce qu'on va aller?**
> **Tu comptes partir …?**
> **Partons …**

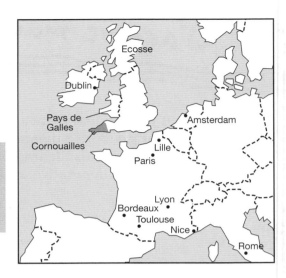

👥 3 On pourra se relaxer

> **Quand est-ce qu'on pourra partir?** – On pourra partir vendredi soir/samedi matin.
> **Où est-ce qu'on pourra loger?** – On pourra loger chez mes amis/mes parents.
> **Qu'est-ce qu'on pourra faire?** – On pourra …

 faire du canoë

 rendre visite à mes cousins

 se promener

 aller au marché/faire des courses

 lire

 **manger/aller au restaurant/ prendre un verre**

 se relaxer

 faire la grasse matinée

> **On ne sera pas obligé de revenir avant dimanche soir/lundi.**
> **On reviendra dimanche soir/lundi.**

Vous savez où vous allez passer le week-end, maintenant dites:

- Quand vous allez partir
- Où vous allez loger
- Ce que vous allez faire pendant le week-end.

Commencez par dire:

Alors pour ce week-end en Cornouailles/au pays de Galles/à Dublin/à Amsterdam/Rome/Bordeaux, quand est-ce qu'on va partir?

A vous de continuer …

4 Tu viens en Eurostar?

– Alors tu viens en Eurostar?

– Oui bien sûr, c'est le plus rapide. Je prendrai le train qui part de la gare de St. Pancras à 9h07. Il arrive à Paris, Gare du Nord, à 10h35, heure locale.

– Très bien, je viendrai te chercher à la gare. Tu arrives bien jeudi prochain, hein?

– Ouais, ouais c'est bien ça.

– Dis donc, ne mange pas dans le train. Je connais un petit resto sympa dans le coin. On pourra fêter ton arrivée.

– Ah oui, bonne idée! Dis, j'ai rendez-vous le lendemain, le 16, à 10 heures près du musée Picasso, rue des Francs-Bourgeois. Tu connais?

– Oui, très bien. Je viendrai avec toi si tu veux. Ça nous donnera le temps de parler de nos projets … et de visiter un peu Paris. Tu repars quand à part ça?

– Je compte repartir samedi. J'ai réservé une place dans le train de 11h05.

– Oh! Tu ne peux pas rester un peu plus longtemps?

– Ben non malheureusement, je suis prise samedi soir à Londres. Je te raconterai …

– Bon, d'accord, donc à jeudi!

– A jeudi. Ah, Henri, j'oubliais … embrasse bien ta famille pour moi!

– Je le ferai, pas de problèmes! A bientôt. Au revoir.

vocabulaire

Je prendrai le train …	I'll take the train …
Je viendrai te chercher	I'll come and pick you up
un petit resto (français familier)	a small restaurant
à part ça	by the way
Je compte repartir …	I'm intending to leave again …
Embrasse bien ta famille pour moi!	Love/Big hugs to your family!

a Vous venez d'écouter l'enregistrement, maintenant essayez de reconstruire la conversation en trouvant la réponse (liste de droite) qui correspond à la question (liste de gauche).

1 Alors tu viens en Eurostar?

2 Le train arrivera à quelle heure à Paris?

3 Ecoute, ne mange pas dans le train!

4 Dis, quand penses-tu repartir?

5 Quoi! Tu ne pourras pas rester?

6 Bon, d'accord. Donc à jeudi.

a Non, je suis pris(e) samedi soir.

b D'accord, on fêtera ça dans un bon restaurant.

c Embrasse bien ta famille pour moi!

d Oui, je prendrai le train de 9h07.

e Je repars samedi.

f 10h35 heure locale.

b Jouez ce dialogue avec votre partenaire. Quand vous avez terminé, changez de rôle.

5 Mini-croisière

PORTSMOUTH-CAEN: POUR UNE TRAVERSÉE TRANQUILLE

Vous pouvez traverser la Manche en avion, par le tunnel ou en car-ferry. Mais si vous faites le trajet de l'ouest de l'Angleterre à Paris, il vaut la peine de considérer la traversée Portsmouth-Caen. Vous passerez moins d'heures sur la route et vous aurez une nuit tranquille ou bien six heures à bord pendant la journée à vous détendre. Plus d'embouteillages, plus de stress! Vous arriverez à Paris prêt à profiter de tout ce que la capitale vous offre. Caen n'est qu'à 238 km de Paris par l'autoroute de Normandie A13, l'autoroute la plus verte de France. Et à deux heures de Paris Saint-Lazare par le train. La ligne des Brittany Ferries Portsmouth-Caen-Ouistreham vous emmène en France toute l'année, de jour comme de nuit, sur « le Duc de Normandie » qui, chaque jour, peut transporter 1500 passagers et 360 voitures dans un confort de croisière.

a Donnez six raisons pour lesquelles vous choisissez de faire cette traversée.
b Traduisez la brochure en anglais pour le marché britannique.

 ## 6 Je voudrais réserver une chambre

- Hôtel Concorde, bonjour.
- Bonjour, madame, je voudrais réserver une chambre, s'il vous plaît.
- Oui, bien sûr, c'est pour quelle date?
- C'est pour le 31 mai.
- Oui, et pour combien de personnes?
- Une personne.
- Avec douche ou avec salle de bains?
- Avec douche, s'il vous plaît.
- Et c'est pour combien de nuits?
- Pour deux nuits seulement.
- Pour deux nuits, d'accord, oui, c'est possible.
- Quel est le prix, s'il vous plaît, madame?
- Alors une chambre avec une douche, cela fait 60 euros par nuit.
- Très bien. Est-ce que le petit déjeuner est compris?
- Oui, le petit déjeuner et les taxes sont compris dans le prix.
- Et vous avez un parking?
- Non, mais vous pouvez vous garer facilement tout près de l'hôtel.
- Ah, très bien. Je voulais aussi vous demander si vous avez un restaurant.
- Non, mais il y a de très bons restaurants pas du tout chers dans le coin.
- D'accord. Je prends donc la chambre pour les deux nuits du 31 mai et du 1er juin.
- OK, j'ai noté. Cela fera 120 euros pour les deux nuits. Pouvez-vous me donner votre nom et votre numéro de carte pour la confirmation, s'il vous plaît?
- Oui, donc mon nom est Kuldeep Desai. Je vous l'épelle D-E-S-A-I. Et le numéro de ma carte bancaire … c'est le 43-27-88-04-32-43-55-98.
- Excusez-moi, je n'ai pas entendu les quatre derniers chiffres. Pouvez-vous me les redonner?
- Oui 55-98.
- Merci, Monsieur Desai, votre réservation est faite. On vous attendra donc le 31 mai.
- Merci, madame.

7 Les jours et les dates

> Le 1er (premier) janvier est le Nouvel An.
> Le 21 (vingt et un) mars est le premier jour du printemps.
> Le 1er (premier) mai est la Fête du travail.
> Le 14 (quatorze) juillet est la Fête nationale.
> Le 15 (quinze) août, l'Assomption, est une fête religieuse et un jour férié.

En français, on dit **le vendredi deux mai** (on ne peut pas dire le vendredi deuxième mai). Les jours et les mois ne prennent pas de lettre majuscule.

Comment diriez-vous en français?

a Thursday the 5th of June
b Friday the 21st of September
c Sunday the 16th of March
d Wednesday the 1st of February
e Saturday the 15th of April
f Monday the 31st of August

petit rappel			
Comment épeler son nom: Ecoutez l'alphabet prononcé à la française et épelez votre nom.			
a (ah)	**b** (bé)	**c** (sé)	**d** (dé)
e (euh)	**f** (ef)	**g** (jé)	**h** (ash)
i (ee)	**j** (jee)	**k** (ka)	**l** (el)
m (em)	**n** (en)	**o** (oh)	**p** (pé)
q (ku)	**r** (er)	**s** (ess)	**t** (té)
u (oo)	**v** (vé)	**w** (doobler vé)	
x (eeks)	**y** (ee grek)	**z** (zed)	

8 Faire une réservation

C'est à votre tour de réserver une chambre d'hôtel. D'abord, écrivez en français les détails ci-dessous; en vous inspirant de l'exercice 6, jouez ensuite la conversation avec votre partenaire.

A room for 28 August	
For two people	
With a bathroom	
Is breakfast included?	
Is it easy to park near the hotel?	
Give your name	
Spell out your name	

vocabulaire

Je voudrais réserver une chambre.	I'd like to book a room.
Le petit déjeuner est compris?	Is breakfast included?
se garer	to park
dans le coin	nearby
on vous attendra	we'll be expecting you

9 Contacter un hôtel

Confirmation d'une réservation par lettre

45 March Street
Warminster
Wiltshire BA12 OAS
Grande-Bretagne

Hôtel Concorde
33 Boulevard Caulaincourt
75006 Paris
France

Le 15 mai

Madame,

Suite à notre conversation téléphonique d'aujourd'hui, j'aimerais vous confirmer ma réservation à mon nom d'une chambre pour une personne avec douche pour les nuits du 31 mai et 1 juin.

Avec mes remerciements, je vous prie de croire, Madame, en mes sentiments les meilleurs.

K. Desai

Annulation d'une réservation par courriel

De: Mary.Sanders
A: Hoteldesetrangers@fretel.fr
Objet: annulation

Madame, Monsieur,

Je suis au regret de devoir annuler la réservation que j'ai faite le 13 avril par téléphone pour une chambre pour quatre personnes pour les nuits du 20 au 21 août.

Je vous remercie de votre compréhension.

Recevez mes meilleures salutations.

Mary Sanders

Lisez la lettre et le courriel et dites en français:

a Following our telephone conversation today
b In my name
c Yours sincerely/faithfully
d I am afraid I must cancel my booking
e I apologise for the inconvenience (*lit.* Thanking you for your understanding)
f With best wishes

10 J'annule ma réservation

Ecrivez une lettre d'annulation ou un courriel, comme dans l'exercice 9, de la part de Kuldeep Desai. Il voudrait annuler sa réservation confirmée dans sa lettre du 15 mai.

Renseignement utile!

Réserver un hôtel en France sur Internet est facile et moins cher. Vous aurez aussi plus de choix. Il faut tout d'abord lancer le moteur de recherche google.fr et ensuite taper par exemple hotels paris 2 etoiles si vous voulez un hôtel à un prix raisonnable. Vous obtiendrez une longue liste d'hôtels dans chaque arrondissement de Paris et même souvent une description détaillée de l'hôtel et sa situation sur le plan de la ville. Si l'hôtel vous convient vous pouvez alors donner tous les renseignements nécessaires à la réservation: type de chambre, dates, nom, numéro de votre carte bancaire. N'oubliez pas d'imprimer votre réservation!

Extra!

11 J'arrive à 19h30

Ecoutez les quatre conversations tout en notant les détails dans la grille:

Nom	Jour et date d'arrivée	Heure d'arrivée	Chambre d'hôtel avec douche/salle de bains
Baird			
Drakapoulou			
Roussel			
Dufain			

12 Détente en plein air!

CAMP DE TOURISME **
Les Lavandes

à 250 m du centre de Castellane, route des Gorges du Verdon, proximité de baignade

Dans un site panoramique exceptionnel, ce camping-caravaning est un lieu idéal pour maintenir sa forme ou faire un plein d'énergie, avec :

- 60 emplacements
- son sauna finlandais
- ses animations de plein air
- sa base de loisir Montagne et Rivière
- rafting, hydrospeed, canyoning, VTT, escalade, canoë kayak, planche à voile.

AMBIANCE FAMILIALE

un surcroît de confort : eau chaude, lave-linge, sèche-cheveux, four micro-ondes, repassage, barbecue, emplacement à triple branchement, téléphone, vidéo.

OUVERT du 23 mars au 10 octobre
LOCATION CARAVANES, MOBIL-HOMES ET APPARTEMENTS
tél: 04 92.83.68.78
internet: camping-les-lavandes.com
email: accueil@camping-les-lavandes.com

Vous voulez passer un long week-end dans ce terrain de camping. Faites, en anglais, la liste des activités et facilités offertes.

Grammaire

~ The future tense

The future tense in French is formed by adding the following endings to the infinitive of the verb: **-ai, -as, -a, -ons, -ez, -ont**.

je donnerai – I shall give	**nous donnerons**
tu donneras	**vous donnerez**
il/elle/on donnera	**ils/elles donneront**

Note that these are similar to the endings of the verb **avoir** in the present tense.
(j'ai, tu as, il/elle/on a, nous avons, vous avez, ils/elles ont)

1   Verbs whose infinitive ends in **-e** drop the **-e** before adding the endings:
je prendrai, tu boiras, il vendra, elle dira
nous perdrons, ils croiront, elles écriront

2   A number of verbs have irregular stems but keep the future endings.

aller: j'**irai**	avoir: j'**aurai**	devoir: je **devrai**	être: je **serai**
faire: je **ferai**	pouvoir: je **pourrai**	savoir: je **saurai**	venir: je **viendrai**
voir: je **verrai**	vouloir: je **voudrai**		

3   The future tense is generally used in much the same way in French as in English:
Elle viendra te chercher.   She'll come and pick you up.

Unlike in English, when **quand, lorsque** (when), **dès que, aussitôt que** (as soon as) and **après que** (after) refer to the future, the future tense MUST be used after them.
Quand il viendra me voir à Paris, je l'emmènerai au Musée d'Orsay.
When he visits me in Paris, I'll take him to the Musée d'Orsay.

~ The imperative

To tell someone to do something, use the imperative: simply the present tense without **tu/vous** in front. For **-er** verbs, the **s** is dropped from the **tu** form.
manger: Mange! Mangez! – Eat!
courir: Cours! Courez! – Run!
écrire: Ecris les réponses. Ecrivez les réponses. – Write the answers.

The negative is formed as follows:
Ne (le) mange pas! Ne (le) mangez pas! – Don't eat (it)!

Note where the object pronouns are positioned:
Mange-le! – Eat it! **Mangez-les!** – Eat them!
Dis-leur! – Tell them! **Dites-lui!** – Tell him/her!
Ne lui téléphone pas! – Don't phone him/her!
Ne la donnez pas à tout le monde! – Don't give it to everyone!

Note also that the **nous** form is very useful when making suggestions:
Partons! – Let's go!   **Buvons du vin!** – Let's drink wine!   **Mangeons!** – Let's eat!

Exercices de grammaire

1 Add the endings to make the future tense:

- **a** je boir…
- **b** tu prendr…
- **c** il achèter…
- **d** elle manger…
- **e** nous donner…
- **f** vous parler…
- **g** ils ser…
- **h** elles croir…

> Note the slightly irregular stem – **achèter…**

2 Translate the following:

- **a** They (*m.*) will come
- **b** I will arrive
- **c** He will be
- **d** We will make
- **e** You (use **tu**) will go
- **f** She will be able to
- **g** We (use **on**) will have to
- **h** I will know
- **i** You (use **vous**) will want to
- **j** We shall see

3 From the box below, choose the appropriate verbs to complete the text, using the future tense.

donner	être (×3)	voir	changer	pouvoir (×2)
vouloir	venir	partir	arriver	

Cher Christophe

Pauline **(a)** _____ à la Gare du Nord à 16h30. Elle **(b)** _____ de Londres à 12h30. Je lui **(c)** _____ quelques sandwichs pour le train. **(d)** _____ -tu passer la chercher dans l'après-midi ou **(e)** _____ -tu trop occupé dans le bureau? Je **(f)** _____ la réservation, s'il ne **(g)** _____ pas possible de la chercher à cette heure-là. Nous aussi, Marguerite et moi, nous **(h)** _____ en France pour deux semaines entre le 7 et le 21 août. Où **(i)** _____ -vous à ce moment-là? Marguerite **(j)** _____ certainement revoir Pauline. **(k)** _____ -vous peut-être passer quelques jours chez nous dans le Lot? De toute façon, j'espère bien qu'on se **(l)** _____ cet été, soit à Paris, soit à la campagne.

Embrasse ta famille de ma part.
Amicalement,

Mark

4 Make the following sentences negative:

- **a** Bois ce vin!
- **b** Partez tôt le matin!
- **c** Donne-lui ton adresse!
- **d** Rends-moi mon livre!
- **e** Embrasse Philippe!
- **f** Achetez du pain!
- **g** Faites-le!
- **h** Viens ici!

Vocabulaire

1

pas vraiment	not really
ensemble	together
loger	to put s.o. up, accommodate
l'Assomption	Assumption (public holiday on 15 August)
un jour férié	public holiday

2

les pays d'Europe (*mpl*)	European countries
l'Allemagne (*f*)	Germany
l'Autriche (*f*)	Austria
la Belgique	Belgium
la Bulgarie	Bulgaria
Chypre	Cyprus
la Croatie	Croatia
le Danemark	Denmark
l'Ecosse (*f*)	Scotland
l'Espagne (*f*)	Spain
l'Estonie (*f*)	Estonia
la Finlande	Finland
la Grèce	Greece
la Hongrie	Hungary
l'Irlande (*f*)	Ireland
l'Italie (*f*)	Italy
la Lettonie	Latvia
la Lituanie	Lithuania
le Luxembourg	Luxembourg
Malte	Malta
la Norvège	Norway
les Pays-Bas (*mpl*)	Holland/Netherlands
le pays de Galles	Wales
la Pologne	Poland
le Portugal	Portugal
la République tchèque	Czech Republic
la Roumanie	Romania
la Russie	Russia
la Slovaquie	Slovakia
la Slovénie	Slovenia
la Suède	Sweden
la Suisse	Switzerland
la Turquie	Turkey

4

chercher	to collect, meet
fêter ton arrivée	to celebrate your arrival
malheureusement	unfortunately

5

une traversée	crossing
il vaut la peine	it's worthwhile/ worth it
se détendre	to relax
l'embouteillage (*m*)	traffic jam
profiter de	to make the most of
Caen n'est qu'à … km de	Caen is only … km from

6

avec douche	with shower
la salle de bains	bathroom
Quel est le prix?	How much is it?
compris	included
un parking	car park
une carte bancaire	bank card

9

suite à	following
à mon nom	in my name
je suis au regret	I'm afraid

10

le moteur de recherche	search engine
taper	to type
un arrondissement	an *arrondissement* (a subdivision of a commune)
l'hôtel vous convient	the hotel is suitable
imprimer	to print

Etretat, Normandie

Avec un partenaire

1 You are planning a weekend away with your partner. You start the conversation.

- Ask, 'Have you got any plans?'
- Say, 'We could go away together'
- Say, 'We could spend the weekend with my sister/brother/ cousin/friend'.
- Say where they live.
- Say whether they can put you up.
- Say what you can do there (walking, discothèques etc.).
- Suggest leaving on Friday evening.
- Say, 'You'll be able to relax completely'.

2 You are the receptionist at a hotel. Your partner is booking a room.
Fill in the form with his/her details.

Nom :	
Dates :	
Nombre de personnes :	
Douche :	
Baignoire :	

Prix des chambres

	Avec douche	Avec baignoire
Chambre simple	€45	€50
Chambre double	€68	€73

- Toutes taxes comprises.
- Ce prix inclut le petit déjeuner, le parking.
- Nous regrettons de ne pas avoir de restaurant.

Avec un partenaire

1 You are planning a weekend away with your partner. Your partner asks if you have any plans:

- Say, 'Not really'.
- Say, 'Good idea but where could we go?'
- Ask where they live.
- Ask whether they could put you up.
- Ask what you can do there.
- Ask when your partner intends leaving.
- Agree.
- Say, 'Fantastic!'

petit rappel

habiter
loger
compter
partir

2 You are booking a hotel room. Your partner is the receptionist at the hotel. Here is what you need:

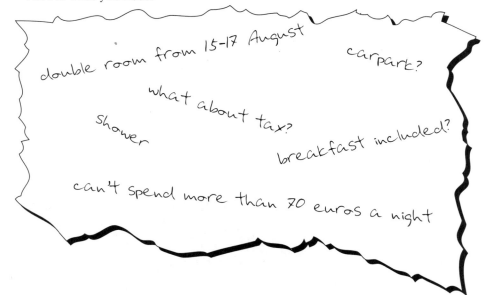

double room from 15-17 August

carpark?

what about tax?

shower

breakfast included?

can't spend more than 70 euros a night

petit rappel

inclus(e)
compris(e)
pas plus de
moins de
la nuit

8 L'entretien d'embauche

In this unit you will learn how to talk about hypothetical situations, take part in an interview and negotiate.

You will also practise the use of 'if' sentences and the conditional.

1 Et si on t'embauchait … ?

JÉRÔME: Et si on t'embauchait pour le poste de traducteur … ?

MARTIN: Je serais ravi.

JÉRÔME: Tu aurais plus d'argent, ça, c'est sûr.

MARTIN: Oui, mais j'aurais moins de temps libre.

JÉRÔME: Tu continuerais tes études?

MARTIN: Oui, bien sûr, comme c'est un contrat à durée déterminée …

JÉRÔME: Pour combien de temps?

MARTIN: Trois mois.

JÉRÔME: Ça commencerait quand?

MARTIN: Je ne sais pas exactement, enfin … Mais comme on est déjà le 15 mai, pas avant le mois de juin.

JÉRÔME: C'est à quelle date, ton dernier examen?

MARTIN: Le quinze juin.

JÉRÔME: C'est parfait. Tu pourrais faire tes trois mois de traduction pendant les grandes vacances.

MARTIN: Pas de vacances pour moi!

JÉRÔME: Mais si! Si tu commençais mi-juin, tu pourrais partir mi-septembre avant la rentrée en octobre.

MARTIN: Tu as raison. Bon, ben … on verra, hein?

grammaire

Le conditionnel

Comme pour le futur, le conditionnel (I would) est formé à partir de *l'infinitif*, auquel on ajoute: **-ais, -ais, -ait, -ions, -iez, -aient**. Ex: **Tu continuerais** (You would continue). Pour les verbes se terminant par **e** (ex. **entendre**) il faut retirer le **e**. Ex: **Elle viendrait**. Certains verbes ont une forme irrégulière. Ex: **Tu aurais** (You would have).

2 Si …

> **Si** …+ <u>imparfait</u> ⟶ <u>conditionnel</u>
>
> <u>Si</u> on t'<u>embauchait</u>,   tu <u>serais</u> ravi.
> <u>Si</u> tu <u>acceptais</u> le poste,   tu <u>pourrais</u> partir en vacances.
>
> *Notez* que la règle reste la même quand la partie de la phrase commençant par **si** se trouve à la fin.
> **Tu <u>aurais</u> plus d'argent, <u>si</u> tu <u>avais</u> un emploi.**

Qu'est-ce que vous achèteriez **si** vous aviez de l'argent? Dites-le à votre partenaire.

Si j'avais plus d'argent, j'achèterais:

- un vélo/une voiture/un avion/un voilier
- un appartement/une maison/une tente/une caravane
- un poisson rouge/un chien/un chat/un cheval
- un baladeur/un portable/un PC/un iMac
- des CD/des vêtements/des livres/une guitare
- un billet d'avion pour Rome/Paris/New York City/Prague

3 Un job d'été en France

Parmi les petites annonces ci-dessous, choisissez le petit job d'été qui vous intéresse. Utilisez les questions et les réponses dans l'encadré (en haut de la page 93) et dites à votre partenaire ce que vous feriez si vous aviez ce travail.

1 **Serveurs/serveuses**
Nous avons besoin de vous pour notre petit bistro au bord de la mer.

2 **Animateurs/animatrices de colonie de vacances**
Vous aimez travailler avec les enfants ?
Vous aimez être en plein air ?
Nous recrutons animateurs et animatrices pour nos colonies dans l'Ardèche.

3 **Travail manuel dans la restauration**
Participez à la restauration des plus beaux châteaux de la France.
Expérience dans la maçonnerie utile mais pas indispensable.

4 **Cueillette des pommes en Normandie**
Faites partie de la vie traditionnelle de la France.
Aidez-nous à cueillir nos pommes !
Vous ne le regretterez pas !

Introduction

J'aimerais bien faire le petit job de l'annonce 1/2/3/4.

Questions	**Réponses**
Pourquoi aimerais-tu faire ce petit job?	Cela me plairait parce que …
Si on t'acceptait, quand partirais-tu?	Si on m'embauchait, je partirais … (date)
Tu saurais le faire? Tu as déjà de l'expérience dans ce domaine?	J'ai déjà de l'expérience … /Je n'ai pas d'expérience mais …
Tu aurais plus d'argent?	J'aurais plus d'argent/moins de temps libre.
Pourrais-tu partir en vacances aussi?	Je (ne) pourrais (pas) partir en vacances.

4 J'ai lu votre CV

MME LEBRUN: J'ai lu votre CV et vos références et tout me semble satisfaisant.

MARTIN: Merci, madame.

MME LEBRUN: Avez-vous déjà traduit des textes techniques?

MARTIN: Non, mais je suis enthousiaste et j'apprends vite.

MME LEBRUN: Quel est votre style de travail? Préférez-vous travailler seul ou au sein d'une équipe?

MARTIN: J'aime bien travailler seul mais j'ai aussi travaillé au sein d'une équipe et ça ne m'a pas dérangé.

MME LEBRUN: S'il fallait travailler sous pression, pourriez-vous terminer en temps voulu?

MARTIN: Oui, j'ai l'habitude de travailler sous pression et j'ai toujours respecté les délais fixés.

MME LEBRUN: Quel est votre plan de carrière?

MARTIN: Je souhaiterais travailler en France et en Angleterre.

MME LEBRUN: Si on vous acceptait pour le poste, quand pourriez-vous commencer?

MARTIN: Mon dernier examen aura lieu le quinze juin. Je serai donc disponible à partir de cette date.

MME LEBRUN: Bon, merci beaucoup, M. Lecomte. Nous avons d'autres candidats à voir demain mais on vous contactera le plus tôt possible.

MARTIN: Merci, madame.

vocabulaire

Quel est votre style de travail?	What is your work style?
Préférez-vous travailler seul ou au sein d'une équipe?	Do you prefer to work on your own or as part of a team?
travailler sous pression	to work under pressure
terminer (la tâche) en temps voulu	to complete (the task) on time
Quel est votre plan de carrière?	What is your career plan?
je serai disponible à partir de	I will be available from … onwards

5 Les questions de l'entretien

Lisez les questions de l'entretien (**a-i**). Ensuite trouvez la réponse à chaque question dans la liste en désordre (**A-I**). Dites si chaque réponse convient ou ne convient pas dans le contexte d'un entretien.

a Quelles sont vos qualifications?   *c*
b Quelle est votre expérience professionnelle?   *d*
c Etes-vous prêt à voyager pour ce poste?   *I*
d Préférez-vous travailler seul ou en équipe?   *b*
e Pourquoi avez-vous répondu à cette annonce?   *a*
f Quelles sont vos plus grandes qualités?   *f*
g Quel est votre plus grand défaut?   *h*
h Quelles sont vos activités extra-professionnelles?   *g*
i Quel est votre plan de carrière?   *e*

A Parce que les qualités requises correspondent à mon profil.
B En équipe, mais pas avec n'importe qui.
C J'ai raté le bac trois fois.
D J'ai déjà eu une expérience dans le domaine de la gestion.
E Je n'ai pas de projets actuellement.
F Je suis dynamique, entreprenante et sociable.
G Dormir et boire de la bière.
H Je n'en ai pas, selon mes connaissances.
I Oui, les trajets ne me découragent pas.

6 L'entretien

Habituez-vous à répondre aux questions d'une personne qui vous ferait passer un entretien. Pratiquez avec votre partenaire. Si vous le désirez, prenez quelques minutes pour réfléchir et prendre quelques notes!

- Quel est votre style de travail?
- Pouvez-vous travailler sous pression?
- Terminez-vous les tâches en temps voulu?
- Quand pouvez-vous commencer?

7 Une négociation de salaire

Anne-Marie qui travaille comme serveuse dans un grand hôtel-restaurant décide de demander une augmentation de salaire à sa patronne.

ANNE-MARIE:	Pourrais-je vous parler quelques minutes, s'il vous plaît?
PATRONNE:	Oui, venez dans mon bureau. De quoi s'agit-il?
ANNE-MARIE:	Eh bien, quand j'ai commencé à travailler pour vous, vous m'aviez dit qu'après six mois, vous augmenteriez mon salaire. Cela fait plus de six mois que je travaille ici et je n'ai rien eu. J'espère que vous êtes contente de mon travail.
PATRONNE:	Oui, bien sûr, vous êtes travailleuse, ponctuelle, aimable et polie avec les clients, donc aucun problème. Mais vous savez, en ce moment, les affaires ne marchent pas très bien.
ANNE-MARIE:	Je comprends mais mon salaire de 900 euros par mois ne me permet à peine de payer mon logement, l'essence pour ma voiture et tout le reste.
PATRONNE:	Mais vous êtes nourrie ici quand vous travaillez.
ANNE-MARIE:	Oui, d'accord mais je fais souvent des heures supplémentaires qui ne sont pas payées. Donc je voudrais bien une augmentation de 100 euros par mois.
PATRONNE:	Ah non, c'est hors de question! C'est trop! Mais comme je ne veux pas vous perdre, voilà ce que je vous propose. A partir de maintenant je vous paie vos heures supplémentaires au-dessus des 35 heures par semaine.
ANNE-MARIE:	Bon d'accord, pour le moment, ça me va.
PATRONNE:	Très bien; c'est donc réglé.
ANNE-MARIE:	Je peux vous poser une dernière question?
PATRONNE:	Oui, allez-y.
ANNE-MARIE:	Est-ce que je peux avoir mon week-end de libre la semaine prochaine?

vocabulaire

une augmentation de salaire	salary increase
De quoi s'agit-il?	What is it about?
Les affaires ne marchent pas bien.	Business is not doing well/is slow.
vous êtes nourrie	you get free meals
hors de question	out of the question
Voilà ce que je vous propose.	Here's what I suggest.
allez-y	go ahead
avoir mon week-end de libre	to have my weekend off

8 A négocier

a Imaginez que vous êtes Marguerite et vous travaillez dans une colonie de vacances pour enfants. Vous aimeriez être libre ce soir pour sortir avec vos amis. Vous demandez à votre directeur. Ecrivez les réponses que vous trouverez dans l'encadré.

LE DIRECTEUR: Alors, tu es contente, Marguerite? Le travail te plaît?

VOUS: _____

LE DIRECTEUR: Tu devrais avoir une soirée libre.

VOUS: _____

LE DIRECTEUR: Oui, quelle est ta petite question?

VOUS: _____

LE DIRECTEUR: Ah non! Je regrette, ce soir c'est le tour de Valérie. Elle est déjà partie.

VOUS: _____

LE DIRECTEUR: Non, je m'excuse, nous n'avons pas assez de personnel.

VOUS: _____

LE DIRECTEUR: Oui, demain tu peux terminer à cinq heures.

VOUS: _____

LE DIRECTEUR: Oui, Marguerite! Demain tu l'auras, ta soirée libre!

> **a** Puis-je rentrer chez moi un peu plus tôt ce soir?
> **b** Alors, je ne peux pas être libre ce soir, c'est bien ça?
> **c** Eh bien justement j'ai une petite question à vous poser.
> **d** C'est donc d'accord.
> **e** Ce sera peut-être possible demain?
> **f** Oui, mais quand même, c'est plus dur que je ne pensais et je suis fatiguée.

b Jeu de rôle: pratiquez avec votre partenaire le dialogue que vous avez complété ci-dessus.

9 J'ai une question à te/vous poser … Tu pourrais …/Vous pourriez … ?

Demandez à votre partenaire s'il/si elle peut vous rendre un petit service. Essayez de le/la persuader de vous rendre ce service. Votre partenaire refuse! Il/Elle utilisera des expressions comme **Ah non, c'est hors de question; non, je suis désolé(e) mais; non, je regrette;** etc. Enfin, vous arriverez (peut-être!) à un arrangement …

Exemples:
- me prêter ton/votre CD
- m'aider à faire mes devoirs de français
- venir me chercher à la maison la semaine prochaine
- me donner une de tes/vos chips

 10 Conseils pour l'entretien

Bravo! Votre CV a retenu l'attention d'un employeur qui vous invite à passer un entretien. Voilà quelques petits trucs pour mettre les meilleures chances de votre côté.

- Préparez votre entretien et cherchez des renseignements sur les produits, les services et les responsables de l'entreprise.
- Partez de bonne heure de chez vous pour arriver à l'heure. Vous allez peut-être rencontrer des embouteillages sur votre route. Vous serez plus détendu(e).

- Habillez-vous de façon confortable mais élégante.
- Asseyez-vous confortablement sur votre siège. Cela vous mettra à l'aise.
- Regardez bien en face l'employeur mais ne le/la fixez pas.
- Ecoutez attentivement les questions et soyez positif/positive quand vous répondez. Montrez votre intérêt et votre enthousiasme – sans exagérer bien entendu!

A votre tour d'ajouter à cette liste 3 autres conseils pour l'entretien. Comparez-les avec le reste de la classe.

- _____
- _____
- _____

 11 Quelles sont vos qualifications?

Ecoutez ces quatre candidats pour un poste. Remplissez la grille des informations requises.

	Qualifications	Style de travail	Qualités	Salaire désiré
Pierre Glorion				
Cécile Jouffrey				
Roger Tyler				
Karin Kröger				

 12 A la recherche d'un assistant

Imaginez que vous êtes le responsable des ressources humaines d'une grande entreprise, et vous êtes à la recherche d'un(e) assistant(e). Faites une description des tâches que vous allez lui donner à faire et quelles sont les qualités que devra avoir cette personne. Réutilisez le vocabulaire et les expressions apprises dans ce chapitre.

Grammaire

~ The conditional

The conditional (I <u>would</u> do something) is formed in French by adding
the following endings to the infinitive: **-ais**, **-ais**, **-ait**, **-ions**, **-iez**, **-aient**.

je donner<u>ais</u> (I would give)	**nous donner<u>ions</u>**
tu donner<u>ais</u>	**vous donner<u>iez</u>**
il/elle/on donner<u>ait</u>	**ils/elles donner<u>aient</u>**

In the case of irregular verbs, add those endings to the future stem
(e.g. **je <u>se</u>rai**, I will be – look back to page 86, note 2):

je <u>se</u>rais	**nous <u>se</u>rions**
tu <u>se</u>rais	**vous <u>se</u>riez**
il/elle/on <u>se</u>rait	**ils/elles <u>se</u>raient**

~ 'If' clauses

These may be open or hypothetical.

1 In open conditions, the present and future tenses are used:

Si + PRESENT, ⟶ FUTURE

Si le salaire <u>est</u> adéquat,	**je poser<u>ai</u> ma candidature.**
If the salary <u>is</u> adequate,	I <u>will</u> apply.
Si j'<u>ai</u> assez d'argent,	**je l'achèter<u>ai</u>.**
If I <u>have</u> enough money,	I'<u>ll</u> buy it.

2 In hypothetical conditions, the imperfect tense and conditional are used:

Si + IMPERFECT, ⟶ CONDITIONAL

Si le salaire <u>était</u> adéquat,	**je poser<u>ais</u> ma candidature.**
If the salary <u>was</u> adequate,	I <u>would</u> apply.
Si j'<u>avais</u> assez d'argent,	**je l'achèter<u>ais</u>.**
If I <u>had</u> enough money,	I <u>would</u> buy it.

Exercices de grammaire

1 Add endings to the following to make the conditional:

a je prendr…

b tu aur…

c il poser…

d elle ser…

e nous achèter…

f vous manger…

g ils croir…

h ils fer…

2 Translate the following:[1]

a she would have

b they (*m*) would come

c you (use **tu**) would make

d they (*f*) would want

e I would have to

f I would know

g he would be able

h we would see

i we (use **on**) would go

j you (*pl*) would be

3 Match up the two halves of the sentences:

a Si le salaire est adéquat,

b Je n'irais pas en vacances,

c Il n'aura pas assez d'argent,

d Si nous n'acceptons pas l'offre,

e Si la proposition était intéressante,

f Elle posera sa candidature,

1 nous n'aurons pas d'argent.

2 si son profil correspond au poste.

3 il acceptera l'emploi.

4 je ne la déclinerais pas.

5 si j'avais un job d'été.

6 si la société ne l'embauche pas.

4 Find the mistakes and correct them:

a Si j'ai assez d'argent, j'irais en Italie cet été.

b Que feriez-vous, s'il n'y a pas de télévision?

c Si les ordinateurs seraient abolis, la civilisation moderne s'écroulerait.

d Si j'ai mon portable sur moi, je serais plus à l'aise.

5 Translate these sentences:

a If I had a job, I would be rich.

b If I were rich, I'd go on holiday.

c If I went on holiday, I'd go with you.

d If you went with me, you'd want to go to Spain.

e If we went to Spain, we'd have to speak Spanish. (use **on** + **devoir**)

[1]Refer back to the Grammaire section of Unit 7 (page 86, note 2) to find the irregular stems.

Vocabulaire

1

embaucher	to employ, take on
ravi	delighted
comme	as
pas avant	not before
la rentrée	return to university/start of academic year
bon ben	well then

2

un vélo	a bike
un voilier	a sailing dinghy
un poisson rouge	a goldfish
un baladeur	a personal stereo
un portable	mobile phone

3

un serveur/une serveuse	waiter, waitress
un animateur/une animatrice	youth leader
une colonie de vacances	summer camp
la restauration	restoring ancient buildings
la maçonnerie	building, bricklaying
la cueillette	picking

4

au sein d'une équipe	as part of a team
avoir l'habitude de	to be used to
sous pression	under pressure
les délais fixés	deadlines
avoir lieu	to take place
à partir de demain	from … onwards tomorrow
le plus tôt possible	as early as possible
la tâche	task

5

prêt	ready, prepared
le défaut	fault
requis	required
n'importe qui	(just) anyone
rater	to fail
la gestion	management
actuellement	at present
entreprenant	enterprising
selon mes connaissances	as far as I know
les trajets (mpl)	trips, journeys

7

un(e) patron(ne)	boss
travailleur/travailleuse	hard-working
ponctuel(le)	punctual/on time
aimable	pleasant
poli(e)	polite
à peine	hardly
l'essence (f)	petrol
des heures supplémentaires (fpl)	overtime
à partir de maintenant	from now on
au-dessus de	above

8

Le travail te plaît?	Do you like the job? (lit. Does the job please you?)
tu devrais	you ought to
une soirée libre	an evening off
c'est le tour de …	it's …'s turn
le personnel	staff
plus dur que je ne pensais	harder than I thought (lit. than foreseen/ expected)

9

des chips (fpl)	crisps

Avec un partenaire

1 Your partner is applying for a job – you are worried that it might affect his/her studies/holidays. When they tell you about it, ask, using **tu**:

- What date would it start?
- Would it be a full-time post?
- Is it a fixed-term contract?
- For how long?
- If you are taken on, would you be able to go on holiday?

petit rappel
poser sa candidature
un emploi
un CDD
embaucher

2 You are having a job interview. Your partner is the interviewer. Answer his/her questions (using **vous**). Say:

- 'I think I have the skills required for the job'.
- 'I have very little professional experience but I am very dynamic'.
- 'I prefer to work on my own but I have worked as part of a team and that was all right'.
- 'I am used to working under pressure'.
- 'I envisage working with languages and I am prepared to travel'.
- 'My last exam is on 12 June and I am free from that date onwards'.
- 'Thank you'.

petit rappel
une compétence
très peu
en équipe
sous pression
envisager
avoir lieu

Avec un partenaire

B

1 You are applying for a job – your partner is asking how it would affect your studies/holidays. Tell him/her about it, then answer his/her questions (use **tu**). Say:

- You've applied for a job with Renault.
- It would start on 1 July.
- It would be a full-time post, 35 hours a week.
- It is a fixed-term appointment.
- For three months.
- If they took you on, you would not be able to go on holiday in the summer but could have a holiday in December perhaps.

petit rappel

petit rappel
un emploi
un CDD
embaucher

2 You are interviewing your partner for a job. Say and ask the following, using **vous**. You begin:

- 'I have read your CV and you have a very interesting profile'.
- 'Do you have professional experience in this field?'
- 'What is your work style – do you prefer to work on your own or as part of a team?'
- 'Can you work under pressure?'
- 'What is your career plan?'
- 'If I accepted you for the post, when could you start?'
- 'I have other candidates to see but I will contact you tomorrow'.

petit rappel

un profil
un domaine
un secteur
seul(e)
en équipe
sous pression
une carrière
contacter

9 Je cherche un logement

This unit will give you the language you need when finding accommodation: making enquiries, negotiating terms and conditions and understanding written or spoken information.

You will also learn to use the passive, and how to avoid it.

1 Un studio avec balcon dans un quartier calme

SANDRA: Cette fois j'en ai marre! Je ne peux plus supporter les gens qui habitent mon appartement!

FABRICE: Mais qu'est-ce que tu as? Ils sont gentils, Pierre et Marie.

SANDRA: Ah, ils sont très gentils, bien sûr, mais ils laissent leurs vêtements traîner un peu partout, et ils ne font pas la vaisselle. Si on veut prendre un verre d'eau, il faut d'abord laver le verre … Alors, tu vois un peu?

FABRICE: Ouais, j'imagine le scénario. Donc tu vas chercher un studio pour toi toute seule?

SANDRA: Voilà! Un studio avec balcon, dans un quartier plutôt calme.

FABRICE: Tu ne peux pas t'offrir un T2? Pour avoir plus de place?

SANDRA: Tu plaisantes! Je n'ai pas les moyens! Non, un petit studio avec coin-cuisine, ça va aller très bien. Enfin, on verra.

FABRICE: Quel loyer tu peux te permettre?

SANDRA: 450 euros par mois, à peu près, plus les charges locatives de 25 euros maximum. Tu peux m'accompagner à l'agence immobilière?

FABRICE: Avec plaisir. Quand est-ce que tu veux y aller?

SANDRA: Tu es libre tout de suite?

FABRICE: Oui, pourquoi pas? On y va?

SANDRA: D'accord.

vocabulaire

Je ne peux plus supporter …	I can't stand … any more
Tu ne peux pas t'offrir … ?	Can't you afford … ?
Quel loyer tu peux te permettre?	How much can you afford in rent?
Tu peux m'accompagner?	Can you come with me?
Quand est-ce que tu veux y aller?	When do you want to go?

🧑‍🤝‍🧑 2 Qu'est-ce que c'est?

Un studio ou appartement de type 1 (T1) = une seule pièce avec un coin cuisine
Un appartement de type 2 (T2) = une chambre et un séjour
Un appartement de type 3 (T3) = deux chambres et un séjour
Un duplex = un appartement à deux étages

Tous les appartements comprennent une cuisine indépendante ou un coin cuisine et une salle de bains (avec baignoire) ou une salle d'eau (avec douche).
Certains appartements peuvent aussi avoir un balcon, une cave au sous-sol et un garage ou un parking privé.
Ils peuvent se trouver au cœur de la ville, à proximité du centre-ville ou même dans la banlieue.

Vous voulez louer (*let*) l'appartement/la maison où vous vivez actuellement pendant que vous serez en stage. Comme votre partenaire va vous aider à trouver un locataire (*tenant*), décrivez-lui votre appartement/maison.

🧑‍🤝‍🧑 3 L'appartement idéal

Questions	Réponses
Pourquoi cherches-tu un logement?	Je pars en stage à Paris … .
	Je ne peux plus supporter … .
Quel genre de logement cherches-tu?	Je cherche un studio, un appart de type 1
Quel loyer peux-tu te permettre par mois?	Je peux payer un loyer de … euros.

Vous partez en stage à Paris ou tout simplement vous voulez déménager car vous ne supportez plus votre quartier. En utilisant les **Questions-Réponses** ci-dessus, dites à votre partenaire le type de logement que vous recherchez.

Encore quelques expressions utiles … Comment ça se dit en français?	
The rent is too high.	**Le loyer est trop cher.**
Are charges included?	**Les charges sont-elles comprises?**
When can I move in?	**Quand est-ce que je peux emménager?**
My neighbours are noisy.	**Mes voisins sont bruyants.**
cockroaches	**des cafards**

4 L'agent immobilier fait visiter un appartement

AGENT IMMOBILIER:	Alors, cet appartement, c'est un appartement de type 2, de 23 m², avec une chambre et un séjour. Il est récent, il n'a que cinq ans et il est au cinquième étage.
SANDRA:	Ça veut dire aussi qu'il y a une salle de bains et une cuisine séparée?
AGENT:	Oui, c'est ça. Et vous avez des portes-fenêtres qui ouvrent sur le balcon.
FABRICE:	Dans le séjour ou dans la cuisine?
AGENT:	Les deux. Il y a une porte-fenêtre dans le séjour et dans la cuisine. [*Elle ouvre la porte de l'appartement.*] Voilà, la petite entrée. A gauche vous avez la cuisine et le séjour et à droite, la chambre et la salle de bains.
FABRICE:	Mm, la cuisine est très claire mais elle est plutôt petite.
SANDRA:	Oui, très petite, j'ai mon micro-ondes et un sèche-linge. Est-ce qu'il y aura assez de place?
AGENT:	Et voici le séjour, qui est vaste et très agréable.
SANDRA:	J'ai des étagères et beaucoup de livres …
AGENT:	Vous pourriez les mettre ici contre le mur.
SANDRA:	J'ai aussi mon ordinateur, mon lecteur DVD et mon lecteur CD …
AGENT:	Et la chambre, elle est très mignonne, comme chambre …
SANDRA:	Elle est minuscule, cette chambre!
AGENT:	J'en ai vu des plus petites que ça, je vous assure. La salle de bains …
FABRICE:	Très correcte. Mais il y a juste la douche, il n'y a pas de baignoire.
SANDRA:	Et le loyer, c'est combien par mois?
AGENT:	Le loyer est de 475 euros par mois, plus les charges de 35 euros.
SANDRA:	L'appartement est libre tout de suite?
AGENT:	Oui, vous pouvez vous installer dès demain si vous voulez.
SANDRA:	Bon. Merci beaucoup, madame. J'ai deux autres appartements à voir et je vous téléphonerai.

Répondez aux questions en français:

a L'appartement, combien de pièces a-t-il?
b Quelle est sa surface?
c Il est situé à quel étage?
d Où est située la salle de bains?
e Quels appareils ménagers Sandra possède-t-elle?
f Dans quelles pièces y a-t-il des portes-fenêtres?
g Quelle pièce est minuscule selon Sandra?
h Le loyer est de combien?
i Et les charges?
j L'appartement est-il libre immédiatement?
k Sandra prend-elle sa décision tout de suite?

5 J'ai vu votre petite annonce …

a Lisez les petites annonces et trouvez dans la liste (**a**, **b**, etc.) la description qui correspond à chaque annonce, par exemple **1 = e**. Notez qu'il y a 6 petites annonces mais seulement 5 descriptions.

m² = mètres carrés

1
A louer, à 500 m gare
appartement T1 de 37 m²
Chauffage électrique
Loyer 625 € + 75 € charges
S'adresser après 18h au
01 23 45 43 92

2
Loue studio, quartier des Halles,
1 pièce, coin cuisine, 1 salle de bains.
Loyer 400 € + 25 € charges
Disponible de suite
Tel (après 20h30): 01 34 59 97 76

3
A louer, centre-ville, chambre meublée
avec connexion Internet
Pour étudiant ou stagiaire; coin cuisine,
douche. 325 € toutes charges comprises.

4
Loue appartement T2 de 70 m²
+ garage. Séjour avec balcon, chambre,
cuisine équipée, salle d'eau.
650 € + 60 € charges
Tel: 07 97 68 90 66

5
A louer, quartier du Marais, à deux pas
de la place des Vosges, duplex T1 avec
kitchenette et salle d'eau. Disponible de
suite.
Tel: 07 98 65 45

6
Loue au cœur de Versailles, appartement
de luxe T3, avec terrasse fleurie, cuisine
indépendante,
une salle de bains et une salle d'eau,
deux WC indépendants, parking privé.
Contact: renard367@caramelo.fr ou tel:
07 76 73 85

a Ce logement n'est pas cher du tout. Il est meublé, il y a une douche et le propriétaire aime les jeunes.

b Cet appartement se situe dans un quartier agréable, il est à deux étages et il a une kitchenette. Mais je dois téléphoner pour savoir le loyer.

c L'appartement est très grand et assez cher mais il a un balcon et les charges sont raisonnables.

d Un studio en plein centre-ville qui n'est pas cher et qui est libre de suite.

e L'appartement est assez grand et près de la gare, mais il est assez cher et, avec le chauffage central, les charges sont importantes.

b Avec votre partenaire, qui jouera le rôle du propriétaire, choisissez l'une des annonces ci-dessus. Vous allez lui téléphoner et lui demander de plus amples renseignements sur l'appartement lui-même (meublé/non-meublé, appareils ménagers, situation, etc. …). Préparez quelques questions. Votre partenaire, de son côté, prépare quelques réponses.

6 La course au logement pour les jeunes!

Trouver un logement pour les jeunes est loin d'être chose facile. Ils ont non seulement des difficultés à s'intégrer dans le monde du travail mais, quand ils veulent quitter le foyer familial, ils ne peuvent s'offrir que des appartements bon marché dans les quartiers les plus populaires où les loyers et les charges locatives sont plus abordables. Sans l'aide des parents pour se porter garant et payer la caution, ils ont peu de chances d'obtenir un logement. Il n'est pas rare de voir des jeunes à l'âge de 30 ans vivre encore chez leurs parents faute de pouvoir trouver un logement. De plus en plus de jeunes se disent prêts à partager un appartement avec des colocataires pour échapper au carcan familial.

Dans certaines grandes villes françaises, comme Paris, Lyon, Toulouse ou Grenoble, les étudiants ont aussi du mal à trouver un logement à un prix raisonnable. Selon leurs études, leur budget et leur désir d'indépendance, différents types de logement sont à leur disposition mais ils doivent être rapides et bien organisés pour obtenir une place. Chaque année, faute de place disponible, certains recourent à des solutions de fortune: squatter chez des amis, camper ou même dormir dans sa voiture.

Etant donné que les résidences universitaires gérées par l'état sont, pour la plupart, vétustes, les étudiants se tournent vers les résidences du secteur privé qui offrent plus de 80 000 logements dans toute la France avec un excellent niveau de confort et d'équipements (téléphone, connexion Internet). Elles sont ouvertes à tous, étudiants français ou étrangers, et sont dotées de nombreux services tels qu'une cafétéria, une laverie, une salle de sport, un parking, etc. Par ailleurs, la plupart d'entre elles se situent près du centre-ville, ce qui permet aux étudiants de fréquenter les quartiers « branchés » et de rencontrer leurs amis et leurs connaissances dans des endroits agréables.

Cachez le texte ci-dessus et complétez les phrases suivantes avec les mots donnés, en désordre, dans l'encadré.

agréable	limitées	confortables	décent
équipés	chers	locatives	privé

Les loyers _____ (a) et les charges _____ (b) ne permettent pas aux jeunes de pouvoir louer un logement _____ (c) dans un quartier _____ (d). Pour les étudiants, les résidences dans le secteur _____ (e) leur offrent des logements _____ (f) et bien _____ (g). Mais ils doivent réserver de bonne heure car les places sont _____ (h).

7 Et vous?

Avez-vous trouvé facilement votre logement quand vous êtes arrivé(e) à l'université? Partagez-vous une maison, un appartement? Vivez-vous dans une résidence universitaire?

Ecrivez un courriel de 150 mots environ pour dire à un copain français comment vous avez trouvé votre logement, quel type de logement vous avez et donnez-en une description.

8 Les informations de 8 heures

– Il est huit heures sur France Info. Et voici les informations.

– Onze personnes ont été tuées

Onze personnes ont été tuées dans l'accident du Boeing 727 qui s'est écrasé au décollage de l'aéroport de Dallas aux Etats-Unis. Quatre-vingt-dix-sept passagers et sept membres d'équipage se trouvaient à bord, mais un nombre de jeunes enfants n'avait pas été enregistré. Le nombre n'était pas connu hier soir.

– Un jeune skinhead est recherché pour le meurtre d'un clochard

Le jeune skinhead qui est recherché pour le meurtre d'un clochard samedi soir à Lille est toujours en fuite. Cinq skinheads ont été inculpés hier dans la même affaire pour non-assistance à personne en danger. Les cinq ont été remis en liberté. L'enquête se poursuit.

– 30 passagers évacués lors d'un incendie

Incendie hier à bord d'une barque faisant la traversée de l'estuaire de la Gironde à Bordeaux. Heureusement les 30 passagers ont été évacués et personne n'a été blessé.

– Périphérique fermé ce soir

Le périphérique parisien sera fermé ce soir entre 1 heure et 6 heures du matin en raison des travaux. Les bretelles d'accès seront barrées aux même heures sur l'autoroute du Sud.

– Boire ou conduire: il faut choisir

C'est le slogan de la nouvelle campagne contre l'alcool au volant. Il faut faire attention parce que les contrôles sont nombreux. A partir de 0,80 g d'alcool par litre de sang, vous commettez un délit. Votre permis de conduire vous sera alors immédiatement retiré pour 72 heures. Si aucun passager ne peut conduire, votre voiture sera immobilisée sur place. ALORS ATTENTION: un apéritif et trois verres de vin au cours d'un repas: STOP!

---

grammaire

La voix passive

La voix passive, comme en anglais, est formé à partir du verbe **être** et du participe passé. Le verbe **être** peut se conjuguer à tous les temps (présent, passé composé, etc. …). Notez l'accord du participe passé avec le sujet.

présent	**Un skinhead <u>est recherché</u> par la police.**	A skinhead is wanted by the police.
passé composé	**Un skinhead <u>a été interrogé</u>.**	A skinhead has been questioned.
	Cinq skinheads <u>ont été inculpés</u>.	Five skinheads have been charged.
futur	**Le périphérique <u>sera fermé</u>.**	The ring road will be closed.
	Votre permis vous <u>sera retiré</u>.	Your licence will be taken away from you.

a How well did you understand the items on France Info on p. 108? Answer the questions in English.

   a How many people were killed in the Boeing 747 crash?
   b Why will the Paris ring road be shut between 1 a.m. and 6 a.m.?
   c How much can you drink and still drive? What will happen if the amount of alcohol in your blood exceeds 0.80 grams per litre?
   d Who is suspected of murdering a tramp?
   e How many were killed in the fire on board a boat on the Gironde near Bordeaux?

b Find the equivalents of these phrases in the transcription of the news bulletin from France Info (p. 108).

   a If none of the passengers can drive, your car will be immobilised on the spot.
   b The number was not known yesterday evening.
   c No-one was injured.
   d (The) Boeing 727 which crashed on take-off at Dallas airport in the US.
   e The thirty passengers were evacuated.
   f A number of young children had not been registered.
   g The slip roads will be blocked.

 9 France Info – Points chauds de l'actualité en Grande-Bretagne

- Find a hot item of today's news in Britain (**un Point Chaud Britannique**) and write it up in French for 'France Info'.
- Exchange items with other members of the class, asking your teacher to check them.
- Put all your items together and record your class news bulletin.
- Exchange recordings with another group working at the same level as you.
- Can you write down which news items they have covered (and vice versa)?

Extra!

10 Là où j'habite ...

Ecoutez quatre personnes qui décrivent l'endroit où elles habitent. Remplissez la grille:

	Type 1, 2, 3?	Détails	Loyer
Thierry			
Sandrine			
Ahmed			
Juliette			

11 Les villes françaises se mettent au vert!

a Après avoir lu le texte sur la page d'en face, remettez les phrases suivantes dans le bon ordre. Notez que sur les 8 phrases proposées, 3 vous donnent des informations incorrectes. Il faut les éliminer!

a The Local Authority is planning to build environmentally-friendly flats.

b The city has reduced its water consumption by 15% over three years.

c Financial incentives are offered to help with the construction of environmentally friendly buildings.

d Following the example of Northern European cities, it will be possible to unlock the anti-theft device via a mobile phone.

e There are 850 'bike-parks' in the city.

f Solar-powered water-heaters will be installed in flats built in the next ten years.

g Local government representatives are putting in place a number of measures to protect the environment in major cities.

h The speed limit is 30 miles per hour in some parts of the city.

b Dites à votre partenaire ce que fait votre ville pour améliorer l'environnement. Pensez à la qualité de l'air, les économies d'énergie, le recyclage des ordures ménagères, la construction de bâtiments écologiques. Si vous préférez, écrivez un texte sur ce sujet.

DEPUIS un bon nombre d'années, les élus locaux prennent de plus en plus au sérieux la protection de l'environnement et mettent en place, localement, des mesures écologiques pour réduire la pollution qui atteint leur ville ou économiser leur consommation d'énergie ou d'eau.

Prenez Paris. En quatre ans, la capitale, grâce aux efforts constants de son maire et de ses conseillers municipaux, a diminué sa consommation d'eau de 15 % en quatre ans. Et comment? Tout simplement en contrôlant l'arrosage des plantes dans les parcs et les jardins, en réduisant, en surveillant les fuites et réparant sur-le-champ les canalisations d'eau et enfin, à travers des campagnes d'information, en sensibilisant et responsabilisant les Parisiens. L'eau est un liquide précieux que l'on ne peut pas s'offrir de gaspiller!

Si vous connaissez Strasbourg, l'une des capitales européennes, vous ne serez pas surpris d'apprendre que son réseau de pistes cyclables de 480 kilomètres est plus long que celui de Paris. Pour ses deux-roues, elle a installé des parkings dont le plus grand contient 850 places, et elle a aménagé des zones où la vitesse des voitures est limitée à 30 kilomètres à l'heure. Pour l'avenir, à l'instar des villes d'Europe du Nord et notamment Munich, elle prévoit de permettre à ses concitoyens d'emprunter un vélo et le laisser n'importe où. L'utilisateur du vélo pourra grâce à son portable débloquer le système anti-vol avec un verrouillage automatique. Mariage entre un simple deux-roues et la technologie de pointe!

Descendons dans le sud maintenant, à Perpignan, où la municipalité a décidé la construction de 1700 logements écologiques dans les dix ans à venir. Tout a été prévu par les architectes pour économiser l'énergie: orientation plein sud des bâtiments, des chauffe-eau solaires, choix d'isolants respectueux de l'environnement, un système pour récupérer et stocker les eaux de pluie pour arroser les espaces verts. Malgré les aides et subventions, construire « écolo » coûte encore cher mais les efforts faits aujourd'hui contribueront à protéger notre environnement.

Grammaire

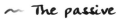

~ The passive

The passive is essentially similar in French and English. It is formed by using the relevant tense of the verb **être** + a past participle:

a Present
La nature est menacée par les progrès technologiques.
Nature is threatened by technological advances.

b Future
La nature sera menacée.
Nature will be threatened.

c Imperfect
La nature était menacée.
Nature was (being) threatened.

d Perfect
La nature a été menacée.
Nature was/has been threatened.

Note the difference between the perfect and the imperfect forms, both of which may be translated into English as 'was', or 'were' (in the plural).
Neuf personnes ont été tuées.
Nine people were killed. (one event, quickly over)
Le nombre n'était pas connu.
The number was not known. (description of ongoing state)

~ Avoiding the passive

1 The passive is often avoided in French by using a reflexive verb instead:
Les journaux anglais se vendent ici. English newspapers are sold here.
OR by using **on**:
Ici on parle anglais. English is spoken here.

2 The passive MUST be avoided for the indirect object of a verb such as **offrir/donner/ montrer quelque chose à quelqu'un** (to offer/give/show something TO someone).

    a On m'a offert un café. I was offered a coffee.
    (NOT **J'ai été offert un café** – this would mean that I was being offered, not the coffee being offered TO me. So the passive is not possible here in French.)

    b On m'a donné beaucoup de beaux cadeaux. I was given lots of beautiful presents.
    (**J'ai été donné** is impossible here in French: I was not given. The presents were given to me.)

Exercices de grammaire

1   Find the appropriate ending for each sentence, in the jumbled list on the right:

a 2 millions de tonnes de pommes	**1** ont été retrouvés.
b La police	**2** sera barrée.
c Quatre corps	**3** ont été tuées.
d 30 personnes	**4** est équipée.
e L'autoroute	**5** sont consommées par an.

2   Translate each of the sentences in Exercise 1 into English.

3   Translate into French:
   a Many French apples are eaten in Great Britain every year.
   b Your driving licence will be taken away.
   c The reasons for (**de**) this incident were not known.
   d Ninety-five people were killed.
   e The children had not been registered.

4   Change the structure of the sentences by using a reflexive verb.
   Ex: **On vend des journaux français ici.** *Des journaux français se vendent ici.*

   a On mange les fraises avec de la crème.
   b On boit le whisky avec de l'eau.
   c On fait une omelette avec des œufs.
   d On sert le poisson avec du citron.
   e On ouvre une bouteille de vin avec un tire-bouchon.
   f En France, on prend souvent le café avec du sucre.

5   Translate the following (avoid the passive by using **on**):
   a I was given a bouquet of flowers.
   b She was offered a cup of coffee.
   c He was lent a pair of trousers. [**prêter**]
   d We were shown our room. [**montrer**]
   e I was told to wait here. [**attendre**]

Vocabulaire

1

J'en ai marre!	I've had enough!
supporter	to stand, endure
Qu'est-ce que tu as?	What's the matter with you?
laisser leurs vêtements traîner	to leave their clothes lying around
un peu partout	all over the place
un studio	bedsit
un quartier	area, part of town
n'avoir pas les moyens	not to be able to afford
un coin-cuisine	kitchen area
Enfin, on verra	Well, we'll see
le loyer	rent
les charges (fpl)	expenses, costs
l'agence immobilière (f)	estate agent's

2

une pièce	room
un coin	area
un séjour	living room
un duplex	maisonette
à deux étages	on two floors
une cave	cellar
un sous-sol	basement
au cœur de	in the heart of
une banlieue	suburb

4

c'est-à-dire	that is to say
une porte-fenêtre	French window
le micro-ondes	microwave
le sèche-linge	tumble-drier
des étagères (fpl)	shelves
un lecteur CD/DVD	CD/DVD player
le lavabo	washbasin
un appareil ménager	domestic appliance

5

à louer	to let
de suite	immediately
meublé	furnished
un stagiaire	someone on placement
à deux pas	a stone's throw away
un(e) propriétaire	owner
un renseignement	details/information

6

abordable	affordable
se porter garant	to guarantee
faute de pouvoir …	because they can't …
le carcan familial	the straitjacket of family life
recourir à	to fall back on
une solution de fortune	makeshift measure
étant donné que	given that
vétuste	rundown
doté de	provided with
« branché »	trendy
une connaissance	an acquaintance

8

tuer	to kill
s'écraser	to crash
le décollage	take-off
le membre d'équipage	crew member
enregistrer	to register
le meurtre	murder
un clochard	tramp
en fuite	on the run
inculper	to accuse
remettre en liberté	to release
l'enquête (f)	inquiry
se poursuivre	to continue
l'incendie (m)	fire
blesser	to injure
le périphérique	ring road
les travaux (mpl)	roadworks
la bretelle	slip road
le volant	steering wheel
le sang	blood
un délit	crime
le permis de conduire	driving licence

11 See Appendix, p. 204.

Avec un partenaire

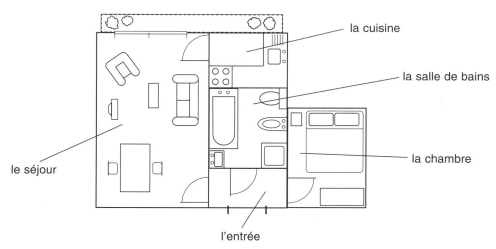

1   You are the estate agent showing your partner round this one-bedroomed flat. Counter each of your partner's objections about the size of the rooms, the rent and so on, by contradicting him/her and trying to do a 'hard sell' on the flat. For example, you could say that you have seen smaller ones!

The rent of this flat is 565 euros per month, with expenses of 45 euros.

2   You are very interested in French food and what you should eat or drink together:

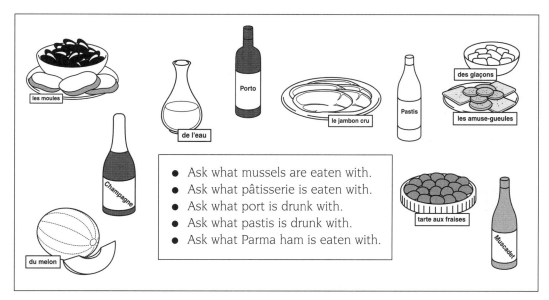

- Ask what mussels are eaten with.
- Ask what pâtisserie is eaten with.
- Ask what port is drunk with.
- Ask what pastis is drunk with.
- Ask what Parma ham is eaten with.

Avec un partenaire

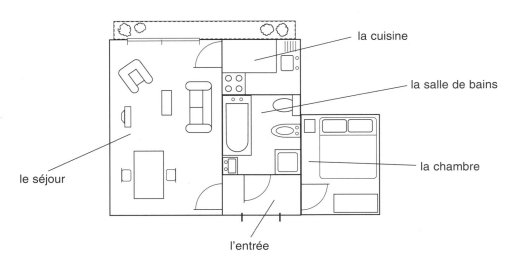

la cuisine

la salle de bains

la chambre

le séjour

l'entrée

1 Your partner is the estate agent showing you round the flat above. Make some objections about the size of some of the rooms and ask questions, e.g. concerning the rent and costs. Decide whether the flat is suitable for your needs and, if you are interested, tell the estate agent you'll ring back later.

2 Your partner is very interested in what is eaten or drunk together in France. He/She keeps asking: **Ça se mange avec quoi? Ça se boit avec quoi?** Provide some answers, using the pictures below to guide you!

les moules — Muscadet

tarte aux fraises — Champagne

de l'eau — Pastis

des glaçons — les amuse-gueules — Porto

du melon — le jambon cru

10 Pêle-mêle

In this unit you will revise the structures and situational language you have covered in the course, with a special emphasis on practice in oral work and longer reading passages. Why not get together with a fellow student or native speaker to go over what you do in class? In addition, coverage of the subjunctive provides more stretching material for students who need it.

 ## 1 En train ... ou en voiture?

MARTIN: Allô, oui, bonjour. Martin Lecomte à l'appareil.

JEAN-PIERRE: Martin! Ici Jean-Pierre.

MARTIN: Jean-Pierre, comment ça va? Tu es déjà rentré en France?

JEAN-PIERRE: Ben, non. Je suis toujours à Londres mais je compte passer le week-end prochain à Paris.

MARTIN: Bonne idée! C'est le week-end du 22–23 avril, c'est ça?

JEAN-PIERRE: C'est ça. Tu es libre ce week-end-là?

MARTIN: Oui, c'est-à-dire qu'il y a l'anniversaire de Claire samedi soir mais elle va t'inviter, j'en suis sûr.

JEAN-PIERRE: Tu peux me loger?

MARTIN: Bien sûr! Mais écoute, tu viens en voiture ou quoi?

JEAN-PIERRE: Je pensais venir en voiture, mais est-ce qu'il est difficile de se garer près de chez toi?

MARTIN: Impossible! Tu peux te garer dans le parking des Halles mais ça coûte assez cher, 25 euros pour une période de 24 heures.

JEAN-PIERRE: Oh là là! Tu ne sais pas combien c'est pour prendre le train?

MARTIN: 150 euros de Londres à Paris.

JEAN-PIERRE: Et le car?

MARTIN: C'est le moins cher – tu peux quelquefois obtenir un billet spécial à 75 euros mais le voyage est long. Tu pars à environ onze heures du soir et tu arrives à la Madeleine à six heures du matin.

JEAN-PIERRE: Bon, je vais voir tout cela et je te dirai mon heure d'arrivée la semaine prochaine.

MARTIN: D'accord. J'attends ton appel. Si tu n'arrives pas à me contacter, tu as mon adresse, n'est-ce pas?

JEAN-PIERRE: Oui, appartement C, 63 rue Malraux, c'est ça?

MARTIN: Voilà, c'est ça. Si je ne suis pas chez moi, je laisse la clé chez les voisins au 65 rue Malraux.

JEAN-PIERRE: D'accord, merci, hein.

MARTIN: De rien. A bientôt.

a Répondez aux questions sur la conversation (page 117):

a Who is phoning whom?

b Where are they both?

c On what date is Jean-Pierre coming to visit?

d Is Martin free that weekend?

e Where will Jean-Pierre stay?

f How much does the parking cost?

h How much does the train cost?

i And the coach?

j What's the drawback of the coach?

k What is Martin's address?

b Trouvez en français (**1–8**) les expressions qui correspondent à la liste de gauche (**a–h**).

a Are you free that weekend?

b I was thinking of coming by car.

c Are you back in France already?

d I'll leave the key with the neighbours.

e I intend to spend the weekend in Paris.

f I'm still in London.

g Can you put me up?

h I'll tell you my arrival time.

l Tu peux me loger?

2 Je laisse la clé chez les voisins.

3 Je suis toujours à Londres.

4 Tu es libre ce week-end-là?

5 Je te dirai mon heure d'arrivée.

6 Je pensais venir en voiture.

7 Tu es déjà rentré en France?

8 Je compte passer le week-end à Paris.

2 La LGV Est européenne: une prouesse technique et humaine

Depuis sa mise en service le 7 juin 2007, la Ligne Grande Vitesse Est européenne, en partance de Paris, dessert les grandes villes de l'est de la France comme Reims et Strasbourg mais aussi le Luxembourg, l'Allemagne et la Suisse. Cette ligne, le plus grand ouvrage ferroviaire du début du 21ème siècle, a mobilisé 10 000 hommes et femmes pour sa construction qui a duré cinq années.

Outre les problèmes techniques qu'il a fallu surmonter comme la construction de tunnels, ponts et de viaducs, le Réseau Ferré de France a aussi dû prendre en compte l'environnement qui était, dès la conception de cette ligne, au cœur de ses préoccupations.

Un travail de concertation avec les élus locaux, les associations et les riverains a permis de concilier les contraintes techniques et les exigences pour respecter l'environnement. Pour le bien-être des riverains, la ligne a été construite aussi loin que possible des zones habitées, le bruit causé par le passage des trains ne dépasse pas 60 décibels. Mais les responsables ont aussi voulu que les milieux naturels, la faune ou la flore, soient préservés et protégés.

Enfin, le record du monde de vitesse sur rail a été battu le 3 avril 2007 sur cette ligne, quand le TGV a atteint la vitesse de 574,8 km à l'heure. Exploit extraordinaire de tous les ingénieurs, techniciens et conducteurs de train! Le mot de la fin sera donné à Laurent, conducteur de travaux qui témoigne: « J'ai investi trois ans de ma vie dans ce chantier où j'étais responsable d'une équipe de 150 hommes et de la construction d'un tronçon de la voie. Quand je vois le résultat, je suis soulagé mais surtout fier! »

Préparez 5 questions et posez-les à votre partenaire.

Ex: *A quelle date est-ce que la LGV Est européenne a été mise en service?*

3 Je suis contre!

MARTIN: Salut, Claire. Comment ça va, toi?

CLAIRE: Ça va. Un peu fatiguée mais enfin … Et toi, quoi de neuf?

MARTIN: Ben, figure-toi que je viens d'acheter une voiture!

CLAIRE: Une voiture? A Paris? Mais pourquoi? Le métro est si pratique.

MARTIN: Oui, mais pour partir le week-end, aller à la campagne, il faut une voiture.

CLAIRE: Mais non! Je suis contre, moi! Avec ta voiture, tu vas polluer un peu plus l'environnement et avec les bouchons qu'il y a sur les autoroutes, on est toujours coincé … non, tu as tort, je pense.

MARTIN: Mais si je la partageais avec toi? Je viendrais te chercher, on irait à la fac ensemble.

CLAIRE: Absolument pas! J'y suis toujours allée en vélo, j'aime bien.

MARTIN: Tu exagères quand même. Tu ne veux vraiment pas la partager?

CLAIRE: Non, je ne suis pas d'accord avec toi sur ce point. Avec les transports en commun, le métro, le TGV etc. on arrive très bien à se déplacer sans avoir besoin d'une voiture. Un point, c'est tout!

MARTIN: Tu as peut-être raison enfin … Mais tu ne vas pas refuser de rendre visite à mes parents ce week-end?

CLAIRE: Non.

MARTIN: Et comme ils vivent à 10 kilomètres de la gare la plus proche, tu ne vas pas refuser d'y aller en voiture?

CLAIRE: Non. Là, tu as tout à fait raison. Il est très difficile de se déplacer à la campagne sans voiture. J'accepte ton invitation avec plaisir.

Répondez aux questions:

a Pourquoi Claire est-elle contre les voitures?
b Quel est le point de vue de Martin?
c Comment préfère-t-elle aller à la fac?
d Qu'est-ce qu'elle accepte vers la fin du dialogue?

4 Pour et contre

a En groupes de deux: après avoir écouté le dialogue et lu le texte, essayez de reconstruire le dialogue. Les mots-clé vous aideront.

Martin	Claire
– acheter voiture	– Paris!, métro
– week-end, campagne	– polluer, bouchons
– partager	– vélo, transports en commun
– parents 10 km gare, refuser aller voiture?	– raison, campagne, accepter invitation

b Résumez les arguments pour et contre les voitures. Ajoutez votre propre opinion. Structurez vos arguments comme suit:

La voiture est un des fléaux de la société moderne. Avec une voiture, on …
Certains par contre disent que la voiture est indispensable. Selon moi, …

5 Qu'est-ce tu as l'intention de faire …?

MARTIN: Ça y est, les examens sont terminés déjà. Tu as des projets pour l'été?

GASTON: J'ai pas vraiment eu le temps d'y penser. Je sais que je vais en Australie à partir du mois de septembre. J'espère trouver un emploi là-bas et financer mon voyage. Mais il faut d'abord gagner de l'argent pour payer le billet d'avion.

MARTIN: Pas facile. Mais tu avais un boulot dans une banque l'année dernière, n'est-ce pas? Est-ce qu'ils ne vont pas t'embaucher de nouveau cette année?

GASTON: Oui, je pense. Je vais leur poser la question. Pour l'instant, je ne pense qu'à passer une semaine ou deux à me détendre. J'irai peut-être à la plage – j'ai mes cousins à Hossegor.

MARTIN: Ah! Tu fais du surf?

GASTON: Oui, je ne suis pas très fort mais ça va. Et puis l'ambiance est tellement agréable. Et toi, que penses-tu faire?

MARTIN: J'ai déjà trouvé un emploi dans une agence de voyages. Je serai polyvalent: agent de comptoir, administration, comptabilité …

GASTON: Ça a l'air très intéressant, ça. Et tu auras des réductions sur les vols?

MARTIN: Oui, on bénéficie d'une réduction de 5% sur les vols. Mais on n'a que cinq semaines de vacances par an …

GASTON: C'est peu par rapport aux vacances universitaires … Et tu as l'intention de poursuivre une carrière dans ce domaine-là ou c'est juste un petit boulot que tu fais en attendant une ouverture ailleurs?

MARTIN: Pour l'instant, c'est un petit boulot mais qui sait, tiens? Il y a assez d'ouvertures dans ce métier-là. Je pourrais très bien devenir P.D.G.!

GASTON: Bravo! Quand est-ce que tu commences?

MARTIN: Lundi prochain.

GASTON: Oh là là!

MARTIN: Mais je prends deux semaines de vacances au mois d'octobre.

GASTON: Où penses-tu aller?

MARTIN: Je n'ai rien réservé. Au dernier moment on a des offres spéciales et c'est ce que je vais faire. Partir soit au soleil – en Grèce, peut-être – soit à New York.

GASTON: Superbe! Mais on va rester en contact, hein? Tu as mon courrier électronique?

MARTIN: Gaston.Lefèvre@caramail.com, c'est ça?

GASTON: Voilà, c'est ça. Allez, bon courage!

MARTIN: Merci, à toi aussi. Ciao, Gaston!

GASTON: Ciao!

Complétez les phrases suivantes:

a Gaston a l'intention de …

b D'abord il a besoin de …

c Il va peut-être pouvoir travailler …

d Mais pour l'instant il ne pense qu'à …

e Un avantage du poste de Martin, c'est qu'on peut profiter des réductions … pour …

f Pour les vacances, il pense aller …

g Les jeunes hommes ont l'intention de …

6 Diplômes: passeport pour l'emploi?

Alors que seulement 5% d'une classe d'âge atteignaient le baccalauréat dans les années 1950, ils sont aujourd'hui 70% à quitter le lycée avec ce diplôme. Les jeunes Français sont de plus en plus nombreux à suivre des formations supérieures à l'université, dans un Institut Universitaire de Technologie (I.U.T.) ou dans une Grande Ecole dont l'accès se fait la plupart du temps sur concours. Par ailleurs, le nombre de jeunes avec un Bac + 5 ou + 6, c'est-à-dire avec un niveau d'études supérieures qui requiert cinq ou six années de formation après le bac, augmente régulièrement. Mais tous ces diplômes sont-ils la clé à l'insertion professionnelle rapide et une vie active réussie?

Dans un pays où le taux de chômage des jeunes est plus élevé que la moyenne nationale, ils doivent, trop souvent, accepter des emplois bien en dessous de leurs compétences et de leurs diplômes. Certains sont prêts à faire des stages ou accepter un CDD pour consolider leur expérience professionnelle et enrichir leur CV; d'autres partent à l'étranger, notamment dans les pays anglo-saxons, pour tenter leur chance.

Cela veut-il dire qu'étudier est une perte de temps? Loin de là, il est prouvé que 90% des jeunes titulaires d'une formation au moins égale à Bac + 3 ont plus de chances de se retrouver cadres ou dans des professions intermédiaires, même si cela prend du temps.

Des études récentes montrent aussi que la France va aussi avoir besoin d'ici à 2010 de plus de travailleurs peu qualifiés dans les secteurs de service (entretien, aide aux personnes âgées, etc. ...) mais aussi elle aura besoin de plus d'ouvriers qualifiés du bâtiment, de secrétaires, d'enseignants, d'infirmières, d'informaticiens, emplois qui nécessitent des qualifications mais aussi des compétences professionnelles et des qualités relationnelles.

Avant de se lancer dans des filières d'études où les débouchés deviennent rares, les jeunes devraient peut-être penser à s'engager dans des cursus plus courts mais à la fin desquels une promesse d'emploi est plus réaliste.

a Trouvez l'équivalent français des expressions suivantes:
1 on a competitive basis
2 the key to getting into a profession quickly and to career success
3 youth unemployment rate
4 a fixed-term contract
5 a waste of time
6 in executive or middle-management jobs
7 branches of study for which career openings are becoming rare
8 shorter courses

b Les diplômes, sont-ils le passeport pour l'emploi? Résumez l'essentiel du passage **en anglais** en 150 mots.

7 Le programme Erasmus: témoignage de Géraldine

- Mais d'abord le saviez-vous?

En 2007 le programme Erasmus a fêté ses 20 ans. Depuis 1987, date de création de ce programme d'échanges universitaires, Erasmus a fait voyager près d'un million et demi de jeunes Européens et, parmi eux, 217 000 Français.

Erasmus (1469–1536), grand savant hollandais polyglotte, ne savait pas quand il parcourait les routes d'Europe qu'il laisserait son nom à un programme d'études unique dans le monde.

- Maintenant, Géraldine, étudiante de Langues étrangères appliquées à l'université de Grenoble, témoigne:

Je suis partie neuf mois en Grande-Bretagne dans le cadre du programme Erasmus. J'ai toujours été attirée par le mode de vie et la culture britanniques et bien sûr j'adore la langue de Shakespeare.

L'accueil s'est bien passé car l'université a mis en place un réseau de tuteurs qui nous aident à nous installer et à choisir des matières qui n'existent pas toujours dans notre cursus en France. Le personnel est continuellement à l'écoute de nos besoins.

Il est important de bien prévoir son budget car le coût de la vie est très cher et on sort beaucoup entre copains dans les pubs et les discos. Fort heureusement, j'ai reçu une bourse de l'Union européenne. Il faut que j'ajoute aussi que mes parents m'ont beaucoup aidée. J'ai eu de la chance de loger dans une résidence universitaire où j'ai rencontré des étudiants britanniques mais aussi du monde entier.

Enfin sur le plan personnel, je pense que je suis plus indépendante, je sais me débrouiller toute seule. Cette expérience m'a aussi donné le goût de découvrir d'autres endroits et d'autres cultures. Je garderai de ces quelques mois un souvenir inoubliable. Enfin je vous conseille de faire la même chose; je vous assure que vous ne serez pas déçu!

a Répondez par Vrai ou Faux. Si faux, donnez la bonne réponse.

	VRAI	FAUX
1 Le programme Erasmus a été créé en 2007.	☐	☐
2 Deux cent dix-sept mille Français ont participé à ce programme.	☐	☐
3 Erasmus est mort en 1469.	☐	☐
4 Erasmus ne parlait que sa langue maternelle.	☐	☐
5 Géraldine a passé 9 mois en Grande-Bretagne.	☐	☐
6 Elle a été bien accueillie par le personnel de l'université.	☐	☐
7 Elle a trouvé une chambre dans une famille.	☐	☐
8 Elle gardera de mauvais souvenirs de son expérience.	☐	☐

b Dans un paragraphe de 150 mots environ, dites pourquoi il est important et utile d'apprendre des langues étrangères. Pensez aux voyages mais aussi au monde du travail.

8 Les Français prennent plus de soin pour leur santé et leur beauté

Nul ne pourrait imaginer aujourd'hui le logement d'un Français moyen sans salle de bains ou salle d'eau. Lui, qui avait autrefois la réputation de sentir mauvais et ne pas utiliser de savon, passe de plus en plus de temps dans la salle de bains, devenue un lieu d'hygiène mais aussi d'intimité. Par ailleurs, les Français, dans leur ensemble, portent de plus en plus de soin à leur santé. Le nombre de magazines consacrés à la santé est passé de trois à la fin des années 1970 à une trentaine aujourd'hui! De plus, la surconsommation de médicaments montre que les Français accordent une plus grande attention à leur santé.

Mais c'est aussi dans le domaine des produits cosmétiques qu'on peut noter de grands changements. Tandis que la consommation des produits de beauté est montée en flèche en quarante ans et que, aujourd'hui, 95% des femmes avouent se maquiller, elles fréquentent aussi les instituts de beauté – bien que la fréquentation de ces salons soit inégale selon les classes sociales. Enfin, pour rester jeunes et belles, elles n'hésitent pas à recourir à la chirurgie esthétique. En 2004, environ 6% de Françaises avouent avoir subi une opération esthétique.

Quant aux hommes, jeunes ou d'un âge avancé, eux aussi se préoccupent de leur « look ».

Avec l'influence des médias et une plus grande égalité entre les deux sexes, les hommes veulent affirmer que la beauté n'est plus réservée à la femme et qu'ils sont prêts à investir plus dans les vêtements, les soins de santé et les produits de beauté.

Les plus âgés, hommes ou femmes, savent que la société attend d'eux qu'ils restent actifs et qu'ils prennent soin de leur corps. C'est certainement pour cela que le chiffre d'affaires des produits anti-âge a plus que triplé entre 1991 et 2002, et depuis il ne cesse d'augmenter grâce au lancement de produits qui nous promettent une peau de bébé! Le marché des cosmétiques a de beaux jours devant lui.

Pensez-vous que les Britanniques sont aussi préoccupés par leur santé et leur apparence physique que les Français? Ecrivez un petit paragraphe, en réutilisant le vocabulaire du texte ci-dessus (100–150 mots environ).

9 Obsession?

Environ 26 % des Françaises se disent insatisfaites de leur physique et 77 % d'entre elles estiment qu'elles sont trop grosses. 55 % d'entre elles avouent avoir déjà suivi un régime alimentaire. Depuis les années 1980, un nombre croissant de jeunes adolescentes et de jeunes femmes – de poids normal – consultent un médecin ou diététicien pour maigrir. Les Françaises, comme beaucoup de femmes dans le monde occidental, deviennent obsédées par leur poids.

Lisez le texte, puis reliez les éléments de la colonne de gauche et celle de droite.

1 77% pensent qu'
2 26% de Françaises
3 55% ont déjà fait
4 Depuis les années 1980 de plus en plus de femmes

a sont obsédées par leur poids
b un régime
c elles ont un surpoids
d n'aiment pas leur corps

Grammaire supplémentaire – le subjonctif – et exercices

~ How to form the present subjunctive

For regular verbs and certain common irregular verbs the present subjunctive is formed by taking the stem of the **ils/elles** form of the present tense and adding:

-e, -es, -e, -ions, -iez, -ent.

DONNER (ils <u>donn</u>ent)	FINIR (ils <u>finiss</u>ent)	VENDRE (ils <u>vend</u>ent)	DIRE (ils <u>disent</u>)
je donn<u>e</u>	je finiss<u>e</u>	je vend<u>e</u>	je dis<u>e</u>
tu donn<u>es</u>	tu finiss<u>es</u>	tu vend<u>es</u>	tu dis<u>es</u>
il/elle/on donn<u>e</u>	il/elle/on finiss<u>e</u>	il/elle/on vend<u>e</u>	il/elle/on dis<u>e</u>
nous donn<u>ions</u>	nous finiss<u>ions</u>	nous vend<u>ions</u>	nous dis<u>ions</u>
vous donn<u>iez</u>	vous finiss<u>iez</u>	vous vend<u>iez</u>	vous dis<u>iez</u>
ils/elles donn<u>ent</u>	ils/elles finiss<u>ent</u>	ils/elles vend<u>ent</u>	ils/elles dis<u>ent</u>

Some irregular verbs have irregular forms.

ETRE	POUVOIR	AVOIR	FAIRE
je <u>sois</u>	je <u>puisse</u>	j'<u>aie</u>	je <u>fasse</u>
tu <u>sois</u>	tu <u>puisses</u>	tu <u>aies</u>	tu <u>fasses</u>
il/elle/on <u>soit</u>	il/elle/on <u>puisse</u>	il/elle/on <u>ait</u>	il/elle/on <u>fasse</u>
nous <u>soyons</u>	nous <u>puissions</u>	nous <u>ayons</u>	nous <u>fassions</u>
vous <u>soyez</u>	vous <u>puissiez</u>	vous <u>ayez</u>	vous <u>fassiez</u>
ils/elles <u>soient</u>	ils/elles <u>puissent</u>	ils/elles <u>aient</u>	ils/elles <u>fassent</u>

~ When to use the subjunctive

1 verbs expressing emotions, giving orders, conveying expectation

Je doute que … doubt that   **Je veux que** … want that
J'ai peur que … afraid that   **Je souhaite que** … wish that
Je préfère que … prefer that   **J'attends que** … expect that
Je suis désolé que … sorry that

2 impersonal verbs

Il faut que … must   **Il est possible que** … possible
Il est dommage que … shame   **Il se peut que** … may be that
Il est essentiel que … essential   **Il semble que** … seems
Il n'est pas sûr que … not certain

3 conjunctions expressing reservation, purpose, condition, time

bien que/quoique although   **avant que** before
afin que/pour que in order that   **jusqu'à ce que** until
à condition que on condition that

Examples:

J'ai peur qu'il <u>perde</u> son temps.   I'm afraid he's wasting his time.

La société attend qu'ils <u>restent</u> actifs.   Society expects them to remain active.

Elle veut que tu <u>viennes</u> aussi.   She wants you to come too.

Il faut que je vous <u>dise</u> …   I must tell you …

Bien qu'il <u>soit</u> sympa, elle ne l'aime pas.   Although he's nice, she doesn't like him.

Exercices

1 Complete the table with the appropriate form of the present subjunctive.

Ex.:	**partir**					
	je *parte*	tu *partes*	il *parte*	nous *partions*	vous *partiez*	ils *partent*
a	**boire**					
	je _____	tu _____	il _____	nous buvions	vous _____	ils boivent
b	**chanter**					
	je chante	tu _____	il chante	nous _____	vous _____	ils _____
c	**mettre**					
	je _____	tu _____	elle _____	nous mettions	vous _____	ils mettent
d	**aller**					
	j'aille	tu _____	il aille	nous _____	vous alliez	elles _____

Partir en vacances:
Gordes en Provence

10 Pêle-mêle

2 Find and note examples of verbs in the present subjunctive in exercises 2 (p. 118),
7 (p. 122) and 8 (p. 123).

3 Complete the sentences with the appropriate form of the present subjunctive.
Ex: **Je veux que tu** _____ **[venir].** *Je veux que tu* <u>*viennes*</u>**.**

a Je souhaite qu'il _____ [partir].

b Elle aimerait que vous _____ [être] plus gentil avec elle.

c Les parents veulent que leurs enfants _____ [faire] des études supérieures.

d Nous préférons qu'elle _____ [pouvoir] travailler pendant le week-end.

e Tu doutes qu'ils _____ [avoir] assez d'argent pour voyager.

f Nous aimerions que tu _____ [sortir] avec elle.

g Elles souhaitent que je les _____ [inviter] à mon mariage.

h Avez-vous peur qu'ils _____ [boire] de trop?

4 Translate these sentences into English.
Ex: **I want you to return home before 10 p.m.**
Je veux que tu rentres/vous rentriez avant 20 heures.

a I want you to do your homework now. (Use **vous**.)

b He wants her to go with him.

c They want me to leave early.

d We want you to go. (Use **tu**.)

e She wants us to have breakfast at 8 o'clock.

5 Complete the sentences with the appropriate form of the present subjunctive.

a Il faut que nous _____ [partir] en vacances plus souvent.

b Il est possible qu'elle _____ [arriver] de bonne heure.

c Il se peut qu'ils _____ [être] en retard.

d Il est essentiel que tu _____ [prendre] une décision au plus vite.

e Avant que vous lui _____ [parler], vous devez bien réfléchir.

f Bien qu'elle _____ [avoir] l'habitude de parler en public, elle est très nerveuse.

g Il faut que tu _____ [faire] le ménage dans l'appartement.

h Il est dommage qu'elles ne _____ [pouvoir] pas venir.

Exercices de grammaire – révision!

1 The present tense

Fill in the correct parts of the verb in the present tense:

Le week-end, j' **(a)** _____ [aimer] bien me relaxer. Je **(b)** _____ [se lever] tard vers onze heures et je **(c)** _____ [prendre] un petit déjeuner assez complet.

Normalement, mes amis me **(d)** _____ [téléphoner] avant midi et on **(e)** _____ [faire] nos projets pour le week-end.

Quelquefois, on **(f)** _____ [aller] en ville. Quelquefois, nous **(g)** _____ [partir] à la campagne faire du canoë ou de la marche.

Mes meilleurs amis, Anne-Marie et Philippe, **(h)** _____ [être] très sportifs. Moi, je **(i)** _____ [préférer] le cinéma et la musique. Mais nous **(j)** _____ (se disputer) rarement. On **(k)** _____ [réussir] toujours à s'amuser.

2 Making plans

Match up each expression on the left with an appropriate one from the right-hand column:

a Tu as des projets pour le week-end?

b Tu fais ton petit job dans le supermarché?

c Ça te dit d'aller à la campagne?

d On pourrait rendre visite à Michel à Reims.

e Oui, vendredi soir ou samedi matin.

1 Bonne idée! On part vendredi?

2 D'accord, je t'appellerai jeudi.

3 Non, je ne travaille pas le week-end.

4 Non, je n'ai rien planifié.

5 Oui, je veux bien.

3 Talking about the past

Rewrite the story below in the past using imperfect and perfect tenses as appropriate.

Je me couche très tard. Je ne réussis pas à dormir pourtant. Je suis trop excité(e). Des souvenirs de la journée me traversent sans cesse l'esprit. Le moment où tu m'embrasses en descendant du train. Le petit déjeuner que nous prenons ensemble sur la terrasse du café. Les musées, les monuments que nous visitons, le dîner qu'on prépare et qu'on mange chez toi, dans ton studio, avec son nouveau canapé – blanc – sur lequel je renverse un verre de vin – rouge. Tu ne m'excuses pas. On se dit adieu. Et je pleure. Je cours jusqu'à la station de métro. J'arrive chez moi vers une heure du matin. J'essaye de dormir mais je ne peux pas. Je me lève et m'installe dans mon fauteuil dans le salon et finalement j'écris ce message.

4 Questions

You meet someone at a party. Their replies are on the right but what were your questions? Fill them in:

a _____ Non, je ne viens pas de Paris.

b _____ Je suis de la Normandie.

c _____ Oui, je suis étudiant(e).

d _____ Etudes commerciales avec langue anglaise.

e _____ Je terminerai l'année prochaine.

f _____ Bien sûr! Je serais ravi(e) de te rendre visite en Grande-Bretagne.

5 Object pronouns

Rewrite, using pronouns (**le**, **la**, **l'**, **les** or **lui**) to replace the phrases which are underlined:

a Jean-Pierre a téléphoné <u>à Gaston</u>.

b Gaston n'a pas acheté <u>l'appartement</u> à Paris.

c Jean-Pierre voulait jeter <u>ses CD</u>.

d Il n'arrive pas à contacter <u>Martin</u>.

e Il donne un coup de fil <u>à Claire</u>.

f Claire invite <u>Jean-Pierre</u> chez elle.

g Elle a offert un whisky <u>à son mari</u>.

h Et les CD? Zut, j'ai oublié <u>les CD</u> chez lui.

6 Modal verbs

Complete with the correct form of **devoir**, **pouvoir**, **savoir** or **vouloir**:

a Tu _____ m'accompagner au match?

b C'est quand? Je ne _____ pas y aller demain, je travaille.

c Ah! Ces étudiants, ils _____ toujours travailler. Non, c'est dimanche.

d Super. On _____ bien y aller. C'est quelle équipe?

e Martial. C'est une équipe qui _____ gagner.

f Mais ils ne _____ pas jouer au football, ceux-là!

7 Adverbs

Create the adverb from each adjective:

a automatique **b** graduel **c** remarquable **d** actuel **e** éventuel

Note: **actuel** (current), and **éventuel** (possible) are 'false friends' i.e. they look the same but have different meanings in French and English.

8 Relative clauses

Correct or complete the sentences by connecting the clauses on the left and the right with the correct relative pronoun: **qui, que, qu'**

a	J'ai un chat	j'aime beaucoup.
b	Mon voisin a un chien	est très méchant.
c	Ils adorent mon appartement	est au rez-de-chaussée.
d	Ils se poursuivent dans le jardin	on plante régulièrement avec des fleurs.
e	Il y a un jardinier	est très vieux.
f	Il déteste les animaux	il essaye de chasser de son jardin.

9 Expressions of wishing followed by an infinitive

Rewrite the sentences with the correct word order.

a ressources – des – voir – plaît – le – vous – je – s'il – souhaite – responsable – humaines

b au – candidature – poser – voudrais – poste – ma – je

c place – désire – je – travailler – sur

d préfèrent – normalement – jeunes – voyager – les

e euros – d'un – de – 1750 – envie – salaire – j'ai

10 'If' clauses and the conditional

Match each clause from list **A** with the appropriate clause from list **B** to make full sentences:

A		**B**	
a	Si j'étais riche,	**1**	si Jean-Pierre arrive à l'heure.
b	On irait à la plage	**2**	je travaillerai en France cet été.
c	S'il y avait un poste libre,	**3**	je t'inviterais au restaurant.
d	Nous irons au cinéma	**4**	s'il faisait beau temps.
e	Si j'arrive à bien parler français,	**5**	on vous contacterait.

11 The passive

Translate the sentences, changing from the passive (in English) to the active (in French). (Use either a reflexive verb or **on**.)

a Oysters [**les huîtres**] are eaten with a good white wine.

b Champagne is drunk with the dessert.

c English is spoken here.

d Foreign newspapers are sold in this kiosk.

12 Now translate these newspaper headlines into English:

a Huit personnes ont été tuées dans un incident de route.

b Les causes n'étaient pas connues hier.

c Un jeune homme a été soumis à l'alcootest.

d Un passant a été interrogé par la police.

Vocabulaire

2

une prouesse	achievement
la mise en service	the start of the service
en partance de	from
desservir	to link
un ouvrage ferroviaire	railway project
outre	over and above
il a fallu surmonter	one had to overcome
la concertation	collaboration
le bien-être	well-being
un riverain	local resident
la faune	fauna (animals)
la flore	flora (plants)
un conducteur de travaux	foreman
témoigner	to affirm
un chantier	project
un tronçon	section

3/4

un bouchon	traffic jam
coincé	trapped
un fléau	scourge, pest

5

le P.D.G. (président-directeur-général)	chairman–CEO
soit … soit	either … or

6

alors que	whereas
une classe d'âge	age group
les formations supérieures (fpl)	higher education
un concours	competitive entrance exam
le niveau	level
il requiert (from requérir)	it requires
la clé à l'insertion professionnelle rapide	key to rapid entry into the job market
la vie active	working life

le taux de chômage	rate of unemployment
la moyenne	average
en dessous de	below
titulaire de	possessing
l'entretien (m)	maintenance
relationnel	interpersonal
une filière	pathway, branch
un débouché	opportunity/outlet
un cursus	programme of studies

7

parmi eux	among them
un savant	scholar
polyglotte	polyglot/speaking a number of languages
parcourir	to travel around
dans le cadre de	as part of
un accueil	reception, welcome
un réseau	network
une matière	subject
être à l'écoute de	to listen to
fort heureusement	very fortunately
il faut que j'ajoute	I must add
se débrouiller	to manage on own's own
inoubliable	unforgettable

8

nul ne pourrait…	nobody could
un Français moyen	average Frenchman/person
sentir	to smell
l'intimité (f)	intimacy
une trentaine	about thirty
une surconsommation	overconsumption
accorder plus d'attention	to pay more attention
monter en flèche	to shoot up, rise steeply
avouer	to admit
recourir à	to use
le chiffre d'affaires	turnover
la peau	skin

Info: enseignement supérieur

Après le baccalauréat, les jeunes Français peuvent poursuivre leurs études supérieures dans trois types principaux d'établissement:

- dans un Institut Universitaire de Technologie (IUT) où ils suivent des formations à vocation professionnelle. La sélection se fait sur un dossier d'admission.
- dans une université où ils entrent dans des filières littéraires, de sciences humaines ou économiques, de droit, de science, de médecine. Pas de sélection.
- dans une Grande Ecole où ils suivent des formations à vocation professionnelle de très haut niveau (par exemple, ingénieur). La sélection se fait sur concours d'entrée.

Avec un partenaire

1 Ask your partner what they did last summer (use **tu**).

Did you:
– go to a disco?
– bungee-jump?
– go walking?
– go mountain-biking?
– go abroad?
– have to work all summer?
– If so, where?
– What plans do you have for this year?

petit rappel

aller en discothèque
le saut à l'élastique
une randonnée
le vélo tout terrain
à l'étranger
devoir
tout l'été
un projet

2 Your partner is interviewing you for the following summer job (use **vous**).
Be ready with some answers.

SAFARAID a besoin d'animateurs pour nos stages d'été.

Il faut :

■ savoir faire du canoë
■ avoir un permis de conduire
■ avoir un contact facile avec les clients
■ avoir une maîtrise de la langue anglaise
■ être honnête
■ fournir des références
■ être disponible à partir du 15 juin

Avec un partenaire

B

1 Your partner will ask you what you did last summer (use **tu**).

Did you:
– go abroad?
– have to work all summer?
– If so, where?
– What plans do you have for this year?

2 You are interviewing your partner for a summer job as a youth leader with a canoe hire centre called SAFARAID. Make sure he/she has the necessary qualifications (use **vous**).

Can you ...   canoe?   speak English?   provide references?   drive?

Are you ...   honest?   dynamic?   available from 15 June?

Do you ...   get on with people?

petit rappel

conduire
fournir une référence
disponible
avoir de bons contacts
honnête

Exercices supplémentaires

1 Ah! Les vacances

 1 Je suis Martin et voilà Corinne

Ecoutez Martin et Corinne. Lisez les questions ci-dessous, puis écoutez de nouveau l'enregistrement et répondez en français aux questions.

1
Martin Lecomte

a Où est-il allé en vacances cette année?

b Avec qui est-il parti?

c Qu'est-ce qu'ils ont vu?

d Ont-ils voyagé en avion?

e Qu'est-ce qu'il a perdu?

f Ça a gâché les vacances?

2
Corinne Blanchard

a Est-elle allée à l'étranger cette année?

b Pourquoi?

c Qu'est-ce qu'elle a fait?

d Avec qui a-t-elle passé ses vacances?

e Elle espère partir au Mexique quand?

f Que va-t-elle faire dans ce pays?

 2 A moi maintenant ...

Un(e) ami(e) français(e) vous demande ce que vous avez fait pendant les vacances. Ecoutez l'enregistrement et jouez votre rôle en français juste après les instructions données en anglais.

 3 Une île où il fait bon séjourner

Lisez le texte dans l'encadré et répondez en français aux questions.

L'île Sainte-Marguerite
Méditerrannée

L'île Sainte Marguerite fait partie des îles Lérins, tout près de la ville de Cannes. La circulation automobile est interdite sur l'île et la nature est protégée. Là, si vous êtes passionné de planche à voile ou de plongée sous-marine, vous trouverez le stage qui vous convient.

Le centre

Le centre est situé dans un vieux fort classé monument historique. Pour les sportifs, l'activité continue tard dans la nuit. Tous les soirs, c'est la fête au château.

Les sports

Planche à voile
Pour les débutants
Possibilité de cours planche à voile le matin ou l'après-midi. Avec, en plus, du kayak et de la plongée.

Catamaran
Pour les débutants
Si vous n'êtes jamais monté sur un catamaran, votre chance est arrivée! Possibilité de cours de catamaran le matin ou l'après-midi. Avec, en plus, du kayak et de la planche à voile.

Plongée
Tous niveaux
Découvrez et familiarisez-vous avec le "sixième continent" en apprenant la plongée dans les conditions de sécurité.

---

a L'île Sainte-Marguerite, c'est où?

b Peut-on y aller en voiture?

c Quels sont les sports qu'on y pratique?

d Est-ce qu'il y a des activités le soir?

e Si vous faites de la planche à voile, quelles autres activités peut-on pratiquer?

f Est-ce que vous êtes déjà monté sur un catamaran?

g Quand est-ce que vous pouvez suivre les cours de catamaran au centre de l'île Sainte-Marguerite?

h Quelles autres activités sont offertes avec le stage de catamaran?

i Qu'est-ce que c'est que le "sixième continent"?

j L'idée de faire de la plongée au centre de l'île Sainte-Marguerite vous fait peur? Pourquoi?

4 Petit voyage dans l'Ile de Beauté

Une chanteuse bien connue, Marie-Jeanne Pujols, s'est rendue à Nice et Ajaccio en Corse pendant deux jours. Son programme s'est passé comme prévu.

Par écrit ou oralement, racontez ce qu'elle a fait.

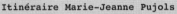

```
          Itinéraire Marie-Jeanne Pujols
PARIS : départ avion : 30 juillet  13h36
              arrivée à Nice : 14h10
• Rendez-vous avec le directeur du festival : 15h00
• Apéritif à l'Hôtel de Ville : 17h00
• Départ d'avion pour la Corse : 19h00
• Arrivée à Ajaccio : 19h30
• Dîner officiel — Restaurant des Bonaparte — 20h00
• Réservation pour la nuit du 30 juillet : Hôtel des
  Etrangers, Promenade des Acacias
• Départ de l'aéroport d'Ajaccio : 31 juillet  10h05
• Arrivée à Paris : 11h15
```

5 Vive les vacances!

A votre retour de vacances, vous trouvez la carte postale qu'une amie française vous a envoyée. Répondez-lui.

Salut Kate,

Ouf, les vacances sont enfin arrivées. Je passe mon temps sur la plage à me faire bronzer et me détendre. Et toi qu'as-tu fait cette année? Es-tu allée en France ou autre part? Contacte-moi quand tu as un petit moment.

Grosses bises.

Annie

6 Venez visiter mon pays

Ecrivez en français pour une brochure touristique un texte dans lequel vous présentez une destination touristique (une ville, un château, un centre de loisirs, etc.) qu'un touriste français pourrait visiter. Comme modèle, utilisez les exercices 5 (p.4), 11 (p.7) et 3 (p 134).

2 Tu es sortie hier?

1 As-tu passé une bonne soirée?

Ecoutez Corinne et Martin raconter leur soirée. Répondez en français aux questions.

a A quelle heure Corinne s'est-elle couchée hier soir?
b Et Martin qu'a-t-il fait hier soir?
c A quelle heure est-il arrivé à la boulangerie ce matin?
d Que raconte-t-il sur Jean-Marc?
e Corinne trouve-t-elle que Jean-Marc a bien choisi?
f Avec qui Corinne habite-t-elle?
g Pourquoi n'étaient-elles pas à la maison hier soir?
h Le voleur qu'a-t-il volé?
i Donnez une description physique du voleur.

2 Et toi, qu'as-tu fait hier soir?

Un(e) ami(e) français(e) vous demande ce que vous avez fait hier soir. Ecoutez l'enregistrement et jouez votre rôle en français juste après les instructions données en anglais.

3 Les témoins

Lisez le texte dans l'encadré et répondez en français aux questions qui suivent.

> L'inspecteur Drouot considérait les événements du 13 mars:
> d'abord, le vol des diamants, qui valaient des millions d'euros,
> a eu lieu à 23h15; ensuite, les faits et gestes des principaux
> suspects.
>
> Jeanne Lefèvre est sortie avec Charles Delmas. Ils se sont
> rendus au restaurant "Chez Josiane" vers 20h30. Charles Delmas
> est rentré chez lui et il s'est couché vers onze heures. Le
> concierge a confirmé son histoire. Jeanne Lefèvre habite seule,
> personne ne l'a vue ce soir-là. Elle est rentrée à la maison à
> dix heures et demie mais, comme elle ne pouvait pas dormir, elle
> est sortie faire un tour à pied. Elle s'est promenée au bord de
> la rivière. Elle est revenue chez elle mais elle a oublié la clé
> de la maison. Elle a pu finalement entrer dans la maison par une
> fenêtre. Elle s'est couchée tout de suite. Mais elle ne sait pas
> à quelle heure.
>
> Martine Fourmière a passé la soirée toute seule. Elle est
> infirmière et elle travaille de nuit, de 23h00 jusqu'à six heures
> du matin. Elle s'est couchée pendant l'après-midi et elle s'est
> levée vers six heures du soir pour prendre son petit déjeuner.
> Mais comme elle était très fatiguée, elle s'est endormie devant
> la télévision et elle est arrivée tard à l'hôpital, vers 23h30.
> L'hôpital ne pouvait pas confirmer l'heure de son arrivée.

a Quand le vol a-t-il eu lieu?

b Qu'a-t-on volé?

c Avec qui Jeanne Lefèvre est-elle sortie?

d Qu'est-ce qu'ils ont fait?

e A quelle heure Charles Delmas est-il rentré à la maison?

f Pourquoi Jeanne s'est-elle promenée au bord de la rivière la nuit?

g A quelle heure s'est-elle couchée?

h Martine Fourmière que fait-elle comme métier?

i Quel horaire fait-elle?

j Pourquoi est-elle arrivée tard à l'hôpital ce soir-là?

4 Du lit à la fac

Voici en images une étudiante qui se prépare pour aller à l'université. Racontez l'histoire deux fois, d'abord en utilisant **Elle …**, puis en utilisant **Je …**

5 Quelque chose de merveilleux m'est arrivé …

Un(e) ami(e) française(e) vous a envoyé cette lettre.

En utilisant cette lettre comme modèle, écrivez une histoire semblable dans laquelle vous allez changer quelques détails:

● Le nom de la personne dont vous êtes tombé(e) amoureux/-euse.

● Où cette histoire est arrivée.

● Ce qu'il/elle a dit.

● Ce qui est arrivé ensuite.

Chers amis,

Je m'excuse de ne pas avoir écrit plus tôt mais quelque chose de merveilleux m'est arrivé. Vous savez que je suis allée en Grèce cette année. Imaginez ma surprise – j'ai rencontré l'amour de ma vie! Il s'appelle Yannis. Je suis arrivée à l'aéroport d'Athènes le 12 juillet mais mes bagages ne sont pas arrivés. Il a fallu retourner à l'aéroport pour les récupérer deux jours plus tard. Yannis travaille à l'aéroport et il m'a beaucoup aidé. Il m'a dit où il fallait aller pour prendre le bus et il m'a accompagnée à la porte de mon hôtel. Le soir, on est allé dans une « taverna ». Bref, on est tombé amoureux. Je suis rentrée en France pour tout expliquer à ma famille mais maintenant je suis installée dans un bel appartement en plein centre d'Athènes. On se voit tous les jours et j'ai obtenu un poste dans une société multinationale où il faut parler anglais, français et italien. Je suis très heureuse. J'espère que tout va bien pour vous aussi.

Avec toutes mes amitiés,
Martine

3 Temps libre

 1 Allô, c'est moi Martin

Ecoutez Martin et Corinne qui s'entretiennent au téléphone. Ensuite dites si les phrases sont vraies ou fausses.

Vrai ou faux?

a Martin habite chez ses parents.
b Sa nouvelle adresse est 17 boulevard Richelieu.
c Le studio se situe en face de la librairie.
d Il est en plein centre de la ville.
e Corinne est libre ce soir et va lui rendre visite.
f Martin fête son anniversaire vendredi soir.
g Corinne est prise ce soir-là.
h La fête commence à 8h30.
i Corinne va apporter une pizza.
j Le numéro de téléphone de Martin est le 45-98-32-56.

 2 Tu es libre?

Un(e) ami(e) français(e) vous demande si vous êtes libre ce soir. Ecoutez l'enregistrement et jouez votre rôle en français juste après les instructions données en anglais.

 **3 Sandrine la sportive!**

Lisez le courriel que Sandrine envoie à une famille française qui va l'accueillir. Ensuite, répondez aux questions qui suivent.

A : **Pierre.sophie77@francete.fr**
Object: **bonjour**

Je m'appelle Sandrine et je suis très sportive. J'adore la gymnastique et je pratique aussi la musculation, le squash, l'aérobic et la danse. Je passe tout mon temps dans le centre sportif. Mais le vendredi soir je sors avec mes copains. On aime bien aller au cinéma, manger au restaurant et aller en boîte pour danser. Quand je suis libre le week-end, j'invite des gens. Samedi dernier, comme je viens de déménager, on a pendu la crémaillère. J'ai préparé beaucoup à manger et on s'est bien amusé. La soirée a commencé à vingt heures et je me suis couchée à trois heures du matin. Dimanche matin, je suis allée au centre sportif et j'ai joué au squash avec une amie. Cela m'a fait du bien.

a Sandrine dit qu'elle est sportive. Pourquoi?
b Où passe-t-elle beaucoup de temps?
c Que fait-elle le vendredi soir?
d Et le week-end?
e Qu'a-t-elle fait samedi dernier?
f Ça s'est bien passé?
g A quelle heure la fête s'est-elle terminée?
h Qu'a-t-elle fait dimanche matin?

4 On se tutoie

Vous êtes en vacances en France et vous téléphonez à un(e) ami(e) français(e) pour l'inviter à sortir. Récrivez les phrases en utilisant "tu" à la place de "vous".

a Vous êtes libre ce soir?
b Cela vous dit d'aller au cinéma?
c Qu'est-ce que vous proposez?
d Qu'est-ce que vous recommandez?
e Je ne vous ai pas compris.

5 Merci de ton invitation

Vous avez reçu cette petite invitation de Thierry. Vous lui téléphonez pour lui dire que vous ne pouvez pas venir. Trouvez une bonne excuse!
Ecrivez d'abord le message que vous allez peut-être devoir laisser sur son répondeur.
Ensuite, lisez-le à haute voix.

Chers amis,

Demain c'est mon anniversaire – figurez-vous que j'aurai 21 ans! Je vous invite à fêter ça avec moi et beaucoup d'autres au Restaurant de l'Hôtel des Etrangers, près de la gare à 20 heures.

Thierry
R.S.V.P. : tél 34-56-73-86

4 Dans le passé

 1 Martin raconte sa vie …

Ecoutez l'enregistrement. Ensuite, dites si les phrases sont vraies ou fausses.

Vrai ou faux?

a Martin a un oncle qui est marié avec une Anglaise.

b A 14 ans il n'aimait pas l'école.

c Il voulait aller en Angleterre.

d Ses parents l'ont persuadé de continuer sa scolarité à Londres.

e Il est resté trois ans à Londres.

f Il détestait l'Angleterre.

g Il a fait beaucoup de petits boulots.

h Il a travaillé dans un bar.

i C'était bien payé.

j Le métier de pompiste l'a ennuyé.

k Il a travaillé comme guide touristique à Londres.

l En sortant de l'université, il veut monter sa propre entreprise.

m Il n'a pas de petit job pour le moment.

n Il habite chez ses parents.

o Les droits d'inscription pour les universités françaises sont très élevés.

 2 Etes-vous pour ou contre la semaine des 35 heures?

Un(e) ami(e) français(e) vous demande si vous êtes pour ou contre la semaine des 35 heures. Jouez votre rôle en français juste après les instructions données en anglais.

 3 Vendeur de glaces

Lisez ce texte sur la vie de Marcel quand il était plus jeune. Ensuite, répondez aux questions qui suivent.

> Quand Marcel était jeune, sa famille allait tous les dimanches passer la journée chez son oncle. Marcel adorait ces journées, surtout l'été, parce que son oncle habitait près de la mer et ils pouvaient aller à la plage. Ils se baignaient et souvent ils mangeaient des moules-frites dans un petit kiosque sur la plage même.
>
> Plus tard, quand il était adolescent, Marcel a pris un job d'été dans la même ville. Il vendait des glaces à la plage tous les jours pendant tout l'été. Il pouvait loger chez son oncle. Il payait sa nourriture, bien entendu, mais quand même il a pu faire des économies pour s'acheter une moto – la moto qu'il a toujours voulue!

a Pourquoi Marcel aimait-il aller chez son oncle quand il était jeune?
b Que faisait-il?
c Que mangeait-il?
d Quel était son job d'été quand il était adolescent?
e Où logeait-il?
f Que payait-il?
g Qu'a-t-il acheté?

4 Combien de fois?

Lisez la liste d'activités que le Français moyen pratique. Puis, dites si vous faites aussi ces activités et comparez-vous à la moyenne nationale en France.

Exemple:

Je vais moins souvent au cinéma que le Français moyen – j'y vais une fois par mois.

Aller au cinéma – une fois par semaine	**Pratiquer un sport** – rarement
Partir en vacances – deux fois par an	**Lire le journal** – souvent/tous les jours
Regarder la télévision – 3h19 par jour	

5 Tout change!

Lisez cet extrait d'un article, paru dans le magazine *Ça m'intéresse*, sur la mobilité et ses effets sur le couple. Puis, remplissez les blancs avec les verbes dans l'encadré.

voulaient	reprenait	ont sevré	mourait	partageait	naissait

Il n'y a pas si longtemps on _____ **(a)** et on _____ **(b)** dans la maison de ses ancêtres, on _____ **(c)** le travail de papa et de grand-papa et on _____ **(d)** le meilleur et le pire toute sa vie durant avec la même personne.

Puis un mot magique a apparu : "Mobilité". Plus question de rester toute sa vie dans le même endroit. Les milieux professionnels le _____ **(e)** bien, cette mobilité, mais mobilité rime avec CDD (contrat de durée déterminée) et les couples aussi sont affectés. "Mobilité" a pénétré notre intimité, les distances _____ **(f)** les liens entre deux individus de sexe opposé.   [© *Ça m'intéresse*, Corinne Allavena, No. 210 Août 1998 p.3]

6 Qu'en pensez-vous?

Ecrivez un paragraphe de 150 mots environ et dites si, vous aussi, vous avez été affecté(e) par des changements de lieu de résidence, d'éloignement de votre famille, de vos amis, de votre copain/copine, etc. Comparez votre mobilité à celle de la génération de vos grands-parents.

Exemple:

La vie de mes grands-parents était différente d'aujourd'hui. Ils ont passé toute leur vie dans la même ville et dans la même maison. Je leur rendais visite tous les samedis et la maison restait toujours la même. Mes parents par contre ont déménagé beaucoup. Personnellement, je ...

5 Qui et où?

 1 Corinne et Martin vont-ils trouver un jour le partenaire idéal?

Ecoutez la conversation et répondez en français aux questions.

a Martin mesure combien?
b Et combien de kilos fait-il?
c Que fait-il pour garder la forme?
d Hélène est-elle grande ou petite?
e Pourquoi Martin et Hélène se sont-ils séparés?
f Jules comment est-il?
g C'est un gangster?
h Selon Corinne, Martin que doit-il faire?
i Corinne sort avec qui maintenant?
j De quelle nationalité est l'homme idéal de Corinne?
k Notez trois autres caractéristiques de cet homme.

 2 Qui est-ce?

Dans une petite soirée, alors que vous êtes en train de parler à un copain, un garçon vous regarde. Vous pensez l'avoir rencontré quelque part ... Jouez votre rôle en français juste après les instructions données en anglais.

 3 Le saviez-vous?

Lisez le texte et vérifiez le vocabulaire dans un dictionnaire si nécessaire. Ensuite, répondez en anglais aux questions.

> **Vrai ou faux?** *La margarine est moins grasse que le beurre.*
>
> C'est faux. Ils ont autant de graisses ou lipides : 82%. Consommez plutôt le beurre cru pour son goût, son apport en vitamine A, en acides gras saturés ou mono-insaturés. La margarine convient mieux à la cuisine pour équilibrer les acides gras, puisque les siens sont polyinsaturés. Tous deux sont très caloriques : 750 cal. pour 100g.

1 Is it true that margarine is less fatty than butter?
2 What are the advantages of butter?
3 When is it better to use margarine?
4 There are seven different adjectives in this text (one is used twice). Write them down.
5 There are four adverbs in the text. Which are they?

4 Confirmation

Lisez le courriel que vous a envoyé votre collègue français, Christophe, que vous allez chercher à la gare de St Pancras. Décrivez-vous en détails.

A: **pdelvos.altagel@francete.fr**
Objet: **Mon arrivée à Londres**

Cher collègue,

Je vous écris un mot pour confirmer l'heure de mon arrivée chez vous. Je prends le train à Paris demain matin et j'arrive à St. Pancras à 14h30. Pouvez-vous venir me chercher à la gare?

Vous n'allez peut-être pas me reconnaître facilement. J'ai 22 ans. Je ne suis pas très grand – de taille moyenne – et j'ai les cheveux raides et noirs. Je porterai un pantalon gris et une veste verte.

J'aurai sur moi tous les documents pour notre réunion et un portable, bien sûr, pour prendre des notes.

Dans l'attente de vous rencontrer finalement, je vous souhaite une bonne journée.

A demain!

Christophe

5 Madame Mirosca vous prédit ...

Dans le supermarché de votre quartier, vous voyez une petite annonce où Madame Mirosca, voyante (fortune-teller) de profession, fixe une boule de cristal et affirme qu'elle peut prédire l'avenir!

Pour vous amuser, avec une copine ou avec un copain, vous décidez d'aller voir Madame Mirosca.

En vous aidant du vocabulaire que vous avez appris dans ce chapitre, écrivez un texte dans lequel vous dites ce que la voyante vous a annoncé à tous les deux. Qui allez-vous rencontrer? Comment est-il/elle? Le prince charmant? La femme de vos rêves?

6 Poser sa candidature

 1 J'aimerais poser ma candidature

Ecoutez le jeune homme qui veut poser sa candidature au poste offert par Avis France et donnez en anglais les renseignements suivants:

a what he needs to send
b the closing date for applications
c what special qualities they are looking for
d whether it is a permanent or a temporary job
e when and where the interviews will take place.

 2 Je suis bilingue

Vous téléphonez à une entreprise pour obtenir de plus amples renseignements sur une offre d'emploi. Jouez votre rôle en français juste après les instructions données en anglais.

 3 Recherche ingénieurs ...

Lisez l'offre d'emploi et ensuite répondez en anglais aux questions suivantes.

THE DOCUMENT COMPANY XEROX

Chez Xerox, on compte sur votre énergie

INGENIEURS DE VENTE H/F PARIS-PROVENCE

Jeune diplômé bac + 2/3[1], commerce, gestion, ingénieur informatique ... ou avec une première expérience dans le domaine high-tech. Vos études, vos stages ou votre cursus vous ont appris à analyser et à comprendre l'activité des grandes entreprises et des administrations.

"Enfant d'Internet" et de la micro, vous aimez ce nouveau monde numérique. Vous saurez écouter nos clients.

Votre profil : enthousiaste, motivé et avec une bonne maîtrise de l'anglais !

Pas de temps à perdre : envoyez votre candidature sous référence IVGC/F1G01/B par fax au 01 49 10 95 72 ou plus simple encore, déposez-la sur notre site web. www.xerox.fr

---

a What kind of job is on offer?
b Is it open to both men and women?
c What qualifications do you have to have?
d What sort of university course do you have to have taken?
e What other specific qualities are mentioned in the advertisement?
f What two ways of sending in your application are mentioned?

---

[1] bac plus deux/trois = 2 or 3 years of study post A-level

4 J'ai bien le profil …

Relisez l'offre d'emploi et dites pourquoi vous pensez être un(e) bon(ne) candidat(e) pour ce poste.

 5 Un candidat qui parle français!

Peter McDonald pose sa candidature à l'un des postes dans le service des ventes offerts par Xerox. Lisez sa lettre.

M. Peter McDonald
91 Calton Road
Manchester M61 2BD

Xerox
MBE 153
225, bd Jean Jaurès
92100 Boulogne

IVGC/F1G01/B

Manchester, le 25 juin 2008

Messieurs,

Suite à notre conversation téléphonique à propos des postes d'Ingénieurs de Vente dans votre compagnie, veuillez trouver ci-joint mon curriculum vitae.

Je suis jeune diplômé en Marketing de l'université de Manchester où je suis des cours supplémentaires de langue française. J'ai eu une première expérience dans un environnement high-tech : l'année dernière, j'ai passé trois mois en stage d'entreprise dans le siège britannique de Xerox à Londres. J'ai donc quelques connaissances de l'administration.

J'ai une bonne maîtrise de la langue anglaise, bien entendu – c'est ma langue maternelle – et je connais bien les outils informatiques, y compris l'Internet.

J'espère bien que ma candidature retiendra votre attention. Je suis disponible début juillet quand vous avez prévu des journées d'information et de sélection.

Veuillez agréer, messieurs, l'expression de mes sentiments les plus dévoués,

Peter McDonald

Peter McDonald

 Maintenant écrivez en français les phrases qui correspondent à ce qu'il dit:

a I am a recent graduate in marketing.
b I have been following a supplementary course in French.
c I spent three months on a job placement.
d the Xerox British headquarters in London
e I am knowledgeable about software applications.
f Yours sincerely,

 6 A votre tour …

Ecrivez une lettre de motivation pour accompagner votre candidature à ce poste. Remplacez l'adresse, donnez les détails de vos diplômes et qualifications, et bien entendu de votre expérience professionnelle, si vous en avez. Suivez soigneusement le modèle de la lettre de l'exercice 5.

7 J'arrive mardi

 1 Ça te dit de m'accompagner?

Ecoutez la conversation entre Corinne et Martin. Ensuite, répondez en anglais aux questions.

a What is Corinne thinking of doing at Easter?
b How far is it from Grenoble?
c Where will Corinne's brothers be?
d Why won't Corinne and Martin be able to ski in Grenoble?
e How long does it take to drive from Paris to Grenoble?
f What day do they decide to leave Paris?
g What does Corinne say about her part-time job at the supermarket?
h What do they plan to do this evening?
i Where and when will they meet?

 **2 Je vais faire un petit tour à Lille!**

Vous organisez un petit voyage à Lille où habite un de vos amis français. Vous discutez avec lui des détails de votre voyage et votre logement. Jouez votre rôle en français juste après les instructions données en anglais.

3 J'arriverai par le train de ...

Regardez les horaires de départ et d'arrivée de l'Eurostar.

eurostar

LONDON   ASHFORD   CALAIS–FRÉTHUN   LILLE   BRUSSELS/PARIS

TRAIN NO	9078	9108	9002	9110	9006	9008	9010	9116	9012
LONDON	05.15	06.14	06.19	06.53	07.23	07.53	08.23	08.27	08.53
ASHFORD	06.16	07.15	07.19	07.53	08.24	–	09.23	09.27	–
CALAIS–FRÉTHUN	–	–	08.56	–	–	–	–	–	
LILLE	–	09.18	–	09.56	–	–	–	11.29	11.51
BRUSSELS	–	10.02	–	10.37	–	–		12.10	
PARIS	09.23	–	10.23	–	11.23	11.47	12.23	–	12.53

Vous voulez aller à Paris pour le week-end. Choisissez les horaires qui vous conviennent et préparez un message que vous allez laisser sur le répondeur de votre ami(e) en France. Vous lui donnerez tous les horaires de départ et d'arrivée qui vous conviennent le mieux. Pratiquez votre message à haute voix et n'oubliez pas que les Français utilisent 13, 14 ou 15 heures pour les horaires des transports publics.

4 Son et Lumière à Saumur

TOURISME VERNEY

Samedi 27 juin

■ Départ de Rennes Gare Routière à 12h45, pour ANGERS : arrêt devant le château – route des bords de Loire jusqu'à SAUMUR. Dégustation de vins de Saumur. Dîner à Saumur.

■ Vers 22h, spectacle son et lumière au château de Saumur. Un voyage fantastique à travers le temps. Après le spectacle, retour à Rennes. Arrivée vers 3 heures du matin.

PRIX PAR PERSONNE
42 euros pour les adultes
36 euros pour les enfants de moins de 14 ans

CE PRIX COMPREND
• le transport en autocar de grand tourisme
• le dîner, boisson comprise
• la dégustation de vins
• le spectacle son et lumière au château de Saumur

Vous voulez organiser une excursion d'une journée avec un ami français et ses jumeaux âgés de 12 ans. Vous pensez que les jumeaux devraient bien aimer le programme décrit dans la brochure. Calculez le prix pour vous quatre et envoyez un courriel à votre ami en lui indiquant:
• l'heure de départ
• le prix
• le programme pour la journée.

5 Je dois absolument …

Voici l'horaire du dernier Eurostar de Paris à Londres le dimanche soir.
Ecrivez un bref courriel en français à votre ami(e) à Paris et dites-lui:

Paris :	21.13
Ashford :	22.11
Londres :	23.16

• it is essential that you catch this last train back to London after your weekend there
• you have your French oral exam on Monday morning
• you are looking forward to seeing him/her and what you want to do in Paris.
• Sign off appropriately.

8 L'entretien d'embauche

 ## 1 La candidate idéale?

Ecoutez l'enregistrement et dites si les phrases sont vraies ou fausses.

Vrai ou faux?

a Corinne is a good candidate for the job.
b She has qualifications in Applied Science.
c She applied for the job because she speaks good English.
d She prefers to work on her own.
e At university there were not many strict deadlines.
f Corinne has a lot of professional experience.
g She spent six weeks at Minorex.
h She would like to use her languages and work in e-Sales.
i She could start work on 19 June.
j The salary is 1,200 euros a month.
k It is a permanent job.
l The firm will contact her tomorrow.

 ## 2 Votre entretien est arrivé!

Vous passez un entretien d'embauche. Jouez votre rôle en français juste après les instructions données en anglais.

 ## 3 Beaucoup trop de questions!

Lisez la lettre dans laquelle Jean-Louis pose une liste interminable de questions. Donnez en anglais les 7 questions que Jean-Louis pose.

Nice, le 14 mai

Mon cher Colin,

Je suis ravi que tu aies posé ta candidature pour le poste chez France Telecom à Sophia Antipolis – ce n'est pas loin de chez nous. Les entretiens auront lieu à quelle date ? Prendrais-tu l'avion ou le train ?

Et si on t'embauchait, quand commencerais-tu ? Le poste serait-il un poste permanent ou un contrat à durée déterminée ? Continuerais-tu tes études en Grande-Bretagne ? Si finalement tu venais par ici, cela te plairait de passer quelques semaines chez nous ? Pourrais-tu prendre des vacances avant ou après ton contrat à France Télécom ? Nous, on ne bouge pas pendant tout l'été.

Beaucoup de questions ! J'attends avec impatience tes réponses,

Gros bisous à toute la famille,

Jean-Louis

4 Travailler en Provence

Vous posez votre candidature à l'offre d'emploi ci-contre. Pratiquez à voix haute les réponses aux questions suivantes.

> Couple français, près St. Rémy Provence rech. précepteur/préceptrice mi-temps pour leur fille de 4 ans. H/F anglophone préféré. Expér. jeunes enfants, bonne éducation et vocation musicale. Salaire selon expérience. Hortilloux359@caramelo.fr

a Pourquoi avez-vous répondu à cette annonce?

b Avez-vous de l'expérience des jeunes enfants?

c Avez-vous eu une bonne éducation?

d Aimez-vous la musique? Savez-vous jouer d'un instrument de musique?

e Quand pourriez-vous commencer?

5 La raison l'emporte!

Vous êtes en train de discuter dans un "chatroom" avec votre homologue (*opposite number*) français. Vous demandez à Jacques un délai supplémentaire pour terminer un travail. Continuez la conversation en utilisant les instructions données en anglais [entre crochets].

> Marcus (GB) : Ecoutez, Jacques, je regrette, je ne pourrai pas terminer ce travail avant le 14 novembre – la date limite.
>
> Jacques (Fr) : Ah! Mais les délais sont fixés. Il faut terminer ...
>
> Marcus : Reconnaissez que les délais sont très courts. Je pense pouvoir tout terminer avant le 31 novembre.
>
> Jacques : Hors de question!
>
> Marcus : [Here's what I suggest. We take on Jeremy for two weeks to finish on time.]
>
> Jacques : [OK – that's a more interesting suggestion.]
>
> Marcus : [You agree?]
>
> Jacques : [Yes, that seems reasonable.]
>
> Marcus : [That's settled then. I'll phone Jeremy today and contact you later.]
>
> Jacques : [Agreed. Thanks, Marcus.]

6 Vous avez le choix!

Ecrivez:

soit une réponse à la lettre de Jean-Louis (Exercice 3),

soit une télécopie ou un courriel au couple qui recherche quelqu'un pour s'occuper de leur petite fille (Exercice 4). Donnez tous les renseignements utiles vous concernant, par exemple vos qualifications et expérience.

9 Je cherche un logement

1 Ce n'est pas l'idéal, mais ça ira

Ecoutez la conversation entre Fabrice et Anne-Marie. Ensuite, répondez en anglais aux questions.

a Why is Anne-Marie surprised that Sandra is moving?
b What is the rent for the bedsit on the fourth floor?
c And how much are the costs?
d What three drawbacks are mentioned?
e What advantages are there?
f How long will it take Sandra to get to the university by underground?
g When can Sandra move in?
h What does she say she'll need help with?

2 Je suis à la recherche …

Vous téléphonez à un agent immobilier pour savoir s'il a un studio à louer. Jouez votre rôle en français juste après les instructions données en anglais.

3 Le plan d'une maison bretonne

Vous avez devant vous le plan de la maison des parents de Martin en Bretagne. Décrivez ce que vous voyez à chaque étage. Si vous le pouvez, enregistrez-vous.

le rez-de-chaussée   le premier étage

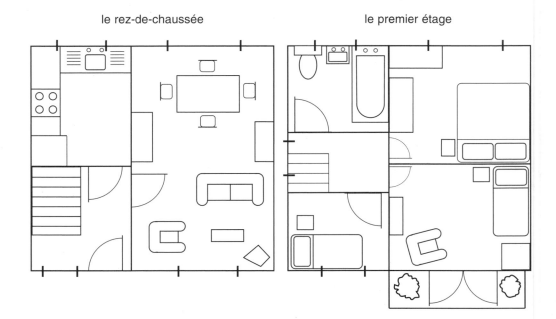

4 Bonnes et mauvaises nouvelles

En utilisant le vocabulaire à la fin du livre, traduisez en anglais les nouvelles suivantes qui sont parues dans un quotidien en France.

LES POINTS CHAUDS DE L'ACTUALITÉ

23 TUÉS DANS UN INCIDENT DE TRAIN

23 personnes ont été tuées dans un incident de train hier près de Figeac dans le Lot. Les raisons n'étaient pas connues. 56 blessés ont été transportés à l'hôpital à Cahors. La police poursuit ses investigations.

ASSASSIN CONDAMNÉ À 30 ANS

Pierre Navelot qui se rêvait en "serial killer" a été condamné à trente ans de réclusion pour le meurtre d'une jeune femme. Son complice a pris 28 ans.

BIENTOT 60 PRINTEMPS POUR LE SMIC

Créé par décret il y a presque 60 ans, le salaire minimum est fixé à 8,44 euros brut de l'heure depuis le 1er juillet et concerne plus de 2,5 millions de salariés.

HORS DES PISTES BATTUES

Apparue en Russie il y a 10.000 ans, la raquette est désormais très en vogue. Silencieuse, peu coûteuse, facile à pratiquer, la raquette se vend mieux que le surf.

 5 A votre tour

Sur le modèle des articles publiés dans l'exercice 4, écrivez cinq ou six grands titres d'événements dramatiques (ou heureux!) qui se sont passés dans les jours ou semaines précédents. Essayez d'utiliser la voix passive quand cela est possible.

 6 Quelle histoire!

Un de vos copains à l'université a été victime d'une attaque dans la rue ou d'un accident de la circulation. Dans un courriel de 150 mots environ, racontez à votre ami(e) français(e) ce qui s'est passé.

10 Pêle-mêle

 1 J'aimerais réserver …

Ecoutez la conversation entre un employé de chemin de fer et une voyageuse qui demande des renseignements sur des horaires de train. Notez les renseignements suivants.

a On what day and date does the passenger wish to travel?
b When does the passenger wish to return?
c What time does the train leave Paris-Gare du Nord?
d What time does it arrive in Caen?
e What time does the train leave Caen on the return trip?
f What time does it arrive in Paris?
g What platform does the train depart from on Sunday?

 2 On peut déjeuner ensemble?

Vous devez rencontrer un copain dans la journée. Vous vous mettez d'accord sur ce que vous allez faire et où vous allez vous rencontrer. Jouez votre rôle en français.

 3 Choix difficile

Lisez les deux petites annonces offrant des activités de vacances.

ESCALADE
LA PALUD-SUR-VERDON
ALPES HAUTE PROVENCE
 	
Perfectionnement. Minimum 16 ans.
Durée : 5j.
Prix : 300 euros
Dates : 20.7–24.7 ; 10.8–14.8
 	
PROGRAMME : Les stages se déroulent du lundi matin au vendredi soir. Ils s'adressent aux grimpeurs déjà confirmés. Niveau demandé : IV et V+. Travail en moulinette, passage en libre, en tête et en sécurité, afin d'arriver à "faire" les grandes voies classiques du Verdon.
	FARNIENTE
	CHAMROUSSE ISERE
	"APPRENDRE A NE RIEN FAIRE"
	
	Tous niveaux. Minimum 14 ans.
	Durée : 7j.
	Prix : 150 euros
	Dates : 28.6-05.7 ; 05.7-12.7; 12.7-19.7;
	        19.7-26.7; 26.7-02.8; 02.8-09.8;
	        09.8-16.8
	
	PROGRAMME : Programme sur mesure, à partir des envies de chacun. Logement en chambres de 2 ou 3 avec douches. Soirée animée par les séjournants. Pour les fous de l'activité, ski d'été, delta-plane, parapente, tennis, équitation, piscine etc.

Vous décidez d'offrir vos services en tant moniteur/monitrice d'un groupe d'adolescents. Par écrit, dites quelle activité vous préférez et pourquoi.

4   Je voudrais réserver une chambre

Ecoutez ces quatre messages qui ont été enregistrés sur le répondeur d'un hôtel.
Remplissez la grille:

Nom	Combien de chambres?	Date(s)?	Douche/ Salle de bains?	Informations?	No. de tél./adr. email
Cazettes					
Fournand					
O'Reilly					
Benaissa					

5   Où sont les coordonnées de Claire?

Bonjour, Martin

Je suis arrivé à Paris aujourd'hui (mardi 18)! J'ai fait le voyage de Londres avec une amie en voiture. Comme je n'avais pas beaucoup d'argent, c'était une bonne solution. Mais tu n'as pas laissé la clé chez le voisin — qu'est-ce qui s'est passé? Figure-toi que j'ai perdu l'adresse et le numéro de téléphone de Claire. Je vais essayer de contacter Gaston — mais je pense que lui aussi, il a changé d'adresse. J'ai mon portable sur moi — tu peux me contacter? — C'est le 0777-45-67-89.
En attendant ton appel,

Jean-Pierre

Martin arrive chez lui et trouve le message de Jean-Pierre sur sa porte. Lisez-le et résumez les points principaux en anglais.

6   Martin laisse un message sur le répondeur de son copain

Martin téléphone à Jean-Pierre et il doit laisser un message. Notez comment il va:
- greet Jean-Pierre
- say sorry for not being at home when Jean-Pierre arrived
- say he had to go to the university this morning
- say he has a problem and cannot put Jean-Pierre up
- say he has spoken with Gaston
- say Gaston will put him up
- give Gaston's telephone number: 01 34 67 43 98
- say 'See you later, Martin'.

GUIDE TO GRAMMATICAL TERMS

Reference is made to French only when something distinctive about that language needs to be noted. Grammatical terms explained elsewhere in the list appear in bold type.

Adjective A word used to describe a **noun** ('an <u>interesting</u> woman'; 'the curry is <u>hot</u>'). See also **demonstrative adjective**, **possessive adjective**.

Adverb A word which describes (a) the action of a **verb** ('she sings <u>beautifully</u>', 'he cooks <u>well</u>') or, (b) modifies (= gives further information about) an **adjective** ('it's a <u>really</u> expensive car') or (c) modifies another adverb ('she sings <u>really</u> well').

Agree In English, **adjectives** do not change their form, but in French they have to agree with the noun they are describing in **gender** and **number**: if the noun is feminine, the adjective must be in the feminine form; if the noun is plural, so is the adjective.

Article <u>The</u> (called the definite article); <u>a</u> or <u>an</u> (called the indefinite article).

Auxiliary verb A supporting **verb** combining with another verb to form a **compound tense**. ('She <u>has</u> gone' = the auxiliary verb 'to have' used here to form the perfect tense by combining with the **past participle** of the verb 'to go'.)

Comparative Form of an **adjective** or **adverb** expressing a greater or lesser degree. Adjectives: 'that room is <u>bigger</u> than this one'; 'they've bought a <u>more expensive</u> car'; adverbs: 'it happens <u>more often</u> than you think'. See also **superlative**.

Compound tense A tense which is made up (compounded) of two parts, such as an **auxiliary verb** and a past participle. 'Je suis allé(e)' and 'ils ont mangé' are examples of compound tenses.

Conditional A form of the **verb** used to say what would happen if a certain condition were met. In English, it is formed by combining the **auxiliary verb** 'would' with the **infinitive** of another verb ('if he had the money, he <u>would go</u> to America').

Conjunction A word which joins parts of a sentence ('he was tired <u>and</u> he wanted to go home'; 'they arrived early <u>because</u> they wanted a good place').

Demonstrative adjective These 'point out' **nouns** (<u>this</u> chair/<u>these</u> chairs; <u>that</u> house/<u>those</u> houses).

Direct object The word which directly undergoes the action of the verb. In the sentence 'she sent her mother a present', what she sent was a present, so that is the direct object. She did not send her mother! See also **Indirect object**.

Gender In French, all **nouns** have a grammatical **gender**, masculine or feminine, and **adjectives** have to **agree** with it.

Imperative Verb form used in giving commands and instructions ('<u>Turn</u> left now!').

Indicative Normal tense system as opposed to the **subjunctive**.

Indirect object A secondary **object**. In the sentence 'she sent her mother a present', the direct object, the thing which is sent, is the present. It was sent to her mother, the indirect object.

Infinitive The basic form of a **verb** ('<u>to sing</u>'; '<u>to write</u>').

Irregular verb Verb that does not follow a standard pattern.

Modal verb One of a group of verbs which combines with another verb to express possibility, obligation or permission. For example, <u>can</u>, <u>could</u>, <u>should</u>, <u>must</u>, <u>may</u>.

Noun Word denoting a person ('<u>student</u>'), a thing ('<u>book</u>') or an abstract idea ('<u>happiness</u>').

Number Whether a word is **singular** or **plural**.

Object The **noun** or **pronoun** which undergoes the action of the **verb**: 'We bought a <u>house</u>'; 'I saw <u>him</u>'.

Object pronoun Pronoun representing the **object** of the **verb**: <u>me</u>, <u>you</u>, <u>him</u>, <u>her</u>, <u>it</u>, <u>us</u>, <u>them</u>.

Passive Verb form in which the **subject** undergoes the action of the **verb**. There are various **tenses** (e.g. 'she <u>is seen</u>'; 'she <u>has been seen</u>'; 'she <u>will be seen</u>', etc).

Past participle Part of the **verb** which combines with an **auxiliary verb** to form the perfect tense ('they have <u>arrived</u>'; 'I have <u>seen</u>') or another **compound tense**.

Plural More than one: the plural of 'man' is '<u>men</u>'.

Possessive adjective For example, '<u>my</u> house', '<u>your</u> friend', '<u>his</u> car', etc.

Preposition For example, '<u>on</u> the table', '<u>under</u> the chair', '<u>to</u> the station', '<u>for</u> the teacher', etc.

Pronoun Word taking the place of a **noun**. 'Peter saw the waitress' becomes '<u>he</u> saw <u>her</u>'.

Reflexive verb In French, a **verb** formed with an extra pronoun (called a reflexive pronoun). For example, <u>se laver</u> (to get washed): je <u>me</u> lave, il <u>se</u> lave, vous <u>vous</u> lavez, etc.

Regular verb **Verb** that follows a standard pattern (see page 163).

Relative pronoun **Pronoun** used to refer back to a noun earlier in the sentence. For example, 'the man <u>who</u> lives there is very old'; 'the book <u>which</u> he chose …'; 'the woman/film <u>that</u> he saw …'.

Singular One rather than many: the singular of 'bananas' is '<u>banana</u>'.

Subject Who or what carries out the action of the **verb**. 'A <u>student</u> sent me this email'; '<u>we</u> are travelling next week'; 'the <u>letter</u> arrived yesterday'.

Subject pronoun Pronoun representing the **subject** of the **verb**: <u>I</u>, <u>you</u>, <u>he</u>, <u>she</u>, <u>it</u>, <u>we</u>, <u>they</u>.

Subjunctive In French, an alternative tense system used after certain conjunctions and to express wishes, doubts and emotions.

Superlative Form of an **adjective** or **adverb** expressing the maximum degree. Adjectives: 'the <u>oldest</u> inhabitant', 'the <u>most expensive</u> car'; adverb: 'Joan sings <u>loudest</u>'.

Tense Form taken by a **verb** to show when the action takes place. For example, present tense: 'they <u>live</u> in New York'; past tense: 'they <u>lived</u> in New York'; future tense: 'they <u>will live</u> in New York', etc. (See **Grammaire** for notes on the various tenses in French, and verb tables starting on page 163 for the patterns for regular and irregular verbs).

Verb Word indicating an action ('they <u>ate</u> their dinner') or a state ('the book <u>lay</u> on the table'). Different **tenses** are used to show when something happened.

GRAMMAIRE

This grammar summary covers:

- Nouns (and things that go with nouns)
- Verbs (and things that go with verbs)
- Numbers and dates

Note that there is a verb table, starting on page 163. See also the Guide to grammatical terms on pages 154–5.

Nouns (and things that go with nouns)

Nouns are words like **étudiant**, **croissant** or **bonheur**, i.e. they denote a person or other living thing, an object or idea/concept.

1 They are usually accompanied by an *article*.

2 They usually add **-s** in the plural (**étudiants**), as in English, but there are a number of irregular plurals.

3 They may be accompanied by *adjectives* which:
- describe them – **délicieux**, **intéressant**, **grand**
- say 'this' or 'that' (*demonstrative adjectives*)
- say who they belong to (*possessive adjectives*)

4 They can be replaced by *pronouns* which may be:
- subject pronouns
- direct object pronouns
- indirect object pronouns

Each of these points is explained below.

1 Articles

	Definite	Indefinite	Partitive
	the	**a**	**some/any**
masculine singular	le/l'	un	du/de l'
feminine singular	la/l'	une	de la/de l'
masculine plural	les	des	des
feminine plural	les	des	des

Note that the partitive articles: **du, de la, de l', des** change to **de/d'** in three situations:
- after negative expressions – **je n'ai pas de pain**
- after expressions of quantity – **je voudrais un litre de vin; elle a beaucoup d'amis**
- in the plural, when an adjective precedes the noun – **on vend de très belles fleurs**

2 Plurals

Nouns usually simply add an **-s** in the plural (you do not hear the **s** in the spoken form: you know the noun is plural from the article **les/des**).

Singular: **l'étudiant** (the student)
Plural: **les étudiants** (the students)

A number of nouns, however, have irregular plural forms.

a) nouns already ending in **-s**, **-x** or **-z** remain unchanged in the plural:

le bras – **les bras**
le fax – **les fax**
le nez – **les nez**

b) nouns ending in **-al** and some ending in **-ail** end in **-aux** in the plural:

l'animal – **les animaux**
le travail – **les travaux**

c) nouns ending in **-au** or **-eu** form their plural by adding **-x**:

le gâteau – **les gâteaux**
le neveu – **les neveux**

d) some plurals are highly irregular:

un œil – **les yeux**

Note that **l'œuf** – **les œufs** looks straightforward but has an unusual pronunciation. In the singular the '**f**' is pronounced, in the plural the '**f**' is not pronounced.

3 Adjectives[1]

a) Adjectives agree in gender and number with the noun they accompany:

- **La pâtisserie est *délicieuse* en France. Une femme intéressant*e*.**
- **Les petit*s* jobs sont *difficiles* à trouver. D*es* maisons moderne*s*.**

b) Adjectives normally come after the noun (**un homme *heureux***) but some come before, such as **bon**, **petit**, **grand**, **beau** (e.g. **un *petit* problème**).

c) Add **plus** and **le/la/les plus** before adjectives to express '-er' and '-est', 'more …' 'most …' . Note that while in English we say 'closer' and 'closest', but not 'intelligenter' and 'intelligentest' ('more intelligent' / 'most intelligent'), in French the system is simpler. In both cases, you say '**plus** …' and '**le plus …**': **plus intelligent** – 'more intelligent', **le plus intelligent** – 'most intelligent'. Use **que** for 'than'.

Je cherche un appartement *plus proche* du centre.
I'm looking for a flat <u>nearer</u> the centre.
Je cherche l'appartement *le plus proche* du centre.
I'm looking for the flat (that is) <u>nearest</u> to the centre.
Jean est *plus intelligent que* Pierre.
Jean is <u>more intelligent than</u> Pierre.
Les films *les plus intéressants* ne passent pas à la télé.
The <u>most interesting</u> films aren't shown on the TV.

d) Add **moins** and **le/la/les moins** before adjectives to express 'less …' and 'the least …'.
La margarine est *moins grasse que* le beurre? Non, c'est faux.
Margarine is <u>less fatty than</u> butter? No, that's false.

---

[1] See also Unit 5, page 62

157

e) There are demonstrative[2] and possessive adjectives:

	Demonstrative adjectives this/that/these/those	Possessive adjectives my, your, his/her, our, your, their
masculine singular	**ce, cet** (before a vowel or 'h')	**mon, ton, son, notre, votre, leur**
feminine singular	**cette**	**ma, ta, sa, notre, votre, leur**
masculine plural	**ces**	**mes, tes, ses, vos, nos, leurs**
feminine plural	**ces**	**mes, tes, ses, vos, nos, leurs**

Note that possessive adjectives agree with the noun they are describing and not the person doing the possession:

- **Je m'appelle Jean-Luc. Ma petite amie est Mélanie.** fem.sing.

  My name is Jean-Luc. My girl-friend is Mélanie.

- **Son frère fait des études à l'université où nous suivons notre cours de français.**
  masc.sing. masc.sing.

  Her brother studies at the university where we are taking our French course.

- **Il vient souvent nous chercher dans sa voiture.** He often comes to fetch us in his car. fem.sing.

4 Pronouns

Subject		Direct object[3]		Indirect object[3]		Emphatic* (see p.159)	
je	I	**me/m'**	me	**me/m'**	to me	**moi**	me
tu (informal)	you	**te/t'**	you	**te/t'**	to you	**toi**	you
il	he	**le/l'**	him, it	**lui**	to him/it	**lui**	him
elle	she	**la/l'**	her, it	**lui**	to her/it	**elle**	her
on	'one', we, they						
nous	we	**nous**	us	**nous**	to us	**nous**	us
vous (all plurals and singular formal)	you	**vous**	you	**vous**	to you	**vous**	you
ils (masc.)	they	**les**	them	**leur**	to them	**eux**	them
elles (fem.)	they	**les**	them	**leur**	to them	**elles**	them

Note that object pronouns come between the subject or subject pronoun and the verb.
Most often the indirect object pronoun ('to me', 'to you', etc.) comes before the direct object pronoun.

---

[2] See also Unit 6, page 74
[3] See also Unit 3, page 36

For example:

Son vélo? Eh bien, il me l'a donné! His bike? He has given it to me!

il	me	l'	a donné
subject pronoun	indirect object pronoun	direct object pronoun	verb

But when both pronouns start with the letter 'l' (**le**, **la**, **les**, **lui**, **leur**) the direct object pronoun comes before the indirect object pronoun.

For example:

Il me l'a donné. (He gave it to me.)

BUT **Il le lui a donné.** (He gave it to him).

* The emphatic pronouns are used:

a) to emphasise the person(s) involved:

Je veux y aller, *moi*, mais *lui*, il ne veut pas! I want to go, but *he* doesn't!

b) after prepositions, such as **avec**, **à côté de**, **avant**, **après**, **derrière**, **chez**:

Je me suis assise derrière *lui*. I sat down behind him.

Il habite près de chez *moi*. He lives near me.

Verbs (and things that go with verbs)

(For the patterns of regular verbs in the main tenses, see the verb table beginning on page 163, which also lists the most common irregular verbs.)

Verbs are often described as 'doing words'.

1 They can help situate actions in time: in the present, in the future, in the past and so on.

2 They can be used:

to make statements

to ask questions

in the negative

in the conditional

in the infinitive after modal verbs: **devoir**, **pouvoir**, **savoir**, **vouloir**.

3 They can be active or passive. The subject of a passive verb is, as suggested by its name, passive, at the sharp end of the action of the verb.

4 They are usually in the indicative, but are occasionally in the subjunctive.

5 They may be accompanied by adverbs which show how, when or where an event took place.

1 Situating events in time

Tenses can help situate events in time, but WATCH OUT! Just because you are using the present tense, it does not mean you are necessarily talking about the present – you might be talking about the future.

The present tense in French is used to talk about:

● things you habitually do

Je prends le métro pour aller à la fac tous les jours.

I take the underground to go to the university every day.

- something you are in the middle of doing right now

    Je mange maintenant. I'm eating now.

- something you are going to do in the near future

    Je vais en France cet été. I'm going to France this summer.

The future tense[4] is used to talk about future events:

Je visiterai Paris. I'll visit Paris.

BUT you can also use **aller** + the infinitive:

Il va arriver à l'heure. He's going to arrive on time.

The perfect tense[5] is used to talk about completed actions/events which mark one action in a story.

Je suis allée en Grèce. I went to Greece.
Il est parti. He has gone.
J'ai déjà mangé. I have already eaten.

The imperfect tense[6] is used for descriptions, and for situations or actions which were on-going at the time when an event took place:

Il faisait beau. Il y avait beaucoup de monde au café. Tout le monde s'amusait. Soudain, une vieille dame est tombée dans la rue.
The weather was fine. There were a lot of people at the cafe. Everyone was having a good time. Suddenly, an old lady fell down in the street.

2 Questions[7], negatives[8], conditional[9] and modal verbs[10]

- Verbs can be used to ask questions in three different ways:

    a) using rising intonation: **Tu vas y aller?**
    b) inverting the subject and the verb: **Vas-tu y aller?**
    c) adding **Est-ce que ...?**: **Est-ce que tu vas y aller?**

    All those mean 'Are you going to go there?'

- They are made negative by adding **ne/n'... pas** before and after the first verb:

    Non, je *ne* vais *pas* y aller. Je *n'*y suis *pas* allée l'année dernière.

- The conditional is used to express 'would':

    J'aimerais bien venir te dire bonjour. I would like to come and say hello to you.
    Si je n'avais pas autant de travail, je sortirais avec toi ce soir.
    If I hadn't so much work, I would go out with you this evening.

---

4 See also Unit 7, p. 86
5 See also Unit 1, p. 8 and Unit 2, p. 22
6 See also Unit 4, p. 50
7 See also Unit 1, p. 8 and Unit 2, p. 22
8 See also Unit 1, p. 8, Unit 2, p. 22 and Unit 7, p. 86
9 See also Unit 8, p. 98
10 See also Unit 5, p. 62 and Unit 6, p. 74

- They can be combined in their infinitive form with modal verbs to express obligation, wishes, certainty, permission, possibility and the ability to do something.

  devoir: **Je dois rester jusqu'à six heures.** I have to stay to six o'clock. (obligation)
  vouloir: **Nous voulons partir demain.** We want to leave tomorrow. (wishes)
  pouvoir: **Elle peut sortir ce soir.** She can go out this evening. (certainty)
  pouvoir: **Peut-elle sortir ce soir ?** Can/May she go out this evening? (permission)
  savoir: **Ils savent nager.** They can swim. (ability)

  Note the useful conditional forms of modal verbs (see pages 164–5).

  For example:

  Je pourrais rester. I could/would be able to stay, etc.
  Je devrais … I should … **Je voudrais …** I'd like to …

3 The passive[11]

All the verbs looked at so far in this section have been active verbs. This means that the subject of the sentence is the agent of the verb, i.e. the person doing the action (e.g. 'He killed the snake.').

In a passive sentence, the subject of the sentence is the recipient of the action of the verb (e.g. 'He was killed in an avalanche.').

Consider:

Un voyou attaque un vieux. A hooligan attacks an old man. = active

Un passant est attaqué (par un voyou). A passer-by is attacked (<u>by</u> a hooligan). = passive

The passive has as many tenses as the active.

For example:

Il est condamné à 5 ans de réclusion. He is sentenced to 5 years' imprisonment.

il { **sera condamné à …**   **serait condamné à …**   **a été condamné à …** }   he { will be sentenced to …   would be sentenced to …   was/has been sentenced to … }

The passive is not as common in French as in English and French-speakers can avoid using it by resorting to a reflexive verb or using **on** instead:

For example:

Les repas se servent dans la salle à manger. Meals are served (*lit.* serve themselves) in the dining-room.

On nous a jetés dehors. We were thrown out. (*lit.* Someone threw us out.)

4 Subjunctive

See Unit 10 page 124 for a full explanation of the present subjunctive.

---

11 See also Unit 9, p. 112

5 Adverbs[12]:

a) Adverbs are formed by adding **-ment** to the feminine form of the adjective: **parfaitement**, **clairement** – perfectly, clearly, BUT if the adjective ends in a vowel the masculine is used: **vraiment**, **poliment** – really, politely.

b) Add **plus** and **le plus** to adverbs in order to translate '-er' and '-est', 'more …' '(the) most …'. (See also adjectives page 157.)

> **Parlez plus lentement, s'il vous plaît.** Speak more slowly, please.
> **Martin a couru le plus vite.** Martin ran fastest/the most quickly.

c) Adverbs are usually placed after the verb they modify:

> **J'aime toujours ce type de musique.** I still like that sort of music.

Numbers and dates

Numbers

1 **un**	11 **onze**	21 **vingt et un**
2 **deux**	12 **douze**	22 **vingt-deux**
3 **trois**	13 **treize**	23 **vingt-trois**
4 **quatre**	14 **quatorze**	24 **vingt-quatre**
5 **cinq**	15 **quinze**	25 **vingt-cinq**
6 **six**	16 **seize**	26 **vingt-six**
7 **sept**	17 **dix-sept**	27 **vingt-sept**
8 **huit**	18 **dix-huit**	28 **vingt-huit**
9 **neuf**	19 **dix-neuf**	29 **vingt-neuf**
10 **dix**	20 **vingt**	30 **trente**

40 **quarante**	82 **quatre-vingt-deux**	1000 **mille**
50 **cinquante**	90 **quatre-vingt-dix**	1101 **mille cent un**
60 **soixante**	91 **quatre-vingt-onze**	2000 **deux mille**
70 **soixante-dix**	100 **cent**	1 000 000 **un million**
71 **soixante et onze**	101 **cent un**	5 000 000 **cinq millions**
80 **quatre-vingts**	500 **cinq cents**	1 000 000 000 **un milliard**
81 **quatre-vingt-un**	546 **cinq cent quarante-six**	

Days of the week

lundi	on Monday
le mardi	on Tuesdays
tous les mercredis	every Wednesday
jeudi après-midi	on Thursday afternoon
le vendredi soir	on Friday evenings
samedi matin	on Saturday morning
dimanche	Sunday

Months of the year

janvier	January	**juillet**	July
février	February	**août**	August
mars	March	**septembre**	September
avril	April	**octobre**	October
mai	May	**novembre**	November
juin	June	**décembre**	December

12 See also Unit 5, p. 62

Liste des verbes

Regular verb patterns

Infinitive	Present	Perfect	Imperfect	Future*	Present subjunctive
aim<u>er</u>	j'aime tu aimes il/elle/on aime nous aimons vous aimez ils/elles aiment	j'ai aimé tu as aimé il/elle/on a aimé nous avons aimé vous avez aimé ils/elles ont aimé	j'aimais tu aimais il/elle/on aimait nous aimions vous aimiez ils/elles aimaient	j'aimerai tu aimeras il/elle/on aimera nous aimerons vous aimerez ils/elles aimeront	j'aime tu aimes il/elle/on aime nous aimions vous aimiez ils/elles aiment
fin<u>ir</u>	je finis tu finis il/elle/on finit nous finissons vous finissez ils/elles finissent	j'ai fini tu as fini il/elle/on a fini nous avons fini vous avez fini ils/elles ont fini	je finissais tu finissais il/elle/on finissait nous finissions vous finissiez ils/elles finissaient	je finirai tu finiras il/elle/on finira nous finirons vous finirez ils/elles finiront	je finisse tu finisses il/elle/on finisse nous finissions vous finissiez ils/elles finissent
perd<u>re</u>	je perds tu perds il/elle/on perd nous perdons vous perdez ils/elles perdent	j'ai perdu tu as perdu il/elle/on a perdu nous avons perdu vous avez perdu ils/elles ont perdu	je perdais tu perdais il/elle/on perdait nous perdions vous perdiez ils/elles perdaient	je perdrai tu perdras il/elle/on perdra nous perdrons vous perdrez ils/elles perdront	je perde tu perdes il/elle/on perde nous perdions vous perdiez ils/elles perdent

Irregular verbs

Infinitive	Present	Perfect	Imperfect	Future*	Present subjunctive
aller	je vais tu vas il/elle/on va nous allons vous allez ils/elles vont	je suis allé(e) tu es allé(e) il/elle/on est allé(e) nous sommes allé(e)s vous êtes allé(e)(s) ils/elles sont allé(e)s	j'allais tu allais il/elle/on allait nous allions vous alliez ils/elles allaient	j'irai tu iras il/elle/on ira nous irons vous irez ils/elles iront	j'aille tu ailles il/elle/on aille nous allions vous alliez ils/elles aillent
appeler	j'appelle tu appelles il/elle/on appelle nous appelons vous appelez ils/elles appellent	j'ai appelé tu as appelé il/elle/on a appelé nous avons appelé vous avez appelé ils/elles ont appelé	j'appelais tu appelais il/elle/on appelait nous appelions vous appeliez ils/elles appelaient	j'appellerai tu appelleras il/elle/on appellera nous appellerons vous appellerez ils/elles appelleront	j'appelle tu appelles il/elle/on appelle nous appelions vous appeliez ils/elles appellent
avoir	j'ai tu as il/elle/on a nous avons vous avez ils/elles ont	j'ai eu tu as eu il/elle/on a eu nous avons eu vous avez eu ils/elle ont eu	j'avais tu avais il/elle/on avait nous avions vous aviez ils/elles avaient	j'aurai tu auras il/elle/on aura nous aurons vous aurez ils/elles auront	j'aie tu aies il/elle/on ait nous ayons vous ayez ils/elles aient

---

* The conditional tense is formed by adding the imperfect tense endings to the future stem.

Grammaire/Liste des verbes

Infinitive	Present	Perfect	Imperfect	Future*	Present subjunctive
boire	je bois	j'ai bu	je buvais	je boirai	je boive
	tu bois	tu as bu	tu buvais	tu boiras	tu boives
	il/elle/on boit	il/elle/on a bu	il/elle/on buvait	il/elle/on boira	il/elle/on boive
	nous buvons	nous avons bu	nous buvions	nous boirons	nous buvions
	vous buvez	vous avez bu	vous buviez	vous boirez	vous buviez
	ils/elles boivent	ils/elles ont bu	ils/elles buvaient	ils/elles boiront	ils/elles boivent
connaître	je connais	j'ai connu	je connaissais	je connaîtrai	je connaisse
	tu connais	tu as connu	tu connaissais	tu connaîtras	tu connaisses
	il/elle/on connaît	il/elle/on a connu	il/elle/on connaissait	il/elle/on connaîtra	il/elle/on connaisse
	nous connaissons	nous avons connu	nous connaissions	nous connaîtrons	nous connaissions
	vous connaissez	vous avez connu	vous connaissiez	vous connaîtrez	vous connaissiez
	ils/elles connaissent	ils/elles ont connu	ils/elles connaissaient	ils/elles connaîtront	ils/elles connaissent
croire	je crois	j'ai cru	je croyais	je croirai	je croie
	tu crois	tu as cru	tu croyais	tu croiras	tu croies
	il/elle/on croit	il/elle/on a cru	il/elle/on croyait	il/elle/on croira	il/elle/on croie
	nous croyons	nous avons cru	nous croyions	nous croirons	nous croyions
	vous croyez	vous avez cru	vous croyiez	vous croirez	vous croyiez
	ils/elles croient	ils/elles ont cru	ils/elles croyaient	ils/elles croiront	ils/elles croient
devoir	je dois	j'ai dû	je devais	je devrai	je doive
	tu dois	tu as dû	tu devais	tu devras	tu doives
	il/elle/on doit	il/elle/on a dû	il/elle/on devait	il/elle/on devra	il/elle/on doive
	nous devons	nous avons dû	nous devions	nous devrons	nous devions
	vous devez	vous avez dû	vous deviez	vous devrez	vous deviez
	ils/elles doivent	ils/elles ont dû	ils/elles devaient	ils/elles devront	ils/elles doivent
dire	je dis	j'ai dit	je disais	je dirai	je dise
	tu dis	tu as dit	tu disais	tu diras	tu dises
	il/elle/on dit	il/elle/on a dit	il/elle/on disait	il/elle/on dira	il/elle/on dise
	nous disons	nous avons dit	nous disions	nous dirons	nous disions
	vous dites	vous avez dit	vous disiez	vous direz	vous disiez
	ils/elles disent	ils/elles ont dit	ils/elles disaient	ils/elles diront	ils/elles disent
écrire	j'écris	j'ai écrit	j'écrivais	j'écrirai	j'écrive
	tu écris	tu as écrit	tu écrivais	tu écriras	tu écrives
	il/elle/on écrit	il/elle/on a écrit	il/elle/on écrivait	il/elle/on écrira	il/elle/on écrive
	nous écrivons	nous avons écrit	nous écrivions	nous écrirons	nous écrivions
	vous écrivez	vous avez écrit	vous écriviez	vous écrirez	vous écriviez
	ils/elles écrivent	ils/elles ont écrit	ils/elles écrivaient	ils/elles écriront	ils/elles écrivent
être	je suis	j'ai été	j'étais	je serai	je sois
	tu es	tu as été	tu étais	tu seras	tu sois
	il/elle/on est	il/elle/on a été	il/elle/on était	il/elle/on sera	il/elle/on soit
	nous sommes	nous avons été	nous étions	nous serons	nous soyons
	vous êtes	vous avez été	vous étiez	vous serez	vous soyez
	ils/elles sont	ils/elles ont été	ils/elles étaient	ils/elles seront	ils/elles soient

* The conditional tense is formed by adding the imperfect tense endings to the future stem.

Infinitive	Present	Perfect	Imperfect	Future*	Present subjunctive
faire	je fais	j'ai fait	je faisais	je ferai	je fasse
	tu fais	tu as fait	tu faisais	tu feras	tu fasses
	il/elle/on fait	il/elle/on a fait	il/elle/on faisait	il/elle/on fera	il/elle/on fasse
	nous faisons	nous avons fait	nous faisions	nous ferons	nous fassions
	vous faites	vous avez fait	vous faisiez	vous ferez	vous fassiez
	ils/elles font	ils/elles ont fait	ils/elles faisaient	ils/elles feront	ils/elles fassent
falloir	il faut	il a fallu	il fallait	il faudra	il faille
lire	je lis	j'ai lu	je lisais	je lirai	je lise
	tu lis	tu as lu	tu lisais	tu liras	tu lises
	il/elle/on lit	il/elle/on a lu	il/elle/on lisait	il/elle/on lira	il/elle/on lise
	nous lisons	nous avons lu	nous lisions	nous lirons	nous lisions
	vous lisez	vous avez lu	vous lisiez	vous lirez	vous lisiez
	ils/elles lisent	ils/elles ont lu	ils/elles lisaient	ils/elles liront	ils/elles lisent
mettre	je mets	j'ai mis	je mettais	je mettrai	je mette
	tu mets	tu as mis	tu mettais	tu mettras	tu mettes
	il/elle/on met	il/elle/on a mis	il/elle/on mettait	il/elle/on mettra	il/elle/on mette
	nous mettons	nous avons mis	nous mettions	nous mettrons	nous mettions
	vous mettez	vous avez mis	vous mettiez	vous mettrez	vous mettiez
	ils/elles mettent	ils/elles ont mis	ils/elles mettaient	ils/elles mettront	ils/elles mettent
partir	je pars	je suis parti(e)	je partais	je partirai	je parte
	tu pars	tu es parti(e)	tu partais	tu partiras	tu partes
	il/elle/on part	il/elle/on est parti(e)	il/elle/on partait	il/elle/on partira	il/elle/on parte
	nous partons	nous sommes parti(e)s	nous partions	nous partirons	nous partions
	vous partez	vous êtes parti(e)(s)	vous partiez	vous partirez	vous partiez
	ils/elles partent	ils/elles sont parti(e)s	ils/elles partaient	ils partiront	ils/elles partent
pouvoir	je peux	j'ai pu	je pouvais	je pourrai	je puisse
	tu peux	tu as pu	tu pouvais	tu pourras	tu puisses
	il/elle/on peut	il/elle/on a pu	il/elle/on pouvait	il/elle/on pourra	il/elle/on puisse
	nous pouvons	nous avons pu	nous pouvions	nous pourrons	nous puissions
	vous pouvez	vous avez pu	vous pouviez	vous pourrez	vous puissiez
	ils/elles peuvent	ils/elles ont pu	ils/elles pouvaient	ils/elles pourront	ils/elles puissent
prendre	je prends	j'ai pris	je prenais	je prendrai	je prenne
	tu prends	tu as pris	tu prenais	tu prendras	tu prennes
	il/elle/on prend	il/elle/on a pris	il/elle/on prenait	il/elle/on prendra	il/elle/on prenne
	nous prenons	nous avons pris	nous prenions	nous prendrons	nous prenions
	vous prenez	vous avez pris	vous preniez	vous prendrez	vous preniez
	ils/elles prennent	ils/elles ont pris	ils/elles prenaient	ils/elles prendront	ils/elles prennent
savoir	je sais	j'ai su	je savais	je saurai	je sache
	tu sais	tu as su	tu savais	tu sauras	tu saches
	il/elle/on sait	il/elle/on a su	il/elle/on savait	il/elle/on saura	il/elle/on sache
	nous savons	nous avons su	nous savions	nous saurons	nous sachions
	vous savez	vous avez su	vous saviez	vous saurez	vous sachiez
	ils/elles savent	ils/elles ont su	ils/elles savaient	ils/elles sauront	ils/elles sachent

---

* The conditional tense is formed by adding the imperfect tense endings to the future stem.

Infinitive	Present	Perfect	Imperfect	Future*	Present subjunctive
sortir	je sors	je suis sorti(e)	je sortais	je sortirai	je sorte
	tu sors	tu es sorti(e)	tu sortais	tu sortiras	tu sortes
	il/elle/on sort	il/elle/on est sorti(e)	il/elle/on sortait	il/elle/on sortira	il/elle/on sorte
	nous sortons	nous sommes sorti(e)s	nous sortions	nous sortirons	nous sortions
	vous sortez	vous êtes sorti(e)(s)	vous sortiez	vous sortirez	vous sortiez
	ils/elles sortent	ils/elles sont sorti(e)s	ils/elles sortaient	ils/elles sortiront	ils/elles sortent
venir	je viens	je suis venu(e)	je venais	je viendrai	je vienne
	tu viens	tu es venu(e)	tu venais	tu viendras	tu viennes
	il/elle/on vient	il/elle/on est venu(e)	il/elle/on venait	il/elle/on viendra	il/elle/on vienne
	nous venons	nous sommes venu(e)s	nous venions	nous viendrons	nous venions
	vous venez	vous êtes venu(e)(s)	vous veniez	vous viendrez	vous veniez
	ils/elles viennent	ils/elles sont venu(e)s	ils/elles venaient	ils/elles viendront	ils/elles viennent
voir	je vois	j'ai vu	je voyais	je verrai	je voie
	tu vois	tu as vu	tu voyais	tu verras	tu voies
	il/elle/on voit	il/elle/on a vu	il/elle/on voyait	il/elle/on verra	il/elle/on voie
	nous voyons	nous avons vu	nous voyions	nous verrons	nous voyions
	vous voyez	vous avez vu	vous voyiez	vous verrez	vous voyiez
	ils/elles voient	ils/elles ont vu	ils/elles voyaient	ils/elles verront	ils/elles voient
vouloir	je veux	j'ai voulu	je voulais	je voudrai	je veuille
	tu veux	tu as voulu	tu voulais	tu voudras	tu veuilles
	il/elle/on veut	il/elle/on a voulu	il/elle/on voulait	il/elle/on voudra	il/elle/on veuille
	nous voulons	nous avons voulu	nous voulions	nous voudrons	nous voulions
	vous voulez	vous avez voulu	vous vouliez	vous voudrez	vous vouliez
	ils/elles veulent	ils/elles ont voulu	ils/elles voulaient	ils/elles voudront	ils/elles veuillent

* The conditional tense is formed by adding the imperfect tense endings to the future stem.

VOCABULAIRE

abolir	to abolish
d'abord	first of all
abordable	approachable, affordable
absolument	absolutely
l'acacia (m)	acacia
accepter	to accept
l'accès (m)	access;
la bretelle d'accès	slip-road
l'accident (m)	accident
accompagner	to accompany
l'accord (m)	agreement;
d'accord	OK, agreed;
tout à fait d'accord	completely in agreement
l'accueil (m)	welcome, reception, accommodation
accueillant(e)	welcoming
accueillir	to welcome, receive into one's home
acheter	to buy
l'acide (m)	acid;
les acides gras	fatty acids
acquis (pp. of **acquérir**)	acquired
acrobatique	acrobatic
l'action (f)	action, initiative
actif/active	active
l'activité (f)	activity
l'actualité (f) (pl les actualités)	current affairs/news
actuel(le)	current, (today's …)
actuellement	currently
adéquat(e)	adequate
adieu	farewell
administratif/ administrative	administrative
l'administration (f)	administration
l'adolescent (m)	adolescent
adopter	to adopt, take up
adorable	adorable
adorer	to adore
l'adresse (f)	address
adresser	to address (send)
s'adresser à	to speak to, apply to
l'adulte (m)	adult
l'aérobic (m)	aerobics
l'aéroport (m)	airport
l'affaire (f)	affair, business
les affaires (fpl)	business; things, 'stuff';
le chiffre d'affaires	turnover;
un voyage d'affaires	a business trip
affecter	to affect

affirmer	to assert
l'affluence (f)	affluence, wealth;
les heures d'affluence	rush hour
affreux/affreuse	awful
afin de	in order to
l'âge (m)	age
âgé(e)	aged
l'agence (f)	agency;
l'agence immobilière	estate agent's
l'agent (m)	agent;
l'agent immobilier	estate agent
agit: il s'agit de	it's a matter of, it's about
agréable	pleasant
agréer	to accept;
je vous prie d'agréer l'assurance de mes salutations les plus respectueuses	yours sincerely (lit. I ask you to accept the assurance of my most respectful greetings)
l'aide (f)	financial support
aider	to help
l'aile (f)	wing
ailleurs	elsewhere;
d'ailleurs	besides, furthermore;
par ailleurs	moreover
aimable	pleasant
aimer	to like, love
aîné(e)	older, elder;
sœur aînée	older sister;
je suis son aîné de deux ans	I'm two years older than him/her
ainsi	so, thus, in this way;
ainsi que	as well as
l'air (m)	air;
avoir l'air	to look, appear
l'aire (f)	area, zone;
aire de loisirs	leisure zone
l'aise (f)	ease;
à l'aise	at ease, comfortable, relaxed
Ajaccio	(capital of the island of Corsica)
ajouter	to add
l'alcool (m)	alcohol;
l'alcool au volant	drink-driving (lit. alcohol at the steering-wheel)
l'alcootest (m)	breathalyser
les alentours (mpl)	surroundings
l'alerte (f)	alert
l'alimentation (f)	food
les aliments (mpl)	food, foodstuffs;
le régime alimentaire	diet
aller	to go

Vocabulaire

allez-y — go on, go ahead
allô — hello (on the phone)
allonger — to extend, stretch out
alors — then, so
les Alpes (fpl) — the Alps
alpin(e) — Alpine
l'alpinisme (m) — mountaineering, climbing
l'amateur (m) de — amateur, lover of
l'ambiance (f) — atmosphere
aménager — to create, organise, lay out
l'ami (m)/l'amie (f) — friend
amicalement — in a friendly way; best wishes
Amitiés (fpl) (in a letter) — All the very best
l'amour (m) — love
amoureux/amoureuse — in love
amusant(e) — funny, amusing
l'amuse-gueule (m) — 'nibble', appetiser, snack
amuser — to amuse
    s'amuser — to have fun
analyser — to analyse
l'ancêtre (m) — ancestor
l'anecdote (f) — anecdote
anglais(e) — English
l'Angleterre (f) — England
anglophone — anglophone, English-speaking
anglo-saxon — English-speaking, anglophone
l'animal (m) (pl les animaux) — animal
l'animateur (m)/ l'animatrice (f) — organiser, coordinator, leader
les animations (fpl) — organised activities
animé(e) — organised, coordinated, animated, exciting
l'année (f) — year
l'anniversaire (m) — birthday
l'annonce (f) — advertisement;
    petite annonce — small ad
l'annuaire (m) — telephone directory
annuler — to cancel
l'an (m) — year;
    j'ai dix-neuf ans — I'm nineteen years old
l'anti-vol (m) — anti-theft device
août — August
l'apéritif (m) — aperitif, aperitive (drink that stimulates the appetite)
l'appareil (m) — appliance;
    l'appareil photo numérique — digital camera;
    l'appareil électroménager — domestic appliance;
    à l'appareil — speaking (on the phone);
    Gérard à l'appareil — Gérard speaking

l'apparence (f) — appearance
l'appartement (m) — flat
apparu (from **apparaître**) — appeared, first appearing
l'appel (m) — (telephone) call
appeler — to call, to telephone;
    s'appeler — to be called
l'apport (m) — content, supply
apporter — to bring
apprécier — to appreciate
apprendre — to learn
approcher — to approach;
    s'approcher de — to get near/nearer
après — after;
    après (que) — after
l'après-midi (m or f) — afternoon
l'aptitude (f) — aptitude, ability
aquatique — aquatic;
    sports aquatiques — water sports
l'Ardèche — (department in S.E. France)
l'argent (m) — money
arracher — to tear off
l'arrêt (m) — stop;
    arrêt d'autobus — bus stop
arrêter — to stop
l'arrière (m) — back, rear;
    en arrière — behind, backwards
l'arrivée (f) — arrival
arriver — to arrive
l'arrondissement (m) — district of Paris
l'arrosage (m) — watering
arroser — to water
l'art (m) — art
l'artifice (m) — artifice, trick;
    le feu d'artifice — fireworks
l'ascenseur (m) — lift
asiatique — Asian
l'aspirateur (m) — vacuum cleaner
l'assassin (m) — murderer
assez — enough
assis(e) — seated
l'assistance (f) — assistance, help
l'assistant (m)/l'assistante (f) — assistant;
    l'assistante de ventes (f) — sales assistant
assister à — to attend
l'association (f) — club, association, organisation
l'Assomption (f) — Assumption (public holiday on 15 August)
assurer — to assure, ensure
Athènes — Athens
l'atout (m) — asset, trump card
attacher — to attach, tie together

l'attaque (f) — attack

atteint (pp. of **atteindre**) — attained, reached

attendre — to wait, expect;
    attendre avec impatience — to look forward to;
    attendre un bébé — to be expecting a baby

l'attente (f) — wait, expectation;
    dans l'attente de vous lire — (letter) looking forward to hearing from you

l'attention (f) — attention;
    attention! — watch out!;
    faire attention — to watch out;
    attirer/retenir votre attention — to attract/hold your interest/attention

attirer — to attract

les attractions (fpl) — attractions

attribuer — to match, give

aucun: ne … aucun — no, not a single

l'augmentation (f) — increase, rise

augmenter — to increase

aujourd'hui — today

auparavant — before

auprès de — with, to, next to

aura (future of **avoir**) — she/he will have

aussi — also, too

aussitôt que — as soon as

autant (de) — as much, as many

l'autobus (m) — bus

l'autocar (m) — coach

l'autodiscipline (f) — self-discipline

automatique — automatic

l'automne (m) — autumn

automobile — motor, car;
    la circulation automobile — road traffic

autonome — independent

l'autoroute (f) — motorway

autour (de) — around

autre — other

autrefois — in the past, in olden times

l'Auvergne (f) — the Auvergne (region in central France)

l'avalanche (f) — avalanche

avaler — to swallow

avancé — advanced;
    niveau avancé — advanced level

l'avancée (f) — advance

avant — before

l'avantage (m) — advantage

avec — with

l'avenir (m) — future

l'aventure (f) — adventure

aventurier/aventurière — adventurous

l'aventurier (m) — adventurer

l'avenue (f) — avenue

Avignon — (town in Provence, in S.E. France)

l'avion (m) — plane

l'avis (m) — opinion, advice;
    à mon avis — to my mind, in my opinion

avoir — to have

avril — April

le bac = le baccalauréat — (French equivalent of A levels)

les bagages (mpl) — luggage

la bagnole — car, 'old banger'

la baguette — 'baguette', French stick loaf

la baignade — swimming spot, bathing

baigner — to bathe

la baignoire — bathtub

le bain — bath;
    la salle de bains — bathroom

le bal — ball, dance

le baladeur MP3 — MP3 player

le balcon — balcony

balnéaire — bathing;
    la station balnéaire — seaside resort

la banlieue — suburb

le baoum — boom, whoomph

le baptême — baptism;
    baptême de l'air — maiden flight

le bar — bar

le barbecue — barbecue

la barque — (small) boat

le barrage — dam

barré(e) (pp. of **barrer**) — blocked, barred

bas(se) — low;
    du haut en bas — from top to bottom;
    là-bas — over there

la base — base, basis;
    la base de loisirs — leisure centre;
    les compétences de base — basic knowledge

le bassin — basin;
    le bassin de la Loire — the Loire basin

le bateau — boat

le bâtiment — building

battu (pp. of **battre**) — beaten;
    hors des pistes battues — off the beaten track

beau/bel/belle — beautiful

beaucoup (de) — a lot (of)

le bébé — baby

bel (form of **beau** before a vowel) — beautiful;
    un bel appartement — a beautiful flat

belge — Belgian

la Belgique — Belgium

ben — well

bénéficiant de — enjoying (all) the advantages

bénévolement — voluntarily

le besoin — need;
    avoir besoin de — to need

le béton	concrete
le beurre	butter
le/la bibliothécaire	librarian
la bibliothèque	library
bien	well, good;
bien entendu/bien sûr	of course
les bienfaits (*mpl*)	beneficial effects
bientôt	soon;
à bientôt	see you soon
la bière	beer
bilingue	bilingual
le billet	ticket
la biographie	biography
la biotechnologie	biotechnology
biplace	two-seater
bis	(in address) 3 bis = English 3a
les bises (*fpl*)	kisses
les bisous (*m*)	kisses;
gros bisous	(letter, telephone) big kisses
le bistro	bistro, café
bizarre	strange, peculiar, funny
blanc(he)	white
blessé(e)	wounded, injured, hurt;
un blessé	injured person, casualty
bleu(e)	blue
blond(e)	blonde
le Boeing	Boeing
boire	to drink
la boisson	drink
la boîte	tin, box; nightclub
bon(ne)	good; right; correct.
bon ben	well then;
dans la bonne case	in the right box;
dans le bon ordre	in the correct order;
bon, d'accord	right, OK
bondé(e)	full-up, crowded
le bord	edge, board;
à bord	on board, aboard;
au bord de la mer	at the seaside;
au bord de la rivière	on the river bank
Bordeaux	Bordeaux (town on the S.W. coast of France)
la bouche	mouth
le bouchon	cork, plug; traffic jam;
un tire-bouchon	corkscrew
la boucle	loop, buckle;
une boucle d'oreille	earring
bouclé(e)	curly;
les cheveux bouclés	curly hair
bouger	to move, go somewhere
la boulangerie	baker's
la boule	ball;
une boule de neige	snowball
le boulevard	boulevard
le boulot	job
le boum	party
la bourse	grant, scholarship
le bout	end, tip;
le bout des doigts	fingertips
la bouteille	bottle
la boutique	shop;
une boutique hors taxes	duty-free shop
le branchement	connection (electrical)
bref	briefly, to cut a long story short, in short
la Bretagne	Brittany (region in the north of France)
la bretelle d'accès	slip-road
le brevet (des collèges)	diploma – French equivalent of GCSE
britannique	British
la brochure	brochure
bronzé(e)	sun-tanned
brosser	to brush;
se brosser les dents/cheveux	to brush one's teeth/hair
Bruges	(town in Belgium)
le bruit	noise, sound
brun(e)	brown;
le brun	brunet
brut	gross (salary/pay)
bruyant(e)	noisy
le bureau	office
le bus	bus
c'est-à-dire	that is to say
ça	it, that
la cachette	hiding-place;
en cachette	in secret
le cadeau	present;
un cadeau d'anniversaire	birthday present
le cadre	manager; framework;
dans le cadre de ma licence	as part of my degree;
le cadre supérieur	executive staff
Caen	(city in N.W. France)
Caen-Ouistreham	(port for Caen)
le cafard	cockroach
le café	café, coffee
Cahors	Cahors, town in the Lot department, S.W. France
le caissier/la caissière	cashier, till/checkout-operator
le calcul	calculations, sums;
j'ai fait quelques calculs	I've done some calculations
calme	quiet, calm
calorique	rich in calories

le camp	camp
la campagne	country, campaign;
à la campagne	in(to) the countryside
le camping	campsite, camping;
faire du camping	to go camping
le camping-caravaning	camping and caravan site
le campus	campus
les canalisations (fpl)	water mains
le canapé	sofa
le candidat/la candidate	candidate, applicant
la candidature	application;
la date-limite des candidatures	the deadline for applications;
un dossier de candidature	application package/file;
un formulaire de candidature	application form;
poser sa candidature à un poste	to apply for a job
Cannes	(town in S.E. France, Mediterranean coast)
le canoë	canoe
se cantonner à	to restrict oneself to
le canyon	canyon
le canyoning	white-water rafting
la capitale	capital
car	because
le car	coach
le carcan	straitjacket;
le carcan familial	constraints of living with parents
la caractéristique	characteristic
la caravane	caravan
le car-ferry	ferry
carré(e)	square;
mètres carrés	square metres
la carrière	career
le cas	case;
au cas où	if;
le cas où	just in case
la case	box
casser	to break
Castellane	(town in S.E. France, near the Gorges du Verdon)
le catamaran	catamaran
la cause	cause, reason
la caution	deposit
la cave	cellar
le CDD = contrat à durée déterminée	fixed-term contract
ce/cet/cette	this, that
la ceinture	belt, seatbelt
attacher sa ceinture	to fasten one's seatbelt
cela	this, that, these
célèbre	famous
célibataire	single, unmarried
celle-ci	this one (here) (f)
celles-ci	these ones (here) (f)
celui/celle/ceux/celles	this one/these ones
celui-ci	this one (here) (m)
central(e)	central
le centre	centre
le centre d'appels	call centre
le centre-ville	town centre
le cercle	circle
les céréales (fpl)	cereal
certain(e)	certain, some
certainement	certainly
ces	these, those
cesser	to cease, stop;
sans cesse	constantly, without ceasing
ceux-ci	these ones (here) (m)
ceux-là	those ones (there) (m)
chacun(e)	each
la chaîne	chain (bracelet)
la chambre	(bed)room
Chamonix	(ski resort in the French Alps)
le champ	field
le champagne	champagne
Champollion	(Frenchman who deciphered Egyptian hieroglyphics)
la chance	luck, chance, opportunity
changer	to change
chanter	to sing
le chantier	building site
chaque	each, every
chargé(e) de	responsible for, in charge of
les charges (fpl)	costs, expenses, charges
les charges locatives	rental charges
le chargeur	loader;
le chargeur de rayons	shelf-stacker
chasser	to chase
le chat	cat
le château	castle, château
chaud(e)	hot, warm
le chauffage	heating
le chauffe-eau	water heater
la chaussée	road;
au rez-de-chaussée	on the ground floor
la chaussette	sock
la chaussure	shoe
chauve	bald
le chef	head, chief, boss
le chemisier	blouse
cher/chère	dear, expensive
chercher	to look for, search
le cheval (pl les chevaux)	horse
les cheveux (mpl)	hair
chez	at the house of

Vocabulaire

le chien — dog
le chiffre — number, figure;
  le chiffre d'affaires — turnover
les chips (*fpl*) — crisps
le chocolat — chocolate
chocomaniaque — chocoholic
la chocomanie — chocoholism
choisir — to choose
le choix-multiple — multiple choice
le chômage — unemployment
la chorale — choir
la chose — thing;
  autre chose — something else;
  quelque chose — something
chouette — terrific
chuchoter — to whisper
la chute — fall;
  la chute de neige — snowfall
ci-contre — opposite
ci-dessous — below
ci-dessus — above
ci-joint — enclosed, attached
le cinéma — cinema
cinq — five
cinquante-cinq — fifty-five
cinquième — fifth
le circuit — circuit;
  circuit pédestre — walking circuit
la circulation — traffic
le citron — lemon
la civilisation — civilisation, culture
clair(e) — light
la clarté — clarity, clearness
la classe — class;
  la classe d'âge — year group, cohort
classé(e) — listed, classified
classique — classic
la clé — key;
  la clé USB — memory stick
Clermont-Ferrand — (town in central France)
le client — customer, client
la clientèle — customers, clientele
le climat — climate
le clochard — tramp
la clope (*slang*) — fag
le club — club
cocher — to tick
le cocktail — cocktail
le cocon — cocoon
le cœur — heart;
  au cœur de ses préoccupations — top priority
cogner — to thud
le coin — corner
  dans le coin — round the corner

le coin-cuisine — kitchenette
coincé(e) — stuck, jammed
le col — col, mountain pass
collectif/collective — group;
  les sports collectifs — team sports
la collection — collection
le/la collègue — colleague
le colocataire — flatmate
la colonie — camp;
  la colonie de vacances — holiday camp (for children)
combien — how much, how many
commander — to order
comme — like, as, by way of;
  que faites-vous comme études? — what are you studying?
commencer — to start
comment — how, what, what … like
le commerce — business
commercial — commercial, business;
  les études commerciales — business studies
commettre — to commit;
  commettre un délit — to commit a crime
commun — common;
  avoir des choses en commun — to have things in common
les communications (*fpl*) — communications
se compacter — to become compacted
la compagnie — firm, company
le compagnon — friend, companion
la comparaison — comparison;
  faire la comparaison — to compare
la compétence — skill, competence, ability
les compétences informatiques — IT/computer skills
complet/complète — full, substantial
complètement — completely
compléter — to complete, to finish off, to fill in
le/la complice — accomplice, accessory
composer — to dial
la compréhension — understanding;
  Je vous remercie de votre compréhension — Thank you for being so understanding
comprendre — to understand
compris(e) (pp. of **comprendre**) — included; understood
compter — to count, rely, intend
concentrer — to concentrate
concernant — concerning
concerner — to concern
le concert — concert
la concertation — consultation
le/la concierge — caretaker, janitor
concilier — reconcile
le concitoyen — fellow-citizen

le concours	competition;
sur concours	on a competitive basis
condamner	to sentence, condemn
le conducteur	driver;
le conducteur de travaux	foreman
conduire	to drive
confirmer	to confirm
le confluent	confluence
le confort	comfort
confortable	comfortable
conjuguer	to conjugate
la connaissance	knowledge, acquaintance;
j'ai de bonnes connaissances en …	I have a good knowledge of …;
heureux de faire votre connaissance	pleased to meet you;
selon mes connaissances	as far as I know
connaisseur	expert, connoisseur, knowledgeable
connaître	to know, be acquainted with
consacrer	to devote
le conseil	advice, 'tip'; consultant
conseiller	to advise
le conseiller/la conseillère	counsellor
le conseiller municipal	municipal councillor
la conséquence	consequence
la conservation	conservation
conserver	to conserve, preserve
considérer	to consider
le consommateur	consumer
la consommation	consumption
consommer	to consume, eat
constamment	constantly
constater	to see, note, notice
contacter	to contact
contenant	containing
content(e)	happy
le continent	continent;
le sixième continent	the underwater world
continuer	to continue
la contrainte	constraint
contrairement à	contrary to
le contrat	contract
contre	against;
par contre	on the other hand
contribuer	to contribute
le contrôle	check, test, inspection
le contrôleur	ticket inspector
convaincu(e)	convinced
la conversation	conversation
convient (from **convenir**)	suits, is convenient;
ça te convient?	does that suit you?
la coordinatrice	(female) coordinator

les coordonnées (*fpl*)	contact details
le copain/la copine	friend, 'mate'
la corbeille (à papier)	waste-paper basket
les Cornouailles (*fpl*)	Cornwall
le corps	body
correct(e)	reasonable, decent
correspondre	to correspond, fit; write
corse	Corsican
le côté	side;
à côté de	beside
se coucher	to go to bed
la couleur	colour
le coup	blow;
un coup de fil	phone call
couper les vivres	to cut off sb's allowance
le couple	couple
le courage	courage, bravery;
bon courage!	good luck!
courant (from **courir**)	running;
monter l'escalier en courant	to run up the stairs
courir	to run
le courriel	email
le courrier	post;
le courrier du cœur	problem page
le cours	lesson, class;
au cours de	in the course of
la course	race, competition, rush
les courses (*fpl*)	shopping;
faire les courses	to go shopping
court(e)	short
le court	court (tennis)
couru (pp. of **courir**)	run
le cousin/la cousine	cousin
le coût	cost;
le coût de la vie	cost of living
coûter	to cost
coûteux/coûteuse	costly, expensive
couvert(e)	covered, indoor;
2 courts couverts	2 indoor courts
craquer	to crack
créer	to create
la crémaillère	chimney hook;
pendre la crémaillère	to have a house-warming party (lit. to hang the chimney hook)
le cri	shout, cry
crier	to shout
critiquer	to criticise
croire	to think, believe
la croisière	cruise
croissant	rising, growing
cru (pp. of **croire**)	believed, thought
cru(e)	raw, uncooked
la cueillette	picking, harvesting
cueillir	to pick, harvest

Vocabulaire

la cuisine	kitchen, cooking
cultiver	to grow
la curiosité	curiosity, object of cultural interest
le cursus	programme (of studies)
la dame	lady
le danger	danger
dans	in
danser	to dance
la date	date;
la date limite	deadline
de	of, from, some
débloquer	unlock
debout	standing, upright
le début	start, beginning;
début juillet	at the beginning of July
le débutant	beginner
décembre	December
la décennie	decade
décider	to decide
la décision	decision
déclarer	to state
décliner	to refuse
le décollage	takeoff (plane)
décoller	to take off
décourager	to discourage
la découverte	discovery
découvrir	to discover
le décret	decree
décrire	to describe
déçu(e)	disappointed
le défaut	fault
défendre	to defend
le défenseur	defender
se déguiser	to dress up
la dégustation de vin	wine-tasting
déjà	already
déjeuner	to have lunch
le déjeuner	lunch
au-delà de	beyond
le délai	lapse of time, deadline
le délit	crime
demain	tomorrow
demander	to ask
le déménagement	house removal
déménager	to move house
demi(e)	half
la dent	tooth
le dépannage	repairs
le départ	departure
le département	French administrative area (cf. English county)

dépasser	to exceed, go above
se dépêcher	to hurry
le déplacement	move, travel, (business) trip
se déplacer	to move, travel
déposer	to put down
depuis	since, for
déranger	to disturb
dernier/dernière	last
se dérouler	to take place
dès	from (the moment)
dès que	as soon as
le désastre	disaster
descendre	to go down
la descente	descent
la description	description
désespéré(e)	desperate, in despair
désespérer	to despair;
se désespérer	to get desperate
la désignation	appointment
désirer	to desire, wish (to)
désolé(e)	sorry
désormais	from now on, henceforth
le dessert	dessert, pudding
dessous: au-dessous de	below, under;
ci-dessous	below
la destination	destination
la destruction	destruction
le détail	detail
se détendre	to relax
détendu	relaxed
la détente	relaxation
déterminé(e)	determined
détester	to hate
deux	two
deuxième	second
le deux-roues	two-wheeler
devant	in front of, outside
le développement	development
devenir	to become
deviner	to guess
devoir	to have to, must
les devoirs (*mpl*)	homework
dévoué(e)	devoted
le diamant	diamond
différent(e)	different
difficile	difficult
dimanche	Sunday
la dimension	dimension
dîner	to dine
le diplôme	diploma, qualification
diplômé(e)	qualified
dire	to say, tell
se dire	to say they are, say of themselves; wonder

direct(e)	direct
directement	directly, immediately
le directeur	head, director
le dirigeant	leader, manager, director
la discothèque	discothèque
la discussion	discussion
discuter de	to talk about
la disponibilité	availability
disponible	available
la disposition	disposal
se disputer	to quarrel
le disque	record, disc
la distance	distance;
à … km de distance	… km away
distingué	distinguished;
mes sentiments distingués	(letter) yours sincerely
se distraire	to distract, amuse oneself
le distributeur	distributor
la distribution	distribution
dix	ten
dix-neuf	nineteen
la dizaine	about ten
le document	document
le doigt	finger
le domaine	domain, field
le dommage	shame;
Quel dommage!	What a shame!
donc	so, therefore, then
donner	to give
dormir	to sleep
le dortoir	dormitory
le dossier	dossier, file
doter	to endow
doté de	provided with
la douche	shower
douze	twelve
le droit	right; law;
tout droit	straight on
la droite	right;
à droite	to the right
drôle	funny, strange
du/de la/de l'/des	some, of the
le duc	duke
le duplex	flat on two open-plan levels
dur(e)	hard, difficult
durant	during
la durée	length, duration
durer	to last
dynamique	dynamic
l'eau (f)	water;
les eaux de pluie	rainwater
l'écart	gap

échouer	to fail
l'école (f)	school
écologique	ecological
l'économie (f)	economy, saving;
faire des économies	to save up
économiser	to save
l'Ecosse (f)	Scotland
écouter	to listen;
à l'écoute de	listening out for
l'écran (m)	screen
s'écraser	to crash
écrire	to write
s'écrouler	to collapse, crumble, founder
l'édifice (m)	building
l'éducation (f)	education, upbringing
effectuer	to make, carry out
l'effort (m)	effort
également	also, equally
l'égalité (f)	equality
s'égarer	to lose your way
égyptien(ne)	Egyptian
s'élancer	to throw yourself, to take off
élargir	to widen, broaden
élastique	elastic;
un saut à l'élastique	bungee jump
électrique	electric
électroménager: appareil électroménager	electrical household appliance
élégamment	elegantly
élevé(e)	high
élever un enfant	to bring up a child
l'élu (m)	local government representative, councillor
embaucher	to take someone on, employ
l'embouteillage (m)	traffic jam
embrasser	to kiss;
je t'embrasse	kisses, hugs (letter);
embrasse … de ma part	give … a hug from me
emmener	to take
empêcher	to prevent
l'emplacement (m)	pitch (on camp-site)
l'emploi (m)	job;
l'emploi du temps	timetable
l'employé(e)	employee, worker
emprisonner	to imprison
emprunter	to borrow
l'encadré (m)	box
encadrer	to oversee
encore	still
s'endormir	to fall asleep
l'endroit (m)	place

175

Vocabulaire

l'énergie (f) — energy
énergique — energetic
énergiquement — energetically
l'enfant (m) or (f) — child
enfin — well, in short, finally, sort of
s'engager à — to be committed to
enlever — to remove
enneigé(e) — snowy, snow-covered
ennuyer — to bore
s'ennuyer — to get bored
énorme — enormous
énormément — enormously, greatly;
   énormément de — lots of
l'enquête (f) — inquiry
l'enregistrement (m) — recording
enregistrer — to make a note of, to record, to log
enrichir — to enrich, enhance
l'enseignant(e) — teacher
l'enseignement — education, teaching;
   enseignement supérieur — Higher Education
ensemble — together;
   dans l'ensemble — on the whole
entassé(e) — packed in
entendre — to hear
s'entendre avec — to get on with
enthousiaste — enthusiastic
entière: la classe entière — whole class
s'entraîner — to train
entre — between
l'entrée (f) — entrance-hall
entreprenant — enterprising
l'entreprise (f) — firm, business, enterprise
entrer — to go in
entretemps — in the meantime
entretenu(e) — maintained
l'entretien (m) — interview, maintenance;
   entretien d'embauche — job interview
envelopper — to wrap up, envelop
l'envie (f) — desire, wish;
   avoir envie de — to want to
environ — about, approximately
environnant — surrounding
l'environnement (m) — environment
envisager — to envisage, plan
envoyer — to send
épeler — to spell
l'épreuve (f) — test, contest
l'équilibre (m) — balance
équilibrer — to balance
l'équipage — crew
l'équipe (f) — team;
   au sein d'une équipe — as part of a team;
   travailler en équipe — to work in a team

l'équipement (m) — equipment
équiper — to equip
équitablement — equally
l'équitation (f) — horse-riding
équivalent(e) — equivalent
l'erreur (f) — mistake
l'escalade (f) — rock-climbing
l'escalier (m) — stairs
l'escargot (m) — snail
l'espace (m) vert — green space
espacer — to space out
l'Espagne (f) — Spain
espérer — to hope, expect
l'espoir (m) — hope;
   avoir bon espoir de — to have high hopes of
l'esprit (m) — mind, spirit;
   curiosité d'esprit — spirit of inquiry
essayer — to try
l'essence (f) — petrol
l'essentiel (m) — the main point(s)
essentiel(le) — essential
l'est (m) — east
l'estuaire (m) — estuary
et — and
l'étage (m) — floor;
   au premier/deuxième étage — on the first/second floor
l'étagère (f) — shelf;
   des étagères — shelves, shelf unit
l'étape (f) — stop, stopping place;
   gîte d'étape — overnight shelter
l'état (m) — the state
les Etats-Unis (mpl) — United States
l'été (m) — summer
l'étiquetage (m) — labelling
étiqueter — to label
l'étoile (f) — star;
   hôtel 2 étoiles — 2 star hotel
l'étranger (m) — foreigner, outsider;
   à l'étranger — abroad
être — to be
l'étude (f) — study
l'étudiant(e) — student
étudier — to study
européen(ne) — European
évacuer — to evacuate
s'évader — to get away from it all
l'évaluation (f) — assessment
s'évanouir — to vanish
l'évasion (f) — escape
l'événement (m) — event
éventuel(le) — possible;
   éventuellement — possibly
l'évolution (f) — development
exactement — exactly
exagérer — to exaggerate, go too far

l'examen (*m*)	exam
excellent(e)	excellent
exceptionnel(le)	exceptional
excité(e)	excited
s'excuser	to say sorry, apologise
l'exemple (*m*)	example
l'exercice (*m*)	exercise
l'exigence	demand, requirements
exiger	to demand
exister	to exist
l'expérience (*f*)	experience, experiment
l'expertise (*f*)	expertise
expliquer	to explain
l'exploitation (*f*)	exploitation
l'expression (*f*)	expression
exprimer	to express
extérieur(e)	outdoor
extra-professionnel	outside work, leisure time
l'extrait (*m*)	extract
extrême	extreme;
les sports extrêmes	extreme sports
le fabricant	manufacturer
fabriquer	to manufacture
la fac	uni (university)
face: en face de	opposite
facile	easy
facilement	easily
la façon	way, fashion, manner;
de la façon suivante	as follows;
de toute façon	anyway, in any case
faire	to make, do
la falaise	cliff
falloir	to be necessary, have to
familial(e)	family
se familiariser	to familiarise yourself
la famille	family;
la famille nombreuse	large family
fantastique	fantastic
le farniente	lazing about
fatigué(e)	tired
faut (from **falloir**): il faut	you have to, it's necessary to
la faute	mistake;
faute de	in the absence of;
sans fautes	with no mistakes
le fauteuil	armchair
faux/fausse	false, wrong
favorable	favourable
favoriser	to favour
le fax	fax
faxer	to fax
la femme	woman, wife
la fenêtre	window
férié: un jour férié	public holiday

fermer	to shut, close
féroce	fierce
le festival	festival
la fête	fête, public holiday
fêter	to celebrate
le feu (*m*) d'artifice	fireworks
février	February
les fiançailles (*fpl*)	engagement
fidèle	faithful
fier/fière	proud
Figeac	(town in the Lot département, S.W. France)
figure-toi!/figurez-vous!	imagine!
le fil	wire;
un coup de fil	a telephone call
la fille	girl, daughter
le film	film
le fils	son
la fin	end
fin(e)	fine
finalement	finally, in the end
la finance	finance
financier/financière	financial
finir	to finish
finlandais(e)	Finnish
fixe	fixed
fixer	to stare at; to fix, settle, arrange, agree;
les délais fixés	agreed deadlines
la flèche	arrow;
monter en flèche	to shoot upwards, to soar
la fleur	flower
fleuri	with flowers
le fleuve	river
la fois	time;
une fois par semaine	once a week;
deux fois par mois	twice a month
le fond	bottom
le foot(ball)	football
forcément	necessarily, obviously
le forfait	inclusive package
la formation	training
la forme	form;
en forme	fit, on form, in good shape
formidable	great, fantastic
le formulaire	form;
formulaire de demande d'emploi	job application form
la formule	formula
fort(e)	strong; very
fou/folle	mad
le four	oven;
le four micro-ondes	microwave oven
fournir	to provide, furnish

Vocabulaire

le foyer — home;
  foyer familial — family home
frais/fraîche — cool;
  boissons fraîches — cold drinks
les frais (*mpl*) d'inscription — tuition fees
la fraise — strawberry
français(e) — French
franchir — to reach beyond
la France — France
frapper — to knock
fréquemment — frequently
le frère — brother
frisé(e) — curly
les frites (*fpl*) — chips;
  moules-frites — mussels and chips;
  steak-frites — steak and chips
froid(e) — cold;
  faire froid — to be cold (weather)
le fromage — cheese
le front dégarni — receding hair
la fuite — flight; leak;
  en fuite — on the run
fumer — to smoke

gâcher — to spoil
gagner — to win, earn;
  gagner sa vie — to earn one's living
Galles: le pays de Galles — Wales
gallois(e) — Welsh
le gangster — gangster
le garage — garage
le garçon — boy, waiter
garder — to keep;
  garder la forme — to keep fit
la gare — station
garer — to park
la Garonne — the Garonne river in S.W. France
gaspiller — to waste
le gâteau — cake;
  le petit gâteau — biscuit
gauche — left
général — general
généralement — generally
génétique — genetic
génétiquement — genetically
le genre — type
les gens (*mpl*) — people
gentil(le) — nice, kind
la géographie — geography
gérer — to manage, administer, run
la gestion — management
le gilet — cardigan, waistcoat

la Gironde — the Gironde river, which flows into the sea at Bordeaux
le gîte — holiday home, shelter
la glace — ice cream
la gorge — gorge
le goût — taste
grâce à — thanks to
graduel(le) — gradual
les graisses (*fpl*) — fats
la grammaire — grammar
grand(e) — big, large, tall
la Grande-Bretagne — Great Britain
la Grande École — (very prestigious specialised university)
les grands-parents (*mpl*) — grand-parents
gras(se) — fat;
  la grasse matinée — a lie-in
gratuit(e) — free
grec/grecque — Greek
la Grèce — Greece
la grève — strike;
  se mettre en grève — to go on strike
grignoter — to nibble
la grille — grid
le grimpeur — climber
gris(e) — grey
gros(se) — large, big, fat
la grotte — grotto
le groupe — group
le guide — guide
la guitare — guitar
la gymnastique — gymnastics

habiller — to dress
s'habiller — to get dressed
habiter — to live
l'habitude (*f*) — the habit;
  avoir l'habitude de — to be used to;
  d'habitude — usually
s'habituer à — to get used to, become accustomed to
le hasard — chance;
  par hasard — by (any) chance
haut(e) — high;
  du haut en bas — from top to bottom
la hauteur — height
l'hébergement (*m*) — accommodation
hein? — OK?, you see, you know, isn't it?, don't you think?
l'héroïne (*f*) — heroine; heroin
l'heure (*f*) — time; o'clock; hour;
  30 kilomètres à l'heure — 30 km an hour;
  à l'heure — on time;

à quelle heure?	at what time?;
de bonne heure	early, in good time;
Quelle heure est-il?	What time is it?;
vers dix heures	about ten o'clock
heureux/heureuse	happy
heureusement	fortunately, happily
hier	yesterday
l'hiéroglyphe (m)	hieroglyphic
l'histoire (f)	story, history
historique	historical
l'hiver (m)	winter
l'homme (m)	man
hongrois(e)	Hungarian
honnête	honest
l'hôpital (m)	hospital
horaire	hourly, per hour
l'horaire (m)	timetable
hors: hors de question!	out of the question;
hors d'œuvre	starter (on a menu)
l'hôtel (m)	hotel
l'hôtellerie (f)	hotel business
huit	eight
l'hydrospeed (m)	hydrospeed
ici	here;
ici Jean-Claude	Jean-Claude speaking (phone)
idéal(e)	ideal
idéalement	ideally
l'idée (f)	idea
identifier	to identify
l'île (f)	island
l'image (f)	picture, image;
à l'image de	just like
imaginer	to imagine
l'imbécile (m)	imbecile, fool
immédiatement	immediately
l'immeuble (m)	block of flats
immobilier: l'agent immobilier	estate agent
l'agence immobilière	estate agent's
immobiliser	to immobilise
l'impatience (f)	impatience
impérativement: devoir impérativement observer	to absolutely have to stick to …;
connaître impérativement	to be absolutely essential to know about …
impliquer	to involve
important(e)	important, large
n'importe où	anywhere
n'importe qui	anyone at all;
qu'importe!	so what!
s'imposer	to establish itself
impossible	impossible
l'impression (f)	impression

impressionné(e)	impressed
imprimer	to print
l'incendie (m)	fire
l'incidence (f)	effect, impact;
avoir une incidence sur	to have an effect on
l'incident (m)	incident, accident
inclure	to include
incroyable	incredible, unbelievable
inculper	to charge
indéfiniment	indefinitely
indépendant(e)	independent
indiquer	to indicate, point out
indispensable	indispensable, essential
l'individu (m)	individual
industriel(le)	industrial
inégal(e)	unequal
l'infirmière (f)	nurse
l'informaticien (m)	computer scientist, software engineer
les informations (fpl)	information; news
informatique (adj)	computer (adj);
compétences informatiques	IT/computer skills;
ingénieur informatique	computer engineer;
outils informatiques	computer software
informer	to inform
l'ingénieur (m)	engineer;
ingénieur de vente	sales engineer
l'initiation (f)	introduction
s'inquiéter	to worry
insatisfait (de)	dissatisfied with
l'inscription (f)	registration
l'insecticide (m)	insecticide
l'insertion professionnelle	getting a foot on the career ladder
l'inspecteur (m)	inspector
les installations (fpl)	facilities
installer	to install
s'installer	to move in, settle in
l'instant (m)	instant, moment;
pour l'instant	for the moment
instar: à l'instar de	following the example of
l'instructeur (m)	instructor
l'instruction (f)	instruction
l'instrument (m)	instrument
l'institutrice (f)	primary school teacher
insupportable	unbearable
intelligent(e)	intelligent
interdire	to forbid, prohibit
interdit(e)	forbidden, prohibited
intéressant(e)	interesting
intéresser	to interest
s'intéresser à	to be interested in
l'intérêt (m)	interest
intérieur(e)	indoor

intermédiaire	intermediary	le kayak	kayak (canoe)
interminable	interminable, never-ending	le kilomètre	kilometre
		le kilo	kilo
international(e)	international	le kiosque	kiosk
l'Internet (m)	Internet	la kitchenette	kitchenette
interroger	to question		
l'intimité (f)	intimacy, private life	là-bas	over there
l'introduction (f)	introduction	laisser	to leave
l'investigation (f)	investigation	laitier	dairy
investir	to invest	le lancement	launch
l'invitation (f)	invitation	lancer	to launch
l'invité(e)	guest	la langue	language; tongue
inviter	to invite	largement	widely;
l'isolant (m)	insulation, insulating material	une idée largement répandue	a widespread idea
		la lavande	lavender
issu(e) de	originating from	le lave-linge	washing-machine
l'Italie (f)	Italy	laver	to wash
italien(ne)	Italian	la laverie	launderette
l'itinéraire (m)	itinerary, route	le leader	leader
		le lèche-vitrine	window-shopping
jadis	in bygone days	le lecteur/la lectrice	reader
jamais	never;	le lecteur CD	CD player
ne … jamais	never	le lecteur DVD	DVD player
le jardin	garden	la légende	legend, caption
le jardinier	gardener	léger/légère	light
le jeu	game;	le légume	vegetable
les jeux vidéo	computer games	les lentilles (fpl)	lenses
jeudi	Thursday;	lequel/laquelle	which one
à jeudi	see you on Thursday	la lessive	washing, washing powder;
jeune	young	faire la lessive	to do the washing
la jeunesse	youth	la lettre	lettre;
le job	(temporary) job;	la lettre de motivation	letter of application
un job d'été	summer job	leur	to them
le jogging	jogging	leur(s)	their
joli(e)	pretty	se lever	to get up;
jouer	to play;	se lever du pied gauche	to get out of bed on the wrong side
jouer au tennis	to play tennis;		
jouer de la guitare	to play the guitar	la liberté	freedom
le jour	day;	la librairie	bookshop
de jour comme de nuit	night or day;	libre	free
le jour férié	public holiday;	la licence	(university) degree
tous les jours	every day	le lien	link, tie, connection
le journal	newspaper	le lieu	place;
la journée	day	avoir lieu	to take place
juger	to judge	la ligne	line
juillet	July	la LGV = Ligne Grande Vitesse	High Speed Line
juin	June		
le jumeau	twin	la Ligne Grande Vitesse Est	High Speed East Line
la jupe	skirt		
jusqu'à	(up) to, until	Lille	(town in N. France)
juste	just	la limite	limit
justement	precisely;	limousin	of/from the Limousin region
il allait justement …	he was just going to …		
justifier de	to have experience of	linguistique	linguistic; language

le lipide — lipid
lire — to read
la liste — list
le lit — bed
le litre — litre
le livre — book
local(e) — local
le locataire — tenant
locatif/locative — rental
la location — rental
le locuteur — speaker
le logement — accommodation
loger — to stay, put (someone) up
le logiciel — software program/package
loin — far;
  loin de là! — far from it!
le loisir — leisure
Londres — London
long/longue — long
longtemps — for a long time;
  ça fait longtemps que … — it's been a long time that/since
la longueur — length
lors de — at the time of
lorsque — when
le Lot — (river and département in S.W. France)
louer — to hire, rent, let
le loyer — rent
lu (pp. of **lire**) — read
lui — to him/to her
la lumière — light
lundi — Monday
les lunettes (*fpl*) — spectacles, glasses
le lycée — secondary school
le lycéen, la lycéenne — (secondary) school pupil

ma (followed by feminine noun) — my
la machine — machine;
  machine à traitement de texte — word-processor
la maçonnerie — building, bricklaying
madame — (term of address for married women or women over about 25 years old)
mademoiselle — (term of address for unmarried women under about 25)
le magasin — shop;
  le grand magasin — department store
le magazine — magazine
magique — magic
magnifique — magnificent

mai — May
maigrir — to slim
la main — hand;
  à la main — in her/his hand
la maintenance — maintenance
maintenant — now
maintenir — to maintain
le maire — mayor
mais — but
la maison — house
la maîtrise — mastery, command
la majorité — majority
mal — bad(ly)
le mal — evil;
  avoir du mal — to have difficulty
la maladie — illness, disease
malgré — despite, in spite of
malheureusement — unfortunately
le management — management
la Manche — English Channel
manger — to eat
manifester — to demonstrate
la manipulation — manipulation
le manque — lack
manuel(le) — manual;
  le travail manuel — manual work
se maquiller — to use make-up
la marche — walking
le marché — market;
  bon marché — cheap, good value
marcher — to walk;
  marcher bien — to go well
mardi — Tuesday
la margarine — margarine
le mariage — marriage
marié(e) — married
se marier à/avec — to get married to
marin(e) — marine
le marketing — marketing
marre: en avoir marre — to be fed up (with it)
marron — brown
marron-vert — greeny-brown
mars — March
le massif — massif
le match — match
maternel(le) — motherly;
  la langue maternelle — mother tongue
les maths = les mathématiques (*fpl*) — maths/mathematics
la matière grasse — fat
le matin — morning;
  3 heures du matin — 3 o'clock in the morning;
  demain matin — tomorrow morning;
  le matin — in the morning;
  tous les matins — every morning

la matinée — morning;
   faire la grasse matinée — to have a lie-in
mauvais — bad
me — me, to me
méchant(e) — naughty, wicked
le médicament — medicine, drug
médiéval(e) — medieval
méditerrannée — Mediterranean
meilleur(e) — better (*adj*)
le membre — member, limb
même — same, very, even, itself;
   ce soir même — that very evening;
   quand même — all the same;
   sur la plage même — on the beach itself
menacer — to threaten
ménager/ménagère — household;
   les travaux ménagers — household jobs/housework
mentionner — to mention
la mer — sea
merci — thank you
la mère — mother
merveilleux/merveilleuse — marvellous
mes (followed by plural noun) — my
le message — message
messieurs — (term of address used to several men)
mesurer — to be … tall;
   je mesure 1m55 — I am 1m55 tall
le métier — job, profession
le mètre — metre
le métro — tube, underground train
métropolitain(e) — Metropolitan;
   en France métropolitaine — in Metropolitan France
mettre — to put;
   on met combien d'heures? — how many hours does it take?
le meuble — piece of furniture
meublé(e) — furnished
le meurtre — murder
mi-juin — mid-June
mi-septembre — mid-September
mi-temps — half-time, part-time
la micro — microcomputing
le (four) micro-ondes — microwave oven
midi — mid-day
mieux — better (*adv*)
mignon(ne) — sweet
le milieu/les milieux — circle/s (society);
   le milieu familial — home environment;
   le milieu naturel — natural environment;
   les milieux professionnels — professional circles
le million — million
mince — slim
mince! — blast!
minuscule — tiny, minuscule

la minute — minute
mobiliser — to mobilise, call upon
la mobilité — mobility
la mode — fashion;
   à la mode — in fashion
le mode — way;
   le mode de vie — way of life
le modèle — model
moderne — modern
modifier — to modify
moi — me; I;
   derrière moi — behind me
moins — less
le mois — month;
   par mois — per month
le moment — moment
mon (followed by masculine noun) — my
le monde — world;
   beaucoup de monde — a lot of people;
   tout le monde — everyone
mondial(e) — world(-wide)
le moniteur — instructor
mono-insaturé(e) — mono-unsaturated
Mons, Hainaut — (university town and province in Belgium)
monsieur — (term of address for a man)
le mont — Mount
la montagne — mountain
la montée — rise
monter — to go up, take up, set up;
   monter en flèche — to shoot upwards, to soar;
   monter les valises — to take the suitcases up;
   monter une entreprise — to set up a business
la montgolfière — hot-air balloon
le monument — monument
se moquer de — to laugh at
le mot — word, note;
   le mot de la fin — last word;
   écrire un mot — to write a note
le moteur — engine;
   le moteur de recherche — search engine
la motivation — motivation;
   une lettre de motivation — letter of application
motivé(e) — motivated, independent, self-starter
la moto — motorbike
la moto verte — scrambling
la moule — mussel
le moulin — (wind)mill
la moulinette — small vegetable mill;
   travail en moulinette — chimney work (technical rock-climbing term)
mourir — to die
le mouvement — movement

moyen(ne)	average, middle-sized
le moyen	way, means
la moyenne	average
les moyens	means
muet	silent, dumb
le mur	wall
musclé(e)	muscular
la musculation	weight-training
le musée	museum
musical(e)	musical
la musique	music
le mystère	mystery
nager	to swim
naître	to be born
la natation	swimming
national (mpl nationaux)	national
la nationalité	nationality
la nature	nature
naturel(le)	natural
naturellement	naturally
ne … pas	not
ne … plus	no longer
ne … que	only …;
n'est qu'à … km	is only … km away
nécessaire	necessary
nécessiter	to necessitate, make necessary
la négation	negation
négatif/négative	negative
la négociation	negotiation
la neige	snow
neuf	nine
le nez	nose
ni … ni … ne …	neither … nor …
Nice	(town on the Mediterranean coast of France)
le niveau (mpl niveaux)	level
noir(e)	black
le nom	(sur)name
le nombre	number
nombreux/nombreuses	numerous, very many
le nord	north
normal(e)	normal
normalement	normally, usually
la Normandie	Normandy (region in northern France)
nos (followed by plural noun)	our
la note	note, bill
noter	to note (down)
notre (followed by singular noun)	our
nourrir	to feed;
vous êtes nourri(e)	you get free meals

la nourriture	food
nous	we, us, to us
nouveau/nouvel/nouvelle	new
novembre	Novembre
la nuit	night;
dans la nuit	at night;
de nuit	by night;
une nuit blanche	sleepless night
nul ne …	no-one
numérique	numerical
le numéro	number
la nutrition	nutrition
nutritionnel(le)	nutritional
obligé(e)	obliged;
être obligé de	to be obliged to/to have to
obsédé(e)	obsessed
observer	to observe
obstruer	to obstruct, block
obtenir	to obtain
l'occasion (f)	occasion, opportunity;
à l'occasion d'un entretien	on the occasion of an interview/should I be interviewed/when I come for interview
occidental(e)	western
occupé(e)	busy
octobre	October
l'œuf (m)	egg
l'œuvre (m)	work (creative);
le hors-d'œuvre	starter (on a menu)
offert (pp. of **offrir**)	offered
l'office de tourisme	tourist office
officiel(le)	official
l'offre (f)	offer
offrir	to offer, to invite, to give;
Tu ne peux pas t'offrir …?	Can't you afford …?
l'omelette (f)	omelette
on	one, we, they
l'oncle (m)	uncle
onze	eleven
opérer	to operate
l'opinion (f)	opinion
opposé(e)	opposite;
le sexe opposé	the opposite sex
or	now (in a story)
l'or (m)	gold
l'ordinateur (m)	computer
l'ordre (m)	order (command);
dans le bon ordre	in the right order
l'ordure (f)	rubbish;
les ordures ménagères	household waste
l'oreille (f)	ear
organiser	to organise
l'orientation	orientation, direction
oser	to dare

183

Vocabulaire

ou	or
où	where
oublier	to forget
l'ouest (*m*)	west
oui	yes
l'outil (*m*)	tool;
les outils informatiques	computer software
ouvert (pp. of **ouvrir**)	open, opened
ouvrir	to open
la page	page
le pain	bread
paniquer	to panic
panoramique	panoramic
le pantalon	trousers
le papier	paper
par	per; by; through;
par contre	on the other hand;
par exemple	for example;
par hasard	by chance;
par rapport à …	compared with …;
par téléphone	by telephone;
par une fenêtre	through a window
paraître	to seem, appear
le parapente	paraglider; paragliding
le parapluie	umbrella
le parc	park
parce que	because
pardonner	to forgive
le parent	parent
parfait(e)	perfect
parfaitement	perfectly
parisien(ne)	Parisian
le parking	car-park
parler	to speak, talk
parmi	among, amongst
part: à part ça	by the way
partager	to share
le/la partenaire	partner
participer à	to participate, take part in
particulièrement	particularly
la partie	part;
faire partie de	to be part of
partir	to leave, depart
à partir de	(starting) from, on the basis of
partout	everywhere
paru (pp. of **paraître**)	appeared, published
parvenir à	to succeed in, to manage
pas: ne … pas	not
le pas	step;
à deux pas	(lit. two steps from) a stone's throw from
le passage	passage, route
le passager	passenger
le passeport	passport
passer	to spend (time); to pass by (someone's house);
passer son temps à …	to spend one's time (doing)
passionné(e)	passionate; an enthusiast
les pâtes (*fpl*)	pasta
le patron/la patronne	boss
pauvre	poor
payer	to pay (for)
le pays	country
les pays occidentaux	western countries
le paysage	countryside
la pêche	fishing; peach
pédestre	pedestrian, on foot;
le circuit pédestre	walking circuit
la peine	trouble;
à peine	scarcely;
il vaut la peine	it's worthwhile
la peinture	painting
se pencher	to lean over
pendant	during
pendre	to hang;
pendre la crémaillère	to have a house-warming party
pénétrer	to penetrate, to infiltrate
penser	to think;
penser de	to think about, have an opinion on;
Qu'en penses-tu?	What do you think (of it)?
la pente	slope
perdre	to lose
le père	father
le perfectionnement	improvement
la période	period
le périphérique	ring road
permettre	to allow, permit;
… peux-tu te permettre?	… can you afford?
le permis	permit;
le permis de conduire	driving licence
Perpignan	(town in the very south of France, on the border with Spain)
la personnalité	personality
personne: ne … personne	no-one
la personne	person
le personnel	staff
personnellement	personally
persuader	to persuade
la perte	loss, waste;
une perte de temps	a waste of time
peser	to weigh
petit(e)	small, little, short;
le/la petit(e) ami(e)	boyfriend/girlfriend;
le petit gâteau	biscuit

peu	little;
un peu	a little;
à peu près	approximately
la peur	fear;
avoir peur de/que	to be afraid of/that
peut-être	perhaps
la photo	photo;
faire une photo	to take a photo
la photocopie	photocopy
photocopier	to photocopy
la phrase	phrase, sentence
physique	physical
le physique	physique, physical appearance
la pièce	room
le pied	foot
piéger	to trap
pire	worse
la piscine	swimming-pool
la piste	slope
la pizza	pizza
la place	square;
sur place	on the spot
la plage	beach
plaisanter	to joke;
Tu plaisantes!	You're kidding!
le plaisir	pleasure
le plan	plan;
les plans de carrière	career plans;
sur le plan personnel	from a personal point of view
la planche à voile	windsurfer; windsurfing
la planète	planet
planifier	to plan
la plante	plant
plein	full;
en plein air	in the open air;
plein centre	right in the centre
pleurer	to cry
la plongée	diving;
la plongée sous-marine	deep-sea diving
la plupart	most
plus	more
plusieurs	several
plutôt	rather
la PME = Petite ou Moyenne Entreprise	SME (Small to Medium-sized Enterprise)
la poche	pocket
le poids	weight
le point	point;
un point, c'est tout!	and that's final!;
le point chaud de l'actualité	hot news item
le poisson	fish
poli	polite
la police	police
la politique	politics
polyinsaturé(e)	polyunsaturated
la pomme	apple
la pomme de terre	potato
le/la pompiste	petrol pump attendant
ponctuel(le)	punctual
le pont	bridge
la population	population
le portable	laptop computer; mobile phone
la porte	door
la porte-fenêtre	French window
le porte-monnaie	purse
se porter garant	to be garantors
poser	to ask, pose;
poser une question	to ask a question;
poser un problème	to pose a problem;
poser sa candidature à un poste	to apply for a job
positif/positive	positive
posséder	to possess, own
la possibilité	possibility
possible	possible
le poste	post, job
pot: prendre un pot	to have a drink
la poubelle	dustbin
pour	for, in favour of
le pourboire	tip (money)
pourquoi	why
poursuivre	to pursue, follow, continue
se poursuivre	to continue, chase each other
pourtant	yet, however
pouvoir	can, to be able to;
faute de pouvoir	as they can't
pratique	practical, handy
pratiquer	to practise
le précepteur/la préceptrice	tutor (private)
préciser	to give details about
préférer	to prefer
le préjugé	prejudice
premier/première	first
prendre	to take, to have;
prendre quelque chose au sérieux	to take something seriously
la préoccupation	preoccupation, concern, worry
se préoccuper (de)	to be preoccupied (by), worried (about)
la préparation	preparation
préparer	to prepare
près de	near, close to;
à peu près	about, approximately

Vocabulaire

la présentation — presentation
présenter — to present, introduce
se présenter — to introduce oneself
presque — almost
la pression — pressure;
   sous pression — under pressure
prêt(e) — ready
le prêt-à-porter — ready-to-wear, off-the-peg clothes
les prétentions (fpl): quelles sont vos prétentions? — what salary are you asking for?
prêter — to lend
le prétexte — excuse, pretext
la preuve — proof;
   en être la preuve — to be the proof of it
prévenir — to prevent, avoid
prévoir — to foresee, predict, envisage, plan for
prier — to ask, beg
principal(e) — principal
le principe — principle;
   en principe — in principle
le printemps — spring
pris(e) — busy, otherwise engaged
le prisonnier — prisoner
le privilège — privilege
privilégier — to give priority
le prix — price
le problème — problem
prochain(e) — next
le produit — product
le professeur — teacher
professionnel(le) — professional
les professions intermédiaires — junior management
le profil — profile
profiter de — to make the most of
le programme — programme
le projet — project
la promenade — walk
se promener — to walk
la promesse — promise
promettre — to promise
propos: à propos de — about
proposer — to propose, suggest
la proposition — proposition, suggestion
propre — own; clean
le propriétaire — owner
protéger — to protect
prouver — to prove
la Provence — (region in S.E. France)
à proximité — nearby;
   à proximité de — near

public/publique — public
publicitaire — publicity, advertising
puis — then
puisque — since
le pull — pullover
la pulsation — pulse, heartbeat

qu' (before a vowel) — which, what, that
qu'importe! — so what!
le quai — quay
les qualifications (fpl) — qualifications
la qualité — quality
quand — when;
   quand même — all the same, in fact
quant à — as for
quarante-cinq — forty-five
le quart — quarter;
   cinq heures moins le quart — quarter to five
le quartier — district
quatre — four
quatre-vingt-dix-sept — ninety-seven
que — which, what, that;
   ne … que — only
quel(s)/quelle(s) — which
quelqu'un — someone
quelque — some
quelquefois — sometimes
la question — question
qui — who, which, that
quinze — fifteen
quitter — to leave, stop, give up
quoi — what
quotidien(ne) — daily, everyday

raconter — to tell a story, to say
le rafting — white-water rafting
le raid — long-distance trek
raide — straight
la raison — reason
raisonnable — reasonable
raisonner — to reason, argue
la randonnée — ramble, ride, drive; walking, hiking
ranger — to tidy
rapide — rapid, quick
rapidement — rapidly
le rappel — reminder
le rapport — relationship;
   par rapport à — compared with
la raquette (à neige) — snowshoe
rarement — rarely
se raser — to shave
se rassurer — to put your mind at ease;
   rassurez-vous! — don't worry!

rater	to fail, miss
rattacher	to link, connect
ravi(e)	delighted
le rayon	shelf
la réaction	reaction
réagir	to react
le réalisateur	film director
réaliser	to realise, carry out, conduct
récemment	recently
récent(e)	recent
le/la réceptionniste	receptionist
rechercher	to seek, hunt
la réclusion	imprisonment
recommander	to recommend
reconnaître	to recognise, admit
reconstruire	to reconstruct
recourir à	to have recourse to, resort to
recruter	to recruit
récupérer	to get back, recuperate
la rédaction	writing, editing
rédactionnel(le)	editorial
rédiger	to write, edit
redonner	to give again; to repeat
la réduction	reduction
réduit(e)	reduced
réel(le)	real
réellement	really
la référence	reference
réfléchir	to reflect, think about
refuser	to refuse
regarder	to look at, watch;
regarder en face l'employeur	to look the boss straight in the eye
le régime alimentaire	diet
la région	region
régional (*mpl* régionaux)	regional
régler	to sort, arrange;
c'est réglé	that's settled
la réglementation	rules, regulations
le regret	regret;
je suis au regret de devoir	I'm sorry to have to
regretter	to regret, to be sorry
régulier/régulière	regular
régulièrement	regularly
Reims	(cathedral town in northern France)
la relation	relation;
les relations publiques	public relations
relaxant	relaxing
relaxe	relaxed
relaxer	to relax
remarquable	remarkable
remarquer	to remark, to notice

remercier	to thank;
les remerciements (*mpl*)	thanks
remettre en liberté	to release
remis	put back
remonter	to go back up
les remontées (*fpl*) mécaniques	ski lifts
remplir	to fill
la renaissance	revival
rencontrer	to meet
le rendement	yield
le rendez-vous	meeting, appointment, date
rendre	to give back;
rendre un petit service à quelqu'un	to do someone a small favour;
rendre visite à quelqu'un	to visit someone
se rendre	to go, get to
Rennes	(capital city of Brittany in northern France)
renouveler	to renew
les renseignements (*mpl*)	information
se renseigner	to get information
la rentrée	start of the school/ academic year
rentrer	to go back
renverser	to spill
répandu (pp. of **répandre**);	widespread;
une idée largement répandue	a commonly held/ widespread idea
réparer	to repair
repartir	to go away again
le repas	meal
le repassage	ironing
repérer	to spot
répondre	to reply
la réponse	reply
reprendre	to take up again, continue
réputé(e)	reputed, well-known
requis(e)	required
rescapé(e)	surviving
le Réseau Ferré de France	French Railway Network
la réservation	reservation, booking
réserver	to reserve, book
ressortir	to come out again
respectueux/ respectueuse	respectful
responsabiliser	to make (people) take responsibility
responsable	responsible
le responsable	head, director;
le/la responsable des ressources humaines	Head of Human Resources

Vocabulaire

le réseau	network
le restaurant	restaurant
la restauration	catering, restoration
restaurer	to restore
rester	to stay, remain
le resto (colloquial)	restaurant
restreint(e)	restricted, limited
le résultat	result
résumer	to resume, sum up
le retard	delay
retarder	to delay
retirer	to withdraw, take away
le retour	return
retourner	to return
retrouver	to discover, find
la réunion	meeting
réussir (à)	to succeed (in);
réussi(e)	successful
le rêve	dream
le réveil	alarm clock
revenir	to return, come back
rêver	to dream
réviser	to revise
la révision	revision
revoir	to see again
la révolution	revolution
le rez-de-chaussée	ground floor
riche	rich
rien: ne … rien	nothing
rigoler	to joke, have a laugh
la rigueur	rigour
rimer	to rhyme
rire	to laugh
risquer	to risk, be in danger of, 'may well'
la rivière	river
rocheux/rocheuse	rocky
le rôle	role
le roman	novel
rose	pink
rouge	red
la route	road
la rue	street
la ruelle	small back street
le rugby	rugby
la Russie	Russia
sa (before feminine noun)	his/her/its
le sable	sand
le sac	bag;
le sac à dos	rucksack
la saison	season
le salaire	salary
le/la salarié(e)	employee, wage earner

la salle	room;
la salle d'eau	shower room;
la salle des fêtes	village hall, community hall
saluer	to salute, welcome, greet
salut!	hi!
la salutation	greeting
samedi	Saturday
le sandwich	sandwich
le sang	blood
sans	without;
sans faute	without fail
la santé	health
saturé(e)	saturated
le saumon	salmon
Saumur	(town on the River Loire in central France, famous for its champagne)
le sauna	sauna
le saut	jump;
le saut à l'élastique	bungee jump
sauter	to jump
sauvage	wild
sauver	to save
savoir	to know (how to)
scientifique	scientific
scolaire	school;
le travail scolaire	school work
la scolarité	schooling
sec/sèche	dry
le sèche-cheveux	hairdrier
le sèche-linge	tumble-drier
la sécheresse	drought
secondaire	secondary;
l'enseignement secondaire	secondary education
le/la secrétaire	secretary
le secrétariat	secretarial work
secrètement	secretly
la section	section
la sécurité	safety
le sein	bosom, breast;
au sein d'une équipe	as part of a team
le séjour	sitting room; stay
le/la séjournant(e)	guest, person who is staying
la sélection	selection
selon	according to;
selon mes connaissances	as far as I know
la semaine	week
semblable	similar
semblant: faire semblant de	to pretend to
sembler	to seem
le séminaire	seminar

sens (from **sentir**): je sens — I feel

le sens — direction; sense;
  à mon sens — to my mind

la sensation — sensation

sensibiliser — to raise awareness

le sentiment — feeling;
  mes sentiments les meilleurs — my kindest regards

sentir — to feel; smell

séparer — to separate

sept — seven

septembre — September

sera (future of **être**) — will be

sérieux/sérieuse — serious

se sert: il se sert avec — it is served with

le serveur/la serveuse — waiter/waitress

serviable — obliging, helpful

le service — department;
  rendre un petit service à quelqu'un — to do someone a small favour

ses (before plural noun) — his/her/its

la session — session

seul(e) — alone, sole, only

seulement — only

sevrer — to sever, break off

le sexe — sex

si — if; yes (after a negative question)

le siècle — century

le siège — Head Office; seat, chair

les siens — his/her/its (ones)

le silence — silence

silencieux/silencieuse — silent

simple — simple

simplement — simply

le site — site

la situation — situation

situé(e) — situated, positioned, located

six — six

sixième — sixth;
  le sixième continent — the underwater world

le ski — ski;
  le ski nautique — water-skiing

le skieur — skier

le skinhead — skinhead

le slogan — slogan

le SMIC (Salaire Minimum Interprofessionnel de Croissance) — minimum wage

sociable — sociable

social(e) — social

la société — company, firm, society

la sœur — sister

la soie — silk

soigneusement — carefully

soigneux/soigneuse — careful

le soin — care;
  être aux petits soins pour quelqu'un — to attend to someone's every need

le soir — evening

la soirée — evening; party

soit … soit — either … or

le soleil — sun

la solution — solution;
  la solution de fortune — makeshift measure

le sommet — summit

son (before masculine noun) — his/her/its

le son — sound;
  spectacle son et lumière — sound and light show

le sondage — opinion poll, survey

sonner — to ring

sortir — to go out

souhaiter — to wish, want

soulagé(e) — relieved

le soulagement — relief;
  quel soulagement — what a relief

soulever — to raise;
  le problème soulevé — the problem raised

souriant(e) — smiling

sourire — to smile

sous — under

le sous-sol — basement

soutenir — to support

souterrain(e) — underground

le souvenir — memory, souvenir

se souvenir de — to remember

souvent — often

spécial (mpl spéciaux) — special

le spectacle — show;
  spectacle son et lumière — light and sound show

spirituel(le) — witty

splendide — splendid

le sport — sport;
  les sports collectifs — team sports

sportif/sportive — sporty, keen on sports;
  le centre sportif — the sports centre

le squash — squash

le stage — course;
  en stage — on placement;
  le stage professionnel — professional placement;
  stage en entreprise — work placement

le/la stagiaire — someone on placement; trainee

la start-up — start-up

la station — station; resort;
  station balnéaire — seaside resort;
  station de métro — underground station;
  station de ski — ski resort

Vocabulaire

le steak-frites	steak and chips
stocker	to store, stock
le stress	stress
stressé(e)	stressed (out)
le studio	studio flat, bedsit
le style	style
le stylo	pen
subir	to undergo
la subvention	grant, subsidy
le succès	success
le sud	south
suite: tout de suite	immediately;
suite à	following
suivant(e)	following
suivre	to follow
super	super, very
supérieur(e)	upper, higher, superior
le supermarché	supermarket
supplémentaire	supplementary
supporter	to endure, bear
sur	on
sur-le-champ	immediately
sûr/sure	sure, certain;
bien sûr	of course
de surcroît	in addition
le surf	surfing
la surface	surface area;
Quelle est sa surface?	What size is it (in square metres)?
surmonter	to surmount, overcome
le surpoids	excess weight
la surprise	surprise
surtout	above all, especially
la surveillance	watch;
poste de surveillance	life-guard station
surveiller	to watch out for
le survol	flight over
le suspect	suspect
le symbole	symbol
sympa	nice
le synonyme	synonym, word with the same meaning
le T1	studio flat (see page 104 for T2/T3 etc.)
ta (before feminine noun)	your (informal)
la table	table
la tâche	task
la taille	size
tandis que	while, whereas
en tant que	as, in the capacity of
taper	to type
tard	late
le tarif	rate, tariff, price
le tas de	loads of

la tasse	cup
le taux	rate;
le taux de chômage	unemployment rate
la taxe	tax
te	you, to you
technique	technical
la technologie de pointe	up-to-the-minute technology
technologique	technological
la télé	TV
téléphoner (à quelqu'un)	telephone (someone)
téléphonique	telephonic
le téléviseur	TV set
la télévision	television
tellement	so, so much/many;
pas tellement	not really
le témoignage	testimony, 'story'
le temps	time, weather;
l'emploi du temps	timetable;
plein temps	full-time;
à mi-temps	part-time;
à temps partiel	part-time
tendre	to stretch
le tennis	tennis
la tente	tent
tenter	to attempt, try;
tenter leur chance	to try their luck
la tenue	brief, duties; outfit
le terme	term
terminer	to end, finish
le terrain	ground, land
la terrasse	terrace
la terre	earth, ground, land;
la pomme de terre	potato
terrestre	terrestrial;
sports terrestres	land-based sports
tes (before plural noun)	your (informal)
la tête	head;
en tête	in the lead;
être tête en l'air	to be scatterbrained
le texte	text
le TGV (train à grand vitesse)	high-speed train
le thème	theme, subject
les tiens	yours, your ones
le tigre	tiger
le tire-bouchon	corkscrew
le titulaire	bearer, holder
toi	you
la tomate	tomato
tomber	to fall;
tomber amoureux/ amoureuse	to fall in love
ton (before masc. noun)	your (informal)
la tonne (1000 kg)	tonne, metric ton

le tort	wrong;
avoir tort	to be wrong
la torture	torture
tôt	early
totalement	totally
toujours	still, always;
toujours plus grand	bigger and bigger
le tour	turn, trip;
à chacun son tour	everyone takes a turn;
c'est le tour de …	it's …'s turn;
faire un tour de la classe	to go round the class;
faire un tour à pied	to go for a walk/stroll
le tourisme	tourism
le/la touriste	tourist
touristique	tourist, which attracts tourists
la Toussaint	All Saints' Day (1st November)
tout/toute/tous/toutes	all, every, everything;
de toute façon	in any case;
pas du tout	not at all;
tout à fait	completely;
tout d'abord	first of all;
tout de suite	immediately, at once;
tout le monde	everyone;
tout le reste	everything else;
tout près de	very close to
traditionnel(le)	traditional
le traducteur/la traductrice	translator
la traduction	translation
traduire	to translate
le train	train
traîner	to lie around, drag
le traitement: machine à traitement de texte	word-processor
traiter	to deal with
le trajet	trip, journey
tranquille	quiet
tranquillement	quietly
la transparence	transparency, openness
le transport	transport;
les transports en commun	public transport
transporter	to transport
le travail (pl les travaux)	work;
un travail de concertation avec	rigorous consultation with;
le travail scolaire	school work
travailler	to work
travailleur/travailleuse	hard-working
à travers	across, through
la traversée	crossing
traverser	to cross
trente	thirty
très	very
triple	triple

trois	three
se tromper	to make a mist
trop	too much
trouver	to find
le truc	tip, thingy, thingummy, whatsit
tu	you (singular, informal)
tuer	to kill
le tunnel	tunnel
le type	type
typiquement	typically
un/une	a, one
l'union (f) libre	cohabitation
unique: fils/fille unique	only child
uniquement	only
universitaire	university;
la vie universitaire	university life;
les équipements universitaires	university facilities
l'université (f)	university
l'usine (f)	factory
utile	useful
l'utilisateur	user
utiliser	to use
va: ça me va	that's OK with me
les vacances (fpl)	holidays
les vacanciers (mpl)	holidaymakers
la vague	wave
le vaisseau	ship
la vaisselle	washing-up;
faire la vaisselle	to do the washing-up
la valeur	value
varié(e)	varied
vas (from **aller**): tu vas	you go
vaste	vast, very large
vaut (from **valoir**): il vaut mieux	it is better;
il vaut la peine	it is worthwhile
la vedette	star (celebrity)
le végétarien/la végétarienne	vegetarian
le vélo	bike;
le vélo tout terrain	mountain bike/biking
le vendeur/la vendeuse	sales assistant
vendre	to sell
vendredi	Friday
venir	to come
la vente	sale;
l'assistante de ventes (f)	sales assistant
le verbe	verb
Verdon: Gorges du Verdon	(spectacular gorges in S.E. France)
véritable	real

la vérité — truth
verra (future of **voir**): on verra — we'll see
le verre — glass;
  prendre un verre — (lit. to take a glass) to have a drink
le verrouillage — locking mechanism
vers — towards, about;
  vers une heure — about one o'clock
verser — to pour
vert(e) — green;
  la moto verte — scrambling;
  se mettre au vert — to go green (ecological)
vertical(e) — vertical
le vertige — vertigo;
  avoir le vertige — to feel giddy
la veste — jacket
le vêtement — garment
vétuste — run-down
veuillez (from **vouloir**) — please, would you be so kind as to …

le viaduc — viaduct
la victime — victim
la victoire — victory
vidéo — video
vider — to empty
la vie — life;
  la vie active — active working life
vieux/vieil/vieille — old
le village — village
la ville — town
le vin — wine
vingt — twenty
vingt-deux — twenty-two
la vision — vision
visiter — to visit
le visiteur — visitor
la vitamine — vitamin
vite — quickly
la vitesse — speed
la vivacité — vivacity
vif/vive — lively, bright
vivre — to live

le vocabulaire — vocabulary
la vocation — vocation, calling
la vogue — fashion;
  en vogue — in fashion
voici — here is;
la voie — way, trail
voilà — there; that's it!;
  voilà ce que je propose — here's what I suggest
la voile — sail, sailing
le voilier — sailing dinghy
voir — to see
le voisin — neighbour
voisinant(e) — neighbouring
la voiture — car
le vol — theft, flight
le volant — steering wheel
voler — to steal, to fly
le voleur — thief, robber
vos (before plural noun) — your
votre (singular noun) — your
voudrais (from **vouloir**): je voudrais — I would like

vouloir — to wish, want;
  vouloir dire — to mean
vous — you (singular formal, plural)

voyager — to travel
le voyou — lout, hooligan
vrai(e) — true, real
vraiment — really
le VTT — mountain bike/biking
vu (pp. of **voir**) — seen
la vue — view

le walkman — walkman
le week-end — weekend
le whisky — whisky

les yeux (*mpl*) (*sing*. un œil) — eyes

zut! — bother it!, damn!

SOLUTIONS

UNIT 1

5 **a** F; **b** V; **c** F; **d** V; **e** F; **f** F; **g** V; **h** V; **i** F; **j** V.

6 **a** Elle s'appelle Louise. **b** Elle fait ses études à l'université de Cardiff. **c** Elle étudie la géographie. **d** Oui. **e** Non, elle est partie avec trois amis. **f** La ville de St. Cirq Lapopie est très intéressante. C'est une ville médiévale avec des boutiques et des restaurants. **g** Ils ont fait du camping. **h** Ils ont nagé et ils ont fait du canoë. **i** On peut manger ou prendre un pot. **j** Il a fait très beau temps.

8 **a** Vous êtes déjà allé en France? **b** Qu'est-ce que vous avez vu? **c** Vous avez visité le Louvre? **d** Où avez-vous logé? **e** Vous aimez la nourriture française? **f** Vous êtes sorti le soir?

9 **a** Hier, elle a pris le train pour Caen. **b** Elle est arrivée à la gare vers 8h30. **c** Elle a déjeuné dans le train. **d** Elle a passé l'après-midi à lire un magazine. **e** Elle a dormi un peu. **f** Elle a raté la gare de Caen! **g** Elle a téléphoné à ses amis et ils ont beaucoup rigolé.

10 **Aziz** – Grèce; parents, un ami; baigner, bronzer, visiter des ruines/temples grecs. **Marie-Claire** – France; copain; camper, nager, vélo, balades dans la forêt. **David** – Maroc; seul; dormir dans le désert, Marrakech, shopping, cadeaux. **Caterina** – Autriche; amis; Tirol, randonnée, Vienne, concerts

11 **a** F; **b** F; **c** F; **d** V; **e** V; **f** F.

Exercices de grammaire

1 **a** Vous êtes étudiant? Etes-vous étudiant? Est-ce que vous êtes étudiant? **b** Il travaille dans un supermarché? Travaille-t-il …?; Est-ce qu'il travaille …? **c** Ils parlent français? Parlent-ils …? Est-ce qu'ils parlent …? **d** Vous aimez la musique? Aimez-vous …? Est-ce que vous aimez …? **e** Il a déjà visité la France? A-t-il déjà visité …? Est-ce qu'il a déjà visité …? **f** Vous êtes déjà allé(e) en Bretagne? Etes-vous déjà allé(e) …? Est-ce que vous êtes déjà allé(e) …?

2 **a** Vous n'êtes pas étudiant? **b** Il ne travaille pas dans un supermarché? **c** Ils ne parlent pas français? **d** Vous n'aimez pas la musique? **e** Il n'a pas déjà visité la France? **f** Vous n'êtes pas déjà allé(e) en Bretagne?

3 **i** – d; **ii** – a; **iii** – f; **iv** – h; **v** – g; **vi** – b; **vii** – c; **viii** – e.

4 **avoir** verbs **a** J'ai mangé …. **b** Nous avons travaillé …. **c** Ils ont choisi …. **d** Vous avez fini …. **e** Tu as vendu … **f** Elle a perdu sa clé. **être** verbs **a** On est allé …. **b** Ils sont arrivés …. **c** Je suis entré(e) …. **d** Nous sommes sorti(e)s …. **e** Elle est morte …. **f** Je me suis habillé(e) …. **g** Tu t'es mal rasé.

UNIT 2

1 **a** Ses clés, son parapluie, son porte-monnaie et son portable. **b** Son billet de train. **c** Partout, dans ses poches et dans son sac. **d** Dans son livre.

3a 1– f; **2** – d; **3** – c; **4** – b; **5** – e; **6** – a.

3b Notre héros s'est levé tôt et s'est vite habillé pour aller à l'université mais il a dû attendre un quart d'heure à l'arrêt d'autobus. Il a donc décidé d'y aller ⟨à⟩ vélo. Quand il est entré dans la clas⟨se son⟩ amie Corinne lui a dit que le profe⟨sseur est⟩ malade et que le cours est annulé⟨.⟩

6a **1** F; **2** F; **3** V; **4** V; **5** F; **6** F

6b 1 ma vie s'est transformée; je suis arrivée; Mes amis m'ont dit; vous êtes allées; elles m'ont prêté; on est allé; vous vous êtes rencontrés?; on a dansé; qui a retrouvé; je suis rentrée; Serge est venu; Vous vous êtes mariés?; On s'est fiancé; le mariage a eu lieu; j'ai pu

7b (For example:) **a** Non, je suis resté(e) chez moi./Si, je suis allé(e) en ville. **b** Non, je ne me suis pas couché(e) tard./Si, je me suis couché(e) tard, à minuit. **c** Non, c'est vrai, je ne me suis pas beaucoup amusé(e)./Si, je me suis bien amusé(e). **d** Non, je ne suis pas fatigué(e)./Si, je suis très fatigué(e). **e** Non, je suis arrivé(e) en retard./Si, j'ai assisté au cours. **f** Non, tu as raison, je m'endors./Si, je suis en pleine forme!

9 Il a **mis** le café / Dans la tasse / Il a **mis** le lait / Dans la tasse de café / Il a **mis** le sucre / Dans le café au lait / Avec la petite cuiller / Il a **tourné** / Il a **bu** le café au lait / Et il a **reposé** la tasse / Sans me parler / Il a **allumé** / Une cigarette / Il a **fait** des ronds / Avec la fumée / Il a **mis** les cendres / Dans le cendrier / Sans me parler / Sans me regarder / Il s'est **levé** / Il a **mis** / Son chapeau sur sa tête / Il a **mis** / Son manteau de pluie / Parce qu'il pleuvait / Et il est **parti** / Sous la pluie / Sans une parole / Sans me regarder / Et moi j'ai **pris** / Ma tête dans ma main / Et j'ai **pleuré**.

10 **Alistair** – perd ses affaires; simplifier la vie, toujours remettre les choses dans le bon endroit. **Dimitra** – chocomaniaque; se promener, manger une pomme. **Tim** – problème du cœur, tombe amoureux de la mauvaise personne; participer aux clubs pour rencontrer des gens qui ont les mêmes centres d'intérêts que lui. **Fouzia** – ne se réveille pas le matin; se coucher plus tôt, demander à un ami de frapper à sa porte.

11 a Son fils parle rarement chez lui, avec ses parents qui ne savent rien sur sa vie, ses copains ou ses études. **b** Ils ont besoin de découvrir le monde extérieur par eux-mêmes, se forger leurs propres opinions et se détacher de l'autorité des parents. **c** Non. Elle devrait lui montrer qu'elle s'intéresse à sa vie, à ses activités et à ses amis. **d** Très souvent, les jeunes refusent de communiquer avec leurs parents pendant des mois, puis après on ne peut plus les arrêter de parler.

Exercices de grammaire

1 **a** Nous n'avons pas perdu nos clés; **b** Le contrôleur n'est pas passé vérifier les billets; **c** Elle n'a pas fait semblant de lire; **d** L'année dernière on n'est pas allé en France; **e** Vous ne vous êtes pas levés tôt; **f** Il ne s'est pas couché de bonne heure; **g** Ils ne se sont pas approchés de nous; **h** Tu ne t'es pas brossé les dents; **i** Elle ne s'est pas habillée en vitesse; **j** Nous ne nous sommes pas trompés d'adresse.

2 **a** Est-elle née en 1976? **b** Etes-vous parti à huit heures? **c** Ont-ils regardé la télé très tard? **d** T'es-tu amusée hier soir?

3 **a** tombée; **b** mariés; **c** penchée; **d** chuchoté; **e** décidée; **f** amusés; **g** offert; **h** installés.

4 **a** Il a trouvé son billet/ticket dans sa poche; **b** Elle est arrivée de bonne heure/tôt; **c** Il a décidé de se promener/d'aller faire une promenade tous les jours; **d** Ils ne sont pas dépêchés; **e** Etes-vous allé(s) en France l'année dernière? **f** Je ne me suis pas disputé(e) avec mon frère.

UNIT 3

1 **a** Freddie, les copains de la fac et les amis du club de sport; **b** samedi; **c** chez les parents d'Aurélie; **d** au 75 rue des Iles, immeuble Beaulieu, appartement 3 bis; **e** c'est le 67-56-28-92.

2 **1** – g, **2** – f, **3** – i, **4** – h, **5** – b, **6** – e, **7** – d, **8** – c, **9** – a

4 **a** il a des examens/il passe tout son temps à réviser; **b** parce que Bruno n'est pas un bon colocataire; il ne fait pas la vaisselle, ne nettoie pas la salle de bains et laisse traîner ses affaires; **c** il sort avec sa famille pour fêter l'anniversaire de son frère; **d** après les examens de Jean-Louis.

6 **a** elle rentre chez elle; **b** elle fait le ménage; **c** elle va au cinéma; **d** elle va nager; **e** elle ne va jamais en discothèque.

9 **1** par les frères Lumière; **2** en 1895; **3** dans les années 1920; **4** des réalisateurs de films; **5** en 1947; **6** la Palme d'Or; **7** Audrey Tautou; **8** Edith Piaf.

10a **1** – g; **2** – c; **3** – f; **4** – h; **5** – a; **6** – b; **7** – d; **8** – e.

12 **Etienne** – jeudi, vendredi; musique, cinéma. **Nadia** – mercredi, vendredi; cinéma, restaurant. **Brett** – mardi, vendredi; sports, cinéma. **Hélène** – mercredi, vendredi; cinéma, restaurant. Tout le monde veut aller au cinéma vendredi.

13 **1** Bonjour/Salut! J'espère que ça va bien, moi tout va super bien. C'est pour te dire que je ne vais pas pouvoir venir demain. Tchao/Au revoir. **2** Salut ça va bien? Moi j'ai la pêche. Alors/Bon on fait quoi ce soir? Moi, je pensais aller d'abord prendre un verre quelque part et après on peut manger chez moi par exemple, ça te dit? Bon réponds-moi vite s'il te plaît!! Bises.

Exercices de grammaire

1 **a** l'; **b** les; **c** les; **d** l'

2 **a** lui; **b** leur; **c** lui; **d** leur

3 **a** Je les ai prêtés … **b** Je l'ai prêtée … **c** Je l'ai prêté … **d** Je les ai prêtées …

4 **1**– c; **2** – f; **3** – e; **4** – b; **5** – a; **6** – d.

UNIT 4

1 **1** – c; **2** – b; **3** – b; **4** – c; **5** – a; **6** – b.

2 **a** J'ai quitté; **b** j'ai travaillé; **c** je m'ennuyais; **d** j'avais envie de; **e** j'ai décidé; **f** j'ai fait; **g** j'ai obtenu; **h** j'adore; **i** je sais; **j** je veux.

3 **a** Parce que les cours sont annulés et les professeurs ne préviennent pas les étudiants; **b** Elle a fait ses études à la Sorbonne à Paris; **c** Ils ont fait grève parce que leurs conditions de travail étaient difficiles; ils étaient entassés dans les amphithéâtres et les salles de cours et il n'y avait pas de dialogue avec les profs; **d** Elles suivaient une formation professionnelle, se mariaient et avaient des enfants; **e** Elle voulait aller à l'université pour devenir professeur d'anglais, elle voulait aller aux Etats-Unis ou en Australie; **f** Parce qu'elle a rencontré le père d'Elodie et ils se sont mariés.

9a **a** C'est l'été. **b** Il faisait très chaud. **c** Parce qu'il y avait beaucoup de monde. **d** Parce qu'il travaillait très tard – il avait un projet à terminer. **e** Il rentrait directement à la maison. **f** Il a invité une jeune collègue à prendre un pot avec lui. **g** Kaleb. **h** Une bière. **i** Souriante et belle.

10 **a 1** Voyage; **2** Mariage; **3** Interruption de carrière; **4** Déménagement. **b 1** Tout à fait d'accord; **2** Plutôt contre; **3** Absolument pas; **4** Plutôt pour.

11 **a** meilleurs rendements/meilleure qualité/meilleure résistance aux maladies, ravageurs et sécheresse; **b** depuis une vingtaine d'années; **c** à cause des risques alimentaires et écologiques; **d** (par exemple) je suis contre parce que les dangers sont mal connus et je veux savoir ce que je mange.

Exercices de grammaire

1 **a** je prenais; **b** j'achetais; **c** je faisais; **d** je rangeais; **e** je vidais; **f** je faisais; **g** je réparais; **h** je remplissais; **i** j'organisais; **j** je rentrais.

2 **a** J'aimais mes professeurs. **b** Il finissait son dîner quand le téléphone a sonné. **c** Ils vendaient des journaux mais ils ne les vendent plus. **d** Il faisait très chaud. **e** Elle avait trois filles. **f** Ils/Elles étaient à la plage. **g** Il voulait aller à l'étranger. **h** Nous n'étions pas heureux. **i** Vous preniez/Tu prenais une décision très importante. **j** Elle détestait faire ses devoirs.

3 **a** y; **b** en; **c** y; **d** en; **e** y

UNIT 5

4 **a** Zinédine Zidane; **b** Ségolène Royal; **c** Nicolas Sarkozy; **d** Elisabeth II, reine d'Angleterre.

8 **a** oui, car il y a beaucoup de choses à voir et à faire; **b** au moins une heure et demie; **c** non, ils sont plus chers; **d** c'est mieux à Londres car il y a beaucoup de pubs, etc.; **e** elle faisait du jogging et du vélo pour ne pas prendre de poids; **f** Saliha invite Damia à aller à Londres le mois prochain.

10a 1 F; 2. F; 3 V; 4 F; 5 V; 6 V.

11 1 Sortir; 2 Trouver un copain; 3 Exercice; 4 Voyage.

12 **a** Because they think genetically modified foods are advantageous in a number of ways. **b** Better for nature as, for example, potatoes which have natural defences do not require so many pesticides. Better for the consumer as they have a longer shelf life, keeping their flavour and nutritional qualities longer. **c** Ways in which the public may be kept better informed, more clearly and with greater transparency.

Exercices de grammaire

1 **a** Elle est très grande. **b** Elle a les cheveux longs et bruns. **c** Il a les cheveux courts et blonds. **d** La famille entière a les yeux bleus. **e** Mon homme idéal … **f** Ma femme idéale … **g** Une jupe courte; **h** Des chemises bleues; **i** Elle est jolie et intelligente; **j** Je porte un pantalon gris.

2 **a** un vrai ami; **b** une histoire vraie; **c** une grosse boîte; **d** un meilleur emploi; **e** un chic type; **f** un jeune homme; **g** une petite fille; **h** un bon repas. **i** une jolie femme; **j** une voiture rouge; **k** un vieux livre; **l** une belle journée.

3 **a** normalement; **b** génétiquement; **c** généralement; **d** régulièrement; **e** énergiquement; **f** naturellement; **g** prudemment; **h** malheureusement; **i** tristement; **j** doucement; **k** inévitablement; **l** furieusement.

4 (possible answers) **a** Londres est plus grand que Paris; **b** Le ski est moins facile que la natation; **c** Le français est aussi intéressant que les maths; **d** Le vin est meilleur que la bière; **e** Le travail est moins agréable que les vacances; **f** Les Britanniques sont aussi sérieux que les Français.

5 **a** Tu dois le faire immédiatement. **b** Je ne veux pas y aller. **c** Il ne peut pas manger d'escargots. **d** On veut y aller demain. **e** Nous pouvons le faire plus tard. **f** Ils doivent le prendre à neuf heures. **g** Est-ce que vous savez parler espagnol? **h** Cette jeune fille ne sait pas danser.

UNIT 6

1 1– i; 2 – d; 3 – f; 4 – k; 5 – g; 6 – c; 7 – j; 8 – a; 9 – b; 10 – e; 11 – h.

2 **a** Je voudrais parler avec … **b** Je vous la/le passe. C'est de la part de qui? **c** (your name) à l'appareil. **d** En quoi puis-je

vous être utile/vous aider? **e** J'ai vu votre annonce dans le journal ce matin. **f** Je voudrais poser ma candidature au poste de traducteur. **g** Est-ce que c'est un travail à plein temps ou à temps partiel/à mi-temps?; **h** Pouvez-vous s'il vous plaît m'envoyer par courriel/mel/email le formulaire de candidature? **i** Bien sûr/Bien entendu. Je le fais tout de suite.

6 **a** Assistant(e) du directeur général dans une société informatique;
b Tâches de secrétariat; préparation, gestion et rédaction de dossiers pour présentations et séminaires; **c** Bac + 3; bonne connaissance de l'anglais. 1 an d'expérience dans l'informatique et comme assistance d'un directeur; **d** Etre adaptable, flexible, enthousiaste et bonne maîtrise de la langue écrite.

7 **a** F; **b** V; **c** V; **d** F.

10 Sales assistant for Internet product; degree in administration, management or marketing; dynamism, enthusiasm, good English; Grenoble; no; Wednesday 10th/Thursday 11th 9 a.m.

Exercices de grammaire

2 **1**– e; **2** – c; **3** – d; **4** – a; **5** – f; **6** – b.

3 **a** qui; **b** que; **c** que; **d** qui; **e** que.

4 **a** Cette; **b** Ces; **c** ce; **d** cet **e** ces.

5 **a** Celles-ci! **b** Celui-ci! **c** Ceux-ci! **d** Celle-ci!

UNIT 7

4a **1**– d; **2** – f; **3** – b; **4** – e; **5** – a; **6** – c.

5a plus rapide (moins d'heures de conduite); nuit tranquille; détente pendant la journée sur le bateau; moins d'embouteillages; moins de stress; Caen n'est pas loin de Paris par la route ou le train; l'autoroute est agréable; plusieurs traversées de jour comme de nuit; les ferries sont grands et confortables.

5b You can cross the Channel by plane, tunnel or ferry. But if your journey takes you from the West of England to Paris, it's worth considering the Portsmouth–Caen crossing. You'll spend fewer hours on the road and you will have a quiet night or six hours on board during the day to relax. No more traffic jams, no more stress! You will arrive in Paris ready to make the most of all that the capital city has to offer. Caen is only 238 km from Paris by the A13 Normandy motorway, the greenest motorway in France. And two hours from Saint-Lazare station in Paris by train. Brittany Ferries' Portsmouth/Caen-Ouistreham line takes you to France all year round, day or night, on the 'Duke of Normandy', which can transport 1500 passengers and 360 cars each day in cruise-style comfort.

7 **a** le jeudi cinq juin; **b** le vendredi vingt et un septembre; **c** le dimanche seize mars; **d** le mercredi premier février; **e** le samedi quinze avril; **f** le lundi trente et un août.

8 Une chambre pour le 28 août; Pour deux personnes; Avec salle de bains; Le petit déjeuner est compris?; On peut se garer/Je peux me garer facilement près de l'hôtel?; (your name).

9 **a** Suite à notre conversation téléphonique d'aujourd'hui; **b** à mon nom; **c** Je vous prie de croire, madame/monsieur, en mes sentiments les meilleurs; **d** Je suis au regret de devoir annuler ma réservation; **e** Je vous remercie de votre compréhension; **f** Recevez mes meilleures salutations.

11 **Baird** lundi 15 août, 7h du soir, 1 chambre avec salle de bains; **Drakapoulou** samedi 13 août, 21h, 1 chambre simple avec douche; **Roussel** vendredi 26 août, 18h, 1 chambre double avec salle de bains; **Dufain**, lundi 8 août, 18h, 1 chambre à

grand lit, 1 chambre à 2 lits, 1 chambre avec douche et 1 avec salle de bains.

12 swimming; fantastic views; Finnish sauna; organised outdoor activities; Montagne et Rivière leisure centre; white-water rafting; hydrospeed; canyoning; mountain-biking; rock-climbing, kayak canoeing; windsurfing. 60 camping pitches; hot water; washing machine; hairdrier; microwave oven, ironing, barbecue; pitches with 3-way electrical extension lead; telephone, video. Open from 23 March to 10 October. Caravans, mobile homes and flats to rent.

Exercices de grammaire

1   **a** je boirai; **b** tu prendras; **c** il achètera; **d** elle mangera; **e** nous donnerons; **f** vous parlerez; **g** ils seront; **h** elles croiront.

2   **a** Ils viendront; **b** J'arriverai; **c** Il sera; **d** Nous ferons; **e** Tu iras; **f** Elle pourra; **g** On devra; **h** Je saurai; **i** Vous voudrez; **j** Nous verrons/On verra.

3   **a** arrivera; **b** partira; **c** donnerai; **d** Pourras; **e** seras; **f** changerai; **g** sera; **h** viendrons; **i** serez; **j** voudra; **k** Pourrez; **l** verra.

4   **a** Ne bois pas ce vin! **b** Ne partez pas tôt le matin! **c** Ne lui donne pas ton adresse! **d** Ne me rends pas mon livre! **e** N'embrasse pas Philippe! **f** N'achetez pas de pain. **g** Ne le faites pas! **h** Ne viens pas ici!

UNIT 8

5   (U) = Unsuitable; (S) = Suitable **a** – C (U); **b** – D (S); **c** – I (S); **d** – B (U); **e** – A (S); **f** – F (S); **g** – H (U); **h** – G (U); **i** – E (U)

8a f; c; a; b; e; d.

11 **Glorion** – bac + 2, préfère travailler seul, pas d'expérience mais apprend vite, 1.220 euros par mois; **Jouffrey** – licence universitaire en marketing,

2 ans d'expérience, entreprenante, sociable, sait travailler sous pression, aime travailler seule et en équipe, 22.500 euros par an; **Tyler** – diplômé en études économiques, pas beaucoup d'expérience, aime travailler en équipe, très sociable, 1.125 euros par mois; **Kröger** – licence universitaire, bac + 3, 3 ans d'expérience avec Europ Assistance; parle plusieurs langues, entreprenante et dynamique, préfère travailler en équipe, 375 euros par semaine.

Exercices de grammaire

1   **a** je prendrais; **b** tu aurais; **c** il poserait; **d** elle serait; **e** nous achèterions; **f** vous mangeriez; **g** ils croiraient; **h** ils feraient.

2   **a** elle aurait; **b** ils viendraient; **c** tu ferais; **d** elles voudraient; **e** je devrais; **f** je saurais; **g** il pourrait; **h** nous verrions; **i** on irait; **j** vous seriez.

3   **a** – 3; **b** – 5; **c** – 6; **d** – 1; **e** – 4; **f** – 2.

4   **a** Si j'ai assez d'argent, j'**irai** en Italie cet été. **b** Que feriez-vous, s'il n'y **avait** pas de télévision? **c** Si les ordinateurs **étaient** abolis, la civilisation moderne s'écroulerait. **d** Si j'**avais** mon portable sur moi, je serais plus à l'aise.

5   **a** Si j'avais un boulot, je serais riche. **b** Si j'étais riche, j'irais en vacances. **c** Si j'allais en vacances, j'irais avec toi. **d** Si tu m'accompagnais, tu voudrais aller en Espagne. **e** Si on allait en Espagne, on devrait parler espagnol.

UNIT 9

4   **a** 2 pièces + cuisine et salle de bains. **b** 23 m² (mètres carrés) **c** 5ème étage. **d** A droite. **e** Un micro-ondes, un sèche-linge, un ordinateur, un lecteur DVD et un lecteur CD. **f** Dans le séjour et dans la cuisine. **g** La chambre. **h** 475 euros

par mois. **i** 35 euros. **j** Oui – elle peut s'installer dès demain si elle veut. **k** Non – elle a deux autres appartements à voir.

5a **1** = e; **2** = d; **3** = a; **4** = c; **5** = b.

6 **a** chers; **b** locatives; **c** décent; **d** agréable; **e** privé; **f** confortables; **g** équipés; **h** limitées.

8a **a** 11. **b** Roadworks. **c** 1 pre-dinner drink and 3 glasses of wine with the meal. Your driving licence will be withdrawn. **d** A young skinhead. **e** No-one! (30 were evacuated.)

8b **a** Si aucun passager ne peut conduire, votre voiture sera immobilisée sur place. **b** Le nombre n'était pas connu hier soir. **c** Personne n'a été blessé. **d** (Le) Boeing 727 qui s'est écrasé au décollage de l'aéroport de Dallas aux Etats-Unis. **e** Les 30 passagers ont été évacués. **f** Un nombre de jeunes enfants n'avait pas été enregistré. **g** Les bretelles d'accès seront barrées.

10 **Thierry** – T3, immeuble moderne avec ascenseur, partage avec un autre étudiant, 2 chambres, 1 séjour, petite cuisine, 480 euros par mois; **Sandrine** – T2, quartier agréable, jeune, 1 chambre, 1 séjour, petite cuisine, 1 salle de bains, 440 euros par mois; **Ahmed** – studio, banlieue parisienne, salle de bains minuscule mais cuisine (kitchenette) bien équipée, 380 euros par mois; **Juliette** – T2, sous les toits à Montmartre, minuscule, très clair, très agréable, petite cuisine et petite salle de bains, 420 euros par mois.

11a Correct order of sentences g; d; a; f; c; Sentences b, e and h are incorrect.

Exercices de grammaire

1 **a** – 5; **b** – 4; **c** – 1; **d** – 3; **e** – 2.

2 **a** Two million tonnes of apples are consumed per year. **b** The police are equipped. **c** Four bodies were/have been found. **d** 30 people were/have been killed. **e** The motorway will be blocked off.

3 **a** Beaucoup de pommes françaises sont consommées en Grande-Bretagne chaque année. **b** Votre permis de conduire sera retiré. **c** Les raisons de cet incident n'étaient pas connues. **d** Quatre-vingt-quinze personnes ont été tuées. **e** Les enfants n'avaient pas été enregistrés.

4 **a** Les fraises se mangent; **b** Le whisky se boit; **c** Une omelette se fait; **d** Le poisson se sert; **e** Une bouteille de vin s'ouvre; **f** Le café se prend.

5 **a** On m'a donné un bouquet de fleurs. **b** On lui a offert une tasse de café. **c** On lui a prêté un pantalon. **d** On nous a montré notre chambre. **e** On m'a dit d'attendre ici.

UNIT 10

1a **a** Jean-Pierre is phoning Martin. **b** Jean-Pierre is in London, Martin is in Paris. **c** 22–23 April. **d** Yes – except for Claire's birthday party. **e** At Martin's. **f** 25 euros for 24 hours. **g** 150 euros. **h** 75 euros. **i** Long journey – 7 hours. **j** 63 rue Malraux.

1b **a** – 4; **b** – 6; **c** – 7; **d** – 2; **e** – 8; **f** – 3; **g** – 1; **h** – 5.

3 **a** Parce qu'elles polluent et on est toujours coincé dans des bouchons. **b** Il considère qu'une voiture est nécessaire pour partir le week-end et pour aller à la campagne. **c** Elle aime aller à la fac en vélo. **d** Elle accepte l'invitation de Martin de rendre visite à ses parents en voiture./Elle accepte que les voitures sont nécessaires pour se déplacer à la campagne.

5 **a** Gaston a l'intention de partir en Australie à partir du mois de septembre. **b** D'abord il a besoin de gagner de l'argent pour payer le billet d'avion. **c** Il va peut-être pouvoir travailler dans la banque où il a travaillé l'année dernière. **d** Mais pour l'instant il ne pense qu'à se détendre. **e** Un avantage du poste de Martin, c'est qu'on peut profiter des réductions sur des vols pour partir en vacances. **f** Pour les vacances, il pense aller en Grèce ou à New York. **g** Les jeunes hommes ont l'intention de rester en contact/correspondre par courrier électronique.

6a **1** sur concours **2** la clé à l'insertion professionnelle rapide et une vie active réussie **3** le taux de chômage des jeunes **4** un CDD **5** une perte de temps **6** cadres **7** des filières d'études où les débouchés deviennent rares **8** des cursus plus courts

7a **1** F Il a été créé en 1987; **2** V; **3** F Il est mort en 1536; **4** F Il était polyglotte (= parlait plusieurs langues); **5** V; **6** V; **7** F Elle a logé dans une résidence universitaire; **8** F Elle gardera un souvenir inoubliable.

9 **1** – c; **2** – d; **3** – b; **4** – a.

Exercices de grammaire
Le subjonctif

1 **a** je boive; tu boives; il boive; vous buviez; **b** tu chantes; nous chantions; vous chantiez; ils chantent; **c** je mette; tu mettes; elle mette; vous mettiez; **d** tu ailles, nous allions; elles aillent.

2 **Ex. 2**: Les responsables ont aussi voulu que les milieux naturels **soient** préservés et protégés; **Ex. 7** Il faut que **j'ajoute**; **Ex. 8** Bien que la fréquentation de ces salons **soit** inégale selon les classes sociales; La société attend d'eux qu'ils **restent** actifs et qu'ils **prennent** soin de leur corps.

3 **a** parte; **b** soyez; **c** fassent; **d** puisse; **e** aient; **f** sortes; **g** invite; **h** boivent.

4 **a** Je veux que vous fassiez vos devoirs maintenant; **b** Il veut qu'elle aille avec lui; **c** Ils veulent que je parte de bonne heure (tôt); **d** Nous voulons que tu partes; **e** Elle veut que nous prenions le petit déjeuner à 8 heures.

5 **a** partions; **b** arrive; **c** soient; **d** prennes; **e** parliez; **f** ait; **g** fasses; **h** puissent

Révision

1 **a** aime; **b** me lève; **c** prends; **d** téléphonent; **e** fait; **f** va; **g** partons; **h** sont; **i** préfère; **j** disputons; **k** réussit.

2 **a** – 4; **b** – 3; **c** – 5; **d** – 1; **e** – 2.

3 Je me suis couché(e) très tard. Je n'ai pourtant pas réussi à dormir. J'étais trop excité(e). Des souvenirs de la journée me traversaient sans cesse l'esprit. Le moment où tu m'as embrassé(e) en descendant du train. Le petit déjeuner que nous avons pris ensemble sur la terrasse du café. Les musées, les monuments que nous avons visités, le dîner qu'on a préparé et qu'on a mangé chez toi, dans ton studio, avec son nouveau canapé – blanc – sur lequel j'ai renversé un verre de vin – rouge. Tu ne m'as pas excusé(e). On s'est dit adieu. Et j'ai pleuré. J'ai couru jusqu'à la station de métro. Je suis arrivé(e) chez moi vers une heure du matin. J'ai essayé de dormir mais je n'ai pas pu. Je me suis levé(e) et me suis installé(e) dans mon fauteuil dans le salon et j'ai écrit ce message.

4 **a** Tu viens de Paris? **b** Tu es d'où? **c** Tu es étudiant(e)? **d** Qu'est-ce que tu étudies? **e** Quand termineras-tu? **f** Ça te plairait de me rendre visite en Grande-Bretagne?

5 **a** Jean-Pierre lui a téléphoné; **b** Gaston ne l'a pas acheté; **c** Jean-Pierre voulait les jeter; **d** Il n'arrive pas à le contacter; **e** Il lui donne un coup de fil; **f** Claire l'invite chez elle; **g** Elle lui a offert un whisky; **h** Je les ai oubliés (agreement).

6 **a** veux/peux; **b** peux; **c** doivent; **d** veut;

e doit/peut; **f** savent.

7   **a** automatiquement; **b** graduellement; **c** remarquablement; **d** actuellement; **e** éventuellement.

8   **a** que; **b** qui; **c** qui; **d** qu'; **e** qui; **f** qu'.

9   **a** Je souhaite voir le responsable des ressources humaines s'il vous plaît. **b** Je voudrais poser ma candidature au poste. **c** Je désire travailler sur place. **d** Normalement les jeunes préfèrent voyager. **e** J'ai envie d'un salaire de 1.750 euros.

10   **a** – 3; **b** – 4; **c** – 5; **d** – 1; **e** – 2.

11   **a** Les huîtres se mangent avec un bon vin blanc. **b** Le champagne se boit avec le dessert. **c** Ici on parle anglais. **d** Des journaux étrangers se vendent à ce kiosque.

12   **a** Eight people were killed in a road accident. **b** The causes were not known yesterday. **c** A young man was given a breathalyser test. **d** A passer-by was questioned by the police.

EXERCICES SUPPLÉMENTAIRES

Unit 1 p. 134

1   **Martin Lecomte a** En Italie; **b** Avec deux copains, Jean-Marc et Philippe; **c** Rome, Florence, Pise, les musées; **d** Non, ils ont pris la voiture de Philippe; **e** Son appareil photo; **f** Non. **Corinne Blanchard a** Non. **b** Elle n'avait pas d'argent. **c** Elle a travaillé dans une banque pendant le mois de juillet et les deux premières semaines du mois d'août et elle a passé une quinzaine à Montpellier. **d** Sa grand-mère. **e** Fin décembre/Noël; **f** Elle va voyager et améliorer son espagnol.

3   **a** Près de la ville de Cannes sur la Méditerranée. **b** Non, la circulation automobile est interdite. **c** Planche à voile,

catamaran, kayak et plongée. **d** Oui, il y a une fête tous les soirs au château. **e** Kayak et plongée. **f** (A vous de répondre!) **g** Le matin ou l'après-midi. **h** Kayak et planche à voile. **i** La mer. **j** (Par exemple:) Oui, parce que je ne nage pas bien./Non, parce qu'on l'apprend dans les conditions de sécurité.

Unit 2 p. 136

1   **a** Vers dix heures et demie. **b** Il est allé à la soirée de Pierre et après en discothèque. **c** Vers neuf heures du matin. **d** Il est tombé amoureux d'Aurélie. **e** Oui, elle la trouve très sympa et elle l'aime bien. **f** Florence et Anne-Marie. **g** Florence est partie passer le week-end chez des amis à Paris et Anne-Marie est sortie faire du shopping en ville. **h** Son vélo et un walkman. **i** De taille moyenne, vingt ans environ, aux cheveux bruns.

3   **a** Le 13 mars à 23h15. **b** Des diamants avec une valeur de millions d'euros. **c** Avec Charles Delmas. **d** Ils sont allés manger au restaurant "Chez Josiane". **e** Vers onze heures. **f** Elle ne pouvait pas dormir. **g** Elle ne sait pas. **h** Elle est infirmière. **i** De 23h00 à 06h00. **j** Parce qu'elle s'est endormie devant la télévision.

Unit 3 p. 138

1   **a** F; **b** V; **c** F; **d** V; **e** F; **f** F; **g** F; **h** V; **i** V; **j** F.

3   **a** Parce qu'elle adore la gymnastique et elle pratique la musculation, le squash, l'aérobic et la danse. **b** Dans le centre sportif. **c** Elle sort avec ses copains: au cinéma, au restaurant, et en boîte. **d** Elle invite des gens. **e** Elle a pendu la crémaillère. **f** Oui, on s'est bien amusé. **g** A trois heures du matin. **h** Elle a joué au squash.

4   **a** Tu es libre ce soir? **b** Cela te dit d'aller au cinéma? **c** Qu'est-ce que tu proposes? **d** Qu'est-ce que tu recommandes? **e** Je ne t'ai pas compris.

Solutions

Unit 4 p. 140

1   a F; b V; c F; d V; e V; f F; g V; h V; i F; j V; k F; l V; m V; n V; o F.

3   a Parce que son oncle habitait près de la mer. b Il allait à la plage, il se baignait. c Des moules-frites. d Il vendait des glaces. e Chez son oncle. f Sa nourriture. g Une moto.

5   a naissait; b mourait; c reprenait; d partageait; e voulaient; f ont sevré.

Unit 5 p. 142

1   a 1 mètre 65. b 72 kilos. c Il marche beaucoup. Il va à vélo d'un endroit à l'autre. d Hélène est grande mais pas trop grande. e Parce qu'ils ont des goûts différents – il voulait aller au cinéma et elle en discothèque. f Jules a les cheveux longs et porte une boucle d'oreille. g Non. h Il doit rester en contact avec Hélène. i Avec Gaston. j De nationalité anglaise ou australienne. k Il se souvient des anniversaires, il sait cuisiner et il gagne beaucoup d'argent. (Ou bien: il apporte des cadeaux et il peut partir en vacances quand il veut).

3   1 No! 2 Its taste, its vitamin A content, its saturated or mono-unsaturated fatty acids. 3 For cooking, in order to balance the fatty acids, since its own acids are polyunsaturated. 4 faux; gras/grasse; cru; saturés, mono-insaturés; polyinsaturés; caloriques. 5 moins; plutôt; mieux; très.

Unit 6 p. 144

1   a A letter of application, CV and photo. b 31 March. c Experience of telesales, group management, good English and IT skills, especially Microsoft Office. d Temporary – 3 months but with the possibility of becoming permanent. e 14/15 September in Paris.

3   a Sales executive. b Yes. c A-levels (or French baccalauréat) + two or three years'
further study. d Business; Management; IT. e Familiarity with the Internet and the PC, ability to listen to customers. Enthusiastic, motivated and with good English. f Fax or on their website.

5   a Je suis jeune diplômé en marketing. b Je suis des cours supplémentaires de langue française. c J'ai passé trois mois en stage d'entreprise. d le siège britannique de Xerox à Londres. e Je connais bien les outils informatiques. f Veuillez agréer, messieurs, l'expression de mes sentiments les plus dévoués.

Unit 7 p. 146

1   a Going to visit her parents. b 35 km. c Maurice is in the States and Bernard will be in Italy. d Not enough snow. e Eight hours, maybe more. f Thursday. g She'll try to take the Easter weekend off. h Go to the cinema. i Outside the cinema at 8.30.

Unit 8 p. 148

1   a V; b F; c V; d F; e F; f F; g V; h V; i F; j V; k V; l F.

3   1 What date will the interviews take place? 2 Would you take the plane or the train? 3 If they took you on, when would you start? 4 Would it be a permanent post or a fixed-term one? 5 Would you continue your studies in Great Britain? 6 Would you like to spend a few weeks with us? 7 Could you take some holiday before or after the period with France Telecom?

5   **Marcus:** Voici ce que je propose – on embauche Jeremy pour deux semaines pour terminer en temps voulu. **Jacques:** OK – c'est une proposition plus intéressante. **Marcus:** Vous êtes d'accord? **Jacques:** Oui, ça me paraît raisonnable. **Marcus:** C'est réglé donc. Je téléphonerai à Jeremy et je vous contacterai plus tard. **Jacques:** D'accord. Merci, Marcus.

Unit 9 p. 150

1 **a** She used to live in a very beautiful flat. **b** 325 euros per month. **c** 25 euros per month. **d** No bath, the kitchen is very small and there is no lift. **e** It's in a very quiet district and the metro is just next door. **f** 20–25 minutes. **g** Tomorrow. **h** Her bookshelves and spin-drier.

4 **23 killed in a train accident** 23 people were killed in a train accident yesterday near Figeac in the district of Lot. The reasons were not known. 56 casualties (injured people) were taken to hospital in Cahors. The police are continuing their investigations.

Murderer sentenced to 30 years Pierre Navelot, who dreamed of being a serial killer, was sentenced to thirty years' imprisonment for the murder of a young woman. His accomplice went down for/got 28 years.

The minimum wage celebrates its 60th birthday. (Lit. 60 springs for the minimum wage) Created by decree 60 years ago, the minimum wage has been fixed from 1 July at 8.44 euros an hour before tax. More than 2.5 million employees are affected.

Off the beaten track Invented in Russia 10,000 years ago, snowshoes have come back into fashion. Silent, inexpensive, easy to use, snowshoes are selling better than surfboards.

Unit 10 p. 152

1 **a** Sunday 16 August; **b** Tuesday 18 August; **c** 10.54; **d** 12.30; **e** 18.39 or 6.39 p.m.; **f** 21.09 or 9.09 p.m.; **g** 9.

4 **Cazettes** – 1 chambre, 20/21 juin, salle de bains, sur cour, 05 51 80 87 24; **Fournand** – 2 chambres, 13/14 juillet, 1 chambre à grand lit avec salle de bains, 1 chambre à deux lits avec douche, parking?, 02 40 93 69 07; **O'Reilly** – 1 chambre, 17–19 septembre, salle de bains, avec vue, reilly@hotmail.com; **Benaissa** – 1 chambre, 15 août, salle de bains, balcon, 01 273 88 57 13.

5 Jean-Pierre arrived Paris on morning of Tuesday 18th. Came with a girlfriend by car because cheapest. Martin didn't leave key with neighbour. What happened? – Jean-Pierre has lost Claire's address and telephone number. He will contact Gaston – but hasn't he moved? – Jean-Pierre has mobile on him and asks Martin to ring.

6 Salut, Jean-Pierre. Je m'excuse de ne pas être à la maison quand tu es arrivé. J'ai dû aller à la fac ce matin. J'ai un problème et je ne peux pas te loger. Mais j'ai parlé avec Gaston. Il peut te loger. Son numéro de téléphone est le 01 34 67 43 98. A bientôt, Martin

APPENDIX

Additional *Vocabulaire* lists

Unit 2 Tu es sortie hier?

11

sauf	except
le milieu familial	home environment
se forger des opinions	to form opinions
muet(te)	silent
disponible	available
avoir envie de	to want/to feel like

Unit 4 Dans le passé

11

élever	to breed (animals)
le rendement	yield
la maladie	disease
les ravageurs (*mpl*)	pests
la sécheresse	drought
permis (*from* permettre)	allowed
en agissant (*from* agir)	by working
les bienfaits (*mpl*)	beneficial effects
alimentaire	food (*adjective*)

Unit 9 Je cherche un logement

11

se mettre au vert	to go green
un élu local	local government representative
un maire	mayor
un conseiller municipal	local councillor
un arrosage	watering
une fuite	leak
sur-le-champ	right away
gaspiller	to waste
un réseau	network
une piste cyclable	cycle path
un deux-roues	bike
aménager	to lay out
à l'instar de	following the example of
un concitoyen	fellow-citizen
un verrouillage	locking mechanism
la municipalité	Local Authority
un bâtiment	building
un chauffe-eau	water-heater
un isolant	insulator
un espace vert	green space
une subvention	grant
le recyclage	recycling
les ordures ménagères (*fpl*)	household rubbish

INDEX

Alphabetical list of topics and language items

Index

ALSO IN THIS SERIES

French 1, Second Edition
Dounia Bissar, Helen Phillips & Cécile Tschirhart

Spanish 1, Second Edition
Cathy Holden & María del Carmen Gil Ortega

Spanish 2
María Eugenia Greco & Gabriel Sánchez-Sánchez

Italian 1, Second Edition
Mara Benetti, Carmela Murtas & Caterina Varchetta (project co-ordinator
Roberto Di Napoli)

Italian 2
Mara Benetti, Cristina Testi & Caterina Varchetta

German 1
Tom Carty & Ilse Wührer